本书由“西安财经大学学术著作出版基金”资助出版

股权资本成本估算模型及有效性研究

——基于中国证券市场的经验检验

裴霞 著

中国财经出版传媒集团
中国财政经济出版社

图书在版编目（CIP）数据

股权资本成本估算模型及有效性研究：基于中国证券市场的经验检验／裴霞著．--北京：中国财政经济出版社，2021.6

ISBN 978-7-5223-0507-3

Ⅰ．①股…　Ⅱ．①裴…　Ⅲ．①股权管理－研究　Ⅳ．①F271.2

中国版本图书馆CIP数据核字（2021）第071954号

责任编辑：樊　闽　　　　责任印制：张　健
封面设计：北京兰卡绘世　　　　责任校对：徐艳丽

中国财政经济出版社 出版

URL：http：//www.cfeph.cn

E-mail：cfeph@cfeph.cn

社址：北京市海淀区阜成路甲28号　邮政编码：100142

营销中心电话：010-88191522

天猫网店：中国财政经济出版社旗舰店

网址：https：//zgczjjcbs.tmall.com

北京中兴印刷有限公司印刷　　各地新华书店经销

成品尺寸：170mm×240mm　16开　12.5印张　196 000字

2021年6月第1版　2021年6月北京第1次印刷

定价：55.00元

ISBN 978-7-5223-0507-3

（图书出现印装问题，本社负责调换，电话：010-88190548）

本社质量投诉电话：010-88190744

打击盗版举报热线：010-88191661　QQ：2242791300

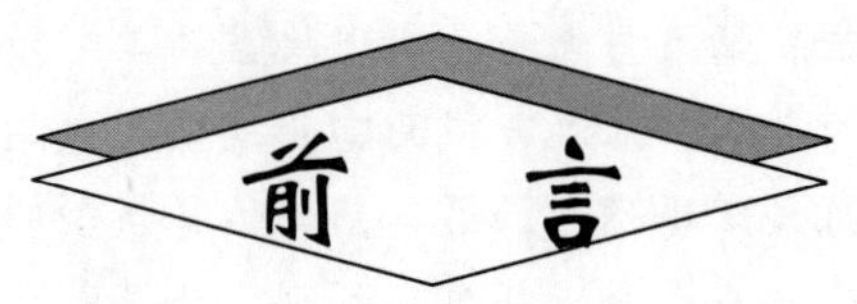

前言

股权资本成本是投资者要求的必要报酬率，在微观财务决策和宏观经济管理领域发挥着决策基准性作用，但股权资本成本无法直接获取，需要依赖各种估算模型进行估算。基于西方资本市场实践，目前主要形成了两类估算模型：一是基于历史收益的风险补偿模型，如 CAPM、APM、FFM、五因素模型等；二是基于预期收益的隐含资本成本估算模型，如 GGM、GLS、CT、PEG、MPEG、OJ、KR 模型等。国内对于股权资本成本的研究起步较晚，研究重点主要集中在实证检验股权资本成本的影响因素。研究中对于股权资本成本的估算一般直接借鉴国外估算模型、运用国内上市公司数据，并将估算结果用于影响因素的实证研究。这些实证研究中，学者们对于估算模型的选择较为随意，大部分采用隐含资本成本模型估算股权资本成本，没有考虑模型的有效性；采用隐含资本成本估算模型时，盈利预测数据来源不一，通常采用分析师盈利预测，也有部分学者利用统计模型生成的盈利预测，还有学者使用实际盈利替代盈利预测数据，没有考虑盈利预测数据的可靠性。这两种情形导致股权资本成本的估算结果差异显著，研究结论各异。

基于此，本书借鉴已有研究成果，将研究重点放在隐含股权资本成本的估算及估算结果的有效性检验、评价和分析方面。隐含股权资本成本估算结果的可靠性主要取决于盈利预测数据的准确性和估算模型的选择两个方面。本书在考察分析盈利预测数据来源的基础上，首先对隐含股权资本成本估算时采用的两类盈利预测数据的可靠性进行了分析和检验，即从盈利预测偏差和准确性两个方面对分析师盈利预测、混合截面回归模型生成的盈利预测的可靠性进行了对比分析。在此基础上，分别基于分析师盈利预测和混合截面回归模型生成的盈利预测，采用 GGM、GLS、CT、PE、PEG、MPEG、OJ、KR 等隐含资本成本估算模型，对国内非金融类上市公司 2008—2020 年的股权资本成本进行了估算，并对估算结果的有效性进行了检验和评价。

本书对股权资本成本估算结果有效性的检验表明，GGM、GLS、CT 模型采用混合截面回归模型生成的盈利预测数据估算的股权资本成本较为可靠。具体来说，包括：第一，就盈利预测数据的可靠性来看，预测偏差和预测准确性的对比分析均表明，混合截面回归模型能够生成比分析师盈利预测更准确的盈利预测；各个模型的估算结果与未来已实现收益的单变量回归分析、与风险因子的多变量回归分析均表明，以混合截面回归模型生成的盈利预测为基础估算的股权资本成本更加符合理论预期；第二，就估算模型的有效性来看，两类检验的结果均表明，无论是基于分析师盈利预测，还是基于混合截面回归模型生成的盈利预测，GGM、GLS、CT 模型的估算结果较为可靠，其余模型的有效性较差。

本书是在本人博士学位论文的基础上进一步拓展、更新、修改完善而形成的一部著作。整体来看，本书的主要工作和创新点主要体现在以下三个方面：

第一，重点分析和检验了上市公司股权资本成本估算模型的有效性。估算模型的选择对股权资本成本的估算结果有重大影响，不同模型的估算结果存在显著差异，但国内研究的重点集中于股权资本成本的影响因素，没有考虑估算模型的有效性。本书同时采用多个模型估算了 A 股非金融类上市公司 2008—2020 年的股权资本成本，并通过估算结果的有效性检验对估算模型的有效性做出判断。

第二，对股权资本成本的估算和分析考虑了盈利预测数据的可靠性。盈利预测数据的质量是影响隐含股权资本成本估算结果有效性的重要因素，国内研究没有考虑盈利预测数据质量对股权资本成本估算结果有效性的影响。本书对股权资本成本估算的两类盈利预测数据来源，即分析师盈利预测和混合截面回归模型生成的盈利预测的预测偏差和预测准确性进行了对比分析，通过估算结果的有效性检验对盈利预测数据的可靠性做出判断。

第三，以估算结果的有效性检验为基础，对国内 A 股非金融类上市公司的股权资本成本特征进行了分析。国内对于股权资本成本的研究重点集中于影响因素，很少关注股权资本成本水平的高低和呈现的特征。本书以估算结果的有效性检验为基础，从多个维度分析了国内非金融类上市公司股权资本成本呈现的特征。研究发现，样本期间国内非金融类上市公司的股权资本成本存在显著的行业差异，并且这种差异在不同估算年度具有一定的稳定性；同时股权资本成本还存在显著的年度和地区差异，呈现出与宏观经济周期、股票市场周期相契合的特征，受公司规模、股权性质和结构的影响。

第四，以股权资本成本估算的有效性检验为基础，结合已有研究成果探讨了股权资本成本的合理界域。就整个样本期间来看，股权资本成本和风险溢价应该存在一个合理界域，股权资本成本的均值约为 10.57%，风险溢价约为

4.4%，高于欧美成熟证券市场（一般为3%左右），这与我国新兴转型经济体的特征和证券市场的发展阶段是相符合的。

本书针对目前国内股权资本成本研究的不足，在参考、借鉴了大量国内外学者已有研究成果，搜集、整理大量资料、数据的基础上精心完成，以期对后续研究中股权资本成本估算模型选择、隐含股权资本成本估算时盈利预测数据来源的选择提供借鉴，对于股权资本成本和风险溢价的合理界域的探讨，则有助于股权资本成本决策基准性作用的发挥。

本书的出版受到西安财经大学学术著作出版基金的资助，在此万分感谢学校的大力支持和帮助。

裴 霞

西安财经大学商学院

2021 年 4 月

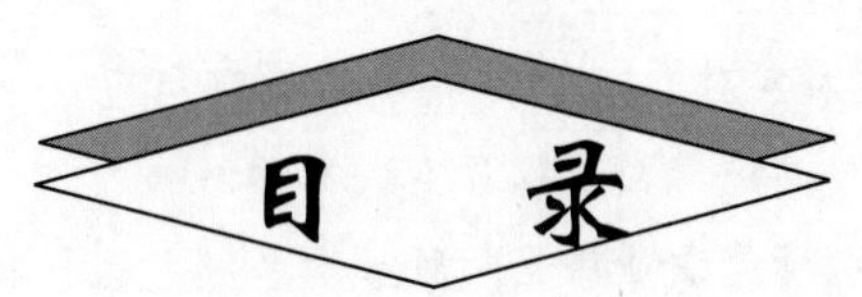

绪　论

1.1　研究背景和意义

1.1.1　研究背景

作为“现代财务理论的第一概念”①，资本成本是架构财务理论体系的基础，已经被广泛运用于公司筹资决策、投资决策、业绩评价、经济利润计量、财务估价等微观财务领域，是判断公司目标——股东价值最大化是否实现的基准。从宏观经济管理的角度来看，资本成本还是整个经济层面进行投资行为分析的一个标准变量，关系到金融资源的配置和资本市场的改革，是判断国有资本是否实现保值增值的基础。资本成本决策基准性作用的发挥是以其科学合理估算为前提的，但是作为投资者要求的与其承担的风险相适应的预期报酬率，资本成本是无法直接获取的，需要依赖各种估算模型进行估算。

自从 MM 理论发表以来，国外学者基于不同的出发点和假设条件提出了很

① 邹颖，汪平．隐含资本成本估算技术：模型推演、评述与展望［J］．经济与管理研究，2013（2 中）：42－51.

多资本成本估算模型①，归纳起来主要包括：（1）基于已实现收益的风险补偿模型，如 Sharp（1964）和 Lintner（1965）的资本资产定价模型（CAPM，Capital Asset Pricing Model）、Ross 的套利定价模型（APM，Arbitrage Pricing Model）、Fama & French（1992，2105）的三因素（FFM）、五因素模型；（2）基于预期收益的隐含资本成本（ICC，Implied Capital Cost）估算模型，如 GGM、GLS、CT、PE、PEG、MPEG、OJ、KR 等模型②。

风险补偿模型假设已实现收益是预期收益的无偏估计，但是众多研究表明已实现收益与预期收益之间存在偏差，基于已实现收益估算的股权资本成本"难免不够精确，有可能是无效的"③。隐含资本成本估算模型将资本成本的估算建立在盈利预测的基础之上，认为股权资本成本是使公司预计股利或盈利的现值等于股票市场价格的折现率，直接从股票市场价格和预计股利或盈利中倒推出股权资本成本。从这一点来看，采用隐含资本成本估算模型估算的股权资本成本更能反映资本成本预期报酬率的内涵，也更符合资本成本的"预期"性质。分析师行业的发展又使得研究者可以经济便捷地获取上市公司的盈利预测数据，隐含资本成本估算模型"迅速成为资本成本实证研究领域的主力军。"④

国内对于股权资本成本的研究主要集中在影响因素方面，研究中往往直接借鉴国外模型，除李明毅、惠晓峰（2008），李超（2011），孙会国、李泽广等（2012）外，鲜有研究者关注估算模型的有效性和股权资本成本水平的高

① 资本成本包括债务资本成本、股权资本成本和综合资本成本，综合资本成本是公司全部资本的平均资本成本，可以用 Solomon 的加权平均法、Modigliani & Miller 的平均资本成本方法计算。对资本成本的合理估算关键在于股权资本成本的估算，现有的估算模型基本也是针对股权资本成本提出的。债权债务合同相对完备，部分债务有抵押、担保，且债权人拥有优先受偿权，承担的风险相对较小，预期收益容易确定，一般会在债权债务合同中做出明确约定。股东享有公司剩余索取权，是公司风险的最终承担者，但是由于资本市场的不健全、公司治理机制和投资者法律保护制度的不完善等因素，使得股东实际获得的报酬率并没有达到预期报酬率，与其承担的风险也不匹配。所以，相对于债务资本成本，股权资本成本更多地表现为一种隐性成本，如何对其进行合理估算成为财务金融学领域的难点。

② 这些隐含资本成本估算模型的简称大多源于首次提出者的姓名，如 GGM、GLS、CT、OJ、KR 模型分别是 Gordon & Gordon、Gebhardt、Lee & Swaminathan、Claus & Thomas、Ohlson & Juettner - Nauroth、Kryzanowski & Rahman 等学者提出的；PE、PEG、MPEG 模型是 Easton 提出的，PE 模型与市盈率（PE，Price/Earning）形式相同，PEG、MPEG 模型是 PE 模型的修正模型，上述隐含资本成本估算模型的形式见第 3 章的具体阐述。

③ Eugene F. Fama，Kenneth R. French. The Cross - Section of Expected Stock Returns [J]. Journal of Finance，1992（47）：427 - 465.

④ 邹颖，汪平. 隐含资本成本估算技术：模型推演、评述与展望 [J]. 经济与管理研究，2013（2 中）：42 - 51.

低。进行股权资本成本影响因素的实证研究时，首先需要估算股权资本成本，研究者往往各自随意选用自身合意的模型，CAPM、GLS 模型的使用频率最高，近年来 PEG、OJ 模型的使用频率逐渐提高。由于选用的估算模型不同，股权资本成本的估算结果各不相同，甚至存在显著差异；即使不同的研究者选用同一估算模型，也因为研究样本、研究期间和模型参数设定不同而导致股权资本成本的估算结果产生重大差异，进而导致不同研究者对同一研究主题得出相悖的结论。

除估算模型的有效性外，隐含股权资本成本估算结果的有效性还取决于盈利预测数据的质量。分析师盈利预测是国内外研究者估算隐含股权资本成本时普遍采用的一类盈利预测数据。由于国内分析师行业出现的较晚，部分研究者用实际收益替代盈利预测应用于隐含资本成本估算模型，如陆正飞、叶康涛（2004），曾颖、陆正飞（2006），于李胜、王艳艳（2007），陆宇建、叶洪铭（2007），肖作平、黄璜（2013）等。自从 Hou、Dijk & Zhang（2012）提出盈利预测的混合截面回归模型（Pooled Cross - sectional Regressions），并且将之应用于隐含股权资本成本的估算后，国内部分研究者如王亮亮（2013），王春飞、陆正飞、武利娜（2013），张军华（2014）等也借鉴该模型进行盈利预测、对上市公司的隐含股权资本成本进行了估算。但是这些研究同样将关注点放在股权资本成本的影响因素上，没有考虑盈利预测的有效性及股权资本成本估算的可靠性。

资本成本在微观财务管理领域、宏观经济分析中，决策基准性作用的发挥取决于其能否被科学、合理地估算。在资本成本不能科学、合理估算的情况下，“许多财务问题的解决就没有客观、可靠的起点与基础，甚至失去科学、正确的目标与方向”①，也就无法发挥这种基准性作用。基于此，本书将研究重点放在股权资本成本的估算和估算有效性的检验和评价上，即分别基于两类盈利预测数据（分析师盈利预测和混合截面回归模型生成的盈利预测），采用多种隐含股权资本成本估算模型对国内 A 股非金融类上市公司 2008—2020 年的股权资本成本进行估算，并对估算结果的有效性进行检验，从而对盈利预测数据的可靠性和估算模型的有效性做出判断；以估算结果的有效性检验为基础，对国内 A 股非金融类上市公司股权资本成本的特征进行分析，探讨股权资本成本和权益风险溢价的合理界域。

① 邹颖．资本成本：公司理财行为的技术起点［J］．财会通讯（综合版），2011（10 中）：46 - 48.

1.1.2 研究意义

无论是股权资本成本的学术研究，还是实践中的微观财务决策，宏观经济投资行为分析、国有企业与国有资产管理，都是以股权资本成本的合理估算为前提的。本书正是基于此，将研究重点放在股权资本成本的估算及估算有效性的检验和评价上，通过对各种估算模型采用两类盈利预测数据来源估算的股权资本成本有效性的检验，对股权资本成本估算盈利预测数据的可靠性和估算模型的有效性做出判断，以期为股权资本成本的后续学术研究和实践应用提供借鉴。具体来说，本书的研究意义主要体现在以下三个方面：

1.1.2.1 为公司财务政策提供决策基础

公司经营的目标是实现股东价值最大化，要实现股东价值最大化就要求经营者在进行财务决策时必须考虑股权资本成本。如选择筹资方式、渠道和确定资本结构时，需要考虑不同筹资方式和资本结构对股权资本成本的影响；日常经营的过程中则要求经营者合理安排各项资产的资本占用额，加速资本周转，提高资本使用效率，只有这样才有可能带来股东财富的增加。公司在实现价值增加的基础上，基于股权资本成本和自身可持续发展的需要制定科学合理的股利政策，股东要求的预期报酬率才能得以实现。否则，股东可以选择“用手投票”，在股东大会上否决管理层的决策，甚至撤换管理层；或者干脆选择“用脚投票”，在资本市场上抛售公司股票，造成公司股票价格下跌，增加被并购风险。从这个角度来看，资本成本是“公司理财目标的基本反映”和“公司理财行为的技术起点”，“应该成为公司投资行为的财务准绳、融资行为的财务约束和股利支付行为的财务依据”①。Bruner 等（1998）也指出，“资本成本是现代财务的核心，它关系到公司的投资决策、经济利润的计量、绩效评估以及激励体制。”② 据中国企业联合会、中国企业家协会发布的 2014 年中国企业 500 强榜单数据显示，2014 年中国企业 500 强中有 41 家企业的净资产收益率为负数，118 家低于或等于 3.3%，近 1/4 的 500 强企业净资产收益率没超过商业银行 1 年期存款利率③。2019 年和 2020 年世界 500 强中，我国上榜

① 邹颖．资本成本：公司理财行为的技术起点［J］．财会通讯，2011（10 中）：46－48.

② Robert F. Bruner，Kenneth M. Eades，Robert S. Harris，Robert C. Higgins. Best Practices in Estimating the Cost of Capital：Survey and Synthesis［C］．Financial Practice and Education，1998：13－28.

③ www. eastmoney. com. 东方财富网：2014. 09. 03.

企业的平均利润只有美国上榜企业的一半，两年平均利润率分别为5.24%、4.57%，2019年平均净资产收益率为9.9%，2020年仅为2.00%，盈利能力较低。① 这些数据说明，我国企业的整体盈利能力很弱，较低的盈利能力除受宏观经济增长速度下滑的影响外，盲目扩张、重复投资造成的产能过剩，行业产能利用率低，投资失误造成的亏损也是重要原因，很多资本成为不能运动的"死资本"，降低了资本使用效率。由此可见，资本成本在公司财务决策中的"基准性锚定效应"并没有得以有效发挥。资本成本决策基准性作用的发挥是以科学合理地对股权资本成本进行估算为前提的，只有这样才能确定股权资本成本变动的合理界域，为微观财务决策提供基础。

1.1.2.2　为宏观经济管理提供决策依据

资本成本的应用价值并不局限于公司财务决策的微观领域，也是税收政策、政府规制与福利分析等宏观经济管理的核心。在政府规制中，资本成本是确定规制价格的关键参数，如2005年国家发展和改革委颁布的《输配电价管理暂行办法》中，对被规制企业准许收益的计量就取决于资本成本的估算结果，将准许收益界定为：准许收益=有效资产×加权平均资本成本=有效资产×[股权资本成本×(1-资产负债率)+债务资本成本×资产负债率]。

就宏观经济管理来讲，资本成本也至关重要，尤其是国有资产管理和国有企业改革领域。国有企业作为国民经济的主体，在我国经济发展中起着举足轻重的作用，国企改革中实行国有资本经营预算和业绩考核是实现国有资本保值增值的关键。在国企分红制度实施过程中，分红比例的确定是关键，既要考虑满足国有股东的报酬要求，也要确保国有企业的可持续发展。在国有企业业绩考核中，由于没有考虑股权资本成本，早期以利润为基础建立的经营业绩考核指标备受批评，众多学者认为这是导致国有企业亏损的重要原因，应该对国有企业经营业绩考核指标进行修正。胡玉明（1996）认为，以资本成本为基础的"剩余收益"是考核国有企业经营业绩和实现国有资产保值增值的理想选择；迟国华、孙光国（2001），李明（2001）等认为，国有企业业绩考核必须重视资本成本问题，经济附加值（EVA，Economic Value Added）就考虑了股权资本成本，有利于真正实现国有资本的保值增值目标。在众多学者的研究和呼吁下，《中央企业负责人经营业绩考核暂行办法》几经修订，2010年的修订

---

① 赛迪.《中美500强企业对比研究白皮书》。

稿中对中央企业负责人年度考核基本指标由利润总额和净资产收益率转变为利润总额和经济附加值（EVA，Economic Value Added）。实施 EVA 业绩考核，资本成本水平的确定是关键，考核办法规定“资本成本率原则上定为 5.5%；承担国家政策性任务较重且资产通用性较差的企业，资本成本率定为 4.1%；资产负债率在 75% 以上的工业企业和 80% 以上的非工业企业，资本成本率上浮 0.5 个百分点；资本成本率确定后，三年保持不变”①。2012 年 12 月修订的《中央企业负责人经营业绩考核暂行办法》中，取消了“资本成本率确定后，三年保持不变”的规定。中央企业实施 EVA 考核，无疑有助于国有资本的保值增值，促使其提高资本使用效率，但是不分行业统一规定资本成本的做法有失妥当。研究表明，资本成本存在着显著的行业和年度差异，行业不同，企业面临的经营和竞争环境不同，风险也就不同，资本成本也应该有所差别；而且 EVA 考核中 5.5% 的资本成本是综合资本成本水平，这意味着国有资本的股权资本成本至多与债务资本成本持平（样本期间五年及五年期以上商业银行贷款的基准利率基本在 6% 以上），显然这一资本成本水平与国有股东所承担的风险并不匹配，不能真正实现国有资本的保值增值目标。张先治、李琦（2012）的研究结果表明 EVA 考核对抑制中央企业过度投资的力度有限。

除国有资产管理与国企改革领域外，资本成本在资本市场改革中也发挥着重要作用。党的十八届三中全会提出，“经济体制改革是全面深化改革的重点，核心问题是处理好政府与市场的关系，使市场在资源配置中起决定性作用”。在政府和市场的角色转变过程中，资本成本作为一种价格机制，对金融资源的配置发挥着基础性的调节作用，高效率的资本市场应该是将有限的金融资源配置到效益最好的企业及行业以创造最大产出，实现社会福利最大化的市场。但是，频频爆出的上市公司边从资本市场低成本融资、边购买理财产品或委托贷款以赚取利差收益的事件，说明国内资本市场的发展并没有实现金融资源的有效配置。由于公司治理机制不完善、投资者保护机制不健全，导致上市公司实际承担的融资成本远远低于投资者要求的资本成本，上市公司普遍存在股权融资偏好，低股利支付、甚至多年不分红的现象，投资者利益没有得到有效保护。也正是因为投资者利益得不到有效保护，使得国内股票市场更像是一个投机场所，股票换手率畸高，自上交所、深交所建立以来两市流通市值加权年均换手率高达 446.56，日均换手率达 1.81，价值投资理念难以真正建立。

① 国务院国有资产监督管理委员会官网.《中央企业负责人经营业考核暂行办法》.

长期如此，不仅会加大目前业已存在的制造业与金融业之间的“利润鸿沟”，削弱实体经济的竞争力，还会导致资本市场的畸形发展，不利于金融资源的有效配置。资本成本作为投资者要求的必要报酬率，对筹资者来说是一种客观存在，资本市场的改革应该保证投资者利益得到有效保护，迫使融资成本与资本成本趋于一致，形成资本成本约束。因此，无论是国有企业分红、中央企业EVA考核等国有资产管理和国企改革，还是资本市场改革，资本成本都发挥着至关重要的作用，而这种作用的有效发挥都是以资本成本的有效估算为基础的。

1.1.2.3　为股权资本成本的后续研究提供借鉴

国内研究通常将重点放在股权资本成本的影响因素上，近年的研究对股权资本成本的估算基本都采用了隐含资本成本的估算模型，但是对估算模型的选择较为随意，较少关注估算模型的有效性和股权资本成本水平的高低；采用隐含股权资本成本估算模型时，盈利预测数据的选用来源不一，有的采用实际盈利代替盈利预测，有的采用分析师盈利预测，还有的使用混合截面回归模型生成的盈利预测，没有考虑盈利预测数据的可靠性。本书通过对隐含股权资本成本估算使用的两类盈利预测数据（分析师盈利预测和混合截面回归模型生成的盈利预测）的可靠性和各种估算模型有效性的检验和对比分析，对盈利预测数据的可靠性和估算模型的有效性做出判断，以期为后续学术研究中股权资本成本估算的盈利预测数据来源和模型选择提供借鉴。

1.2　研究方法

根据研究内容需要，本书在研究过程中采用了规范分析和实证分析相结合的研究方法，写作过程中采用的具体方法主要包括：

1.2.1　归纳分析方法

根据本书的研究内容和目标，主要在以下几个方面应用归纳分析方法：(1) 在大量研读已有的资本成本文献资料后，对国内外研究者关于资本成本内涵的认识和界定进行追溯，在此基础上厘清资本成本、资金成本和融资成本的区别与联系，界定本书的出发点；(2) 对现有的两类股权资本成本估算模型进行分析，厘清每个模型的理论基础、假设条件、模型推演过程和具体形式、股权资本成本估算所需的数据要求等，详尽分析各个估算模型的适用条件，选择本书采用的估算模型，为后续股权资本成本的估算奠定基础；（3）在对股权资本成本进行估算和估算结果有效性检验的基础上，借鉴股权资本成本影响因素的研究成果，对国内上市公司股权资本成本的特征及权益风险溢价的合理界域进行分析。

1.2.2 数理分析方法

对样本公司——A 股非金融类上市公司的股权资本成本进行估算和估算结果的有效性检验时主要采用数理分析方法，包括：借鉴混合截面回归模型生成股权资本成本估算所需的盈利预测数据；采用历史财务数据及分析师盈利预测、混合截面回归模型生成的盈利预测，运用 GGM、GLS、CT、PE、PEG、MPEG、OJ、KR 等隐含股权资本成本估算模型，对 2008—2020 年国内非金融类上市公司的股权资本成本进行估算，通过估算结果与已实现收益的单变量回归分析、与风险因子的多变量回归分析对估算结果的有效性进行检验和评价。

1.2.3 比较分析方法

本书研究过程中还运用了比较分析法，主要包括：（1）对分析师盈利预测和混合截面回归模型生成的盈利预测的预测偏差和准确性进行对比分析；（2）对 GGM、GLS、CT、PE、PEG、MPEG、OJ、KR 等隐含股权资本成本估算模型，分别采用两类盈利预测数据来源估算的股权资本成本和估算结果的有效性检验进行对比分析，以对盈利预测数据的可靠性和股权资本成本估算模型的有效性做出判断。在此基础上，结合股权资本成本理论分析及实证研究成果，探讨国内 A 股非金融类上市公司股权资本成本和权益风险溢价的合理界域。

1.2.4 统计分析方法

本书运用万德金融资讯终端（Wind）、国泰安经济金融研究数据库（CSMAR）、锐思金融研究数据库（RESSET）获取的分析师盈利预测等数据，使用 Stata12.0 统计分析软件和 Excel 2017 计算、统计分析估算股权资本成本所需的各类数据；统计分析分析师盈利预测和混合截面回归模型生成的盈利预测的预测偏差和准确性，对盈利预测的质量进行分析；利用分位数对上市公司不同特征进行分类，据此对股权资本成本估算结果的特征进行统计分析。

1.3　本书框架与结构

基于研究目的、研究内容和采用的研究方法，本书共分为8章，研究的逻辑框架和主要内容如图1-1所示。

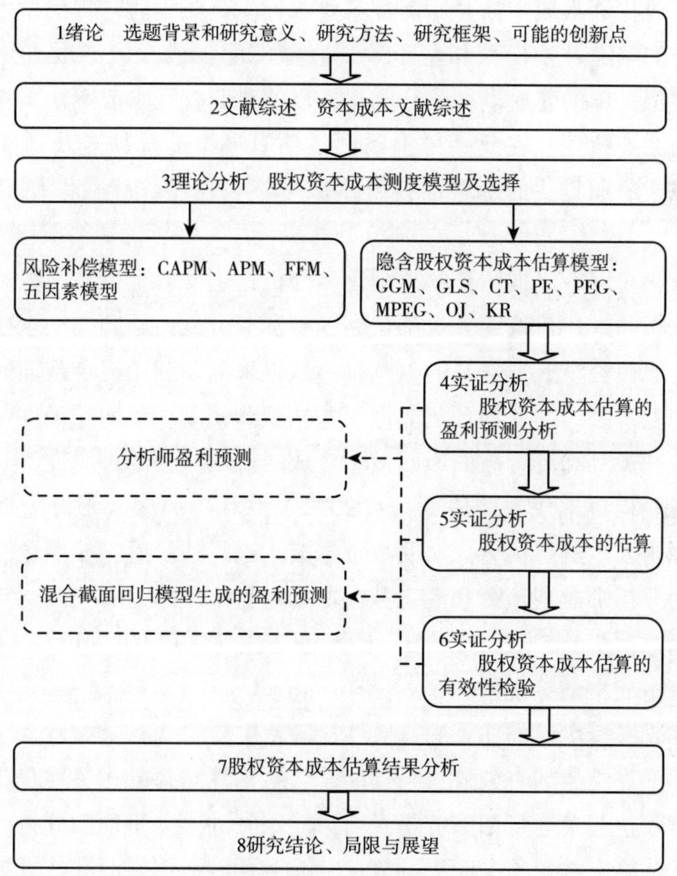

图1-1　本书的逻辑框架图

具体来说，本书的主要内容包括：

第1章绪论：主要介绍本书的研究背景和意义、主要研究方法、本书的结构和框架及其创新点。

第2章资本成本文献综述：主要对国内外相关文献进行述评，包括资本成本内涵界定的研究，以厘清资本成本、资金成本与融资成本的关系；股权资本成本估算模型及估算水平的研究；股权资本成本影响因素的研究三个方面。通过对国内外资本成本相关文献的梳理，指出现有研究存在的不足、本书的出发点及可能拓展的理论和应用之处。

第3章股权资本成本测度模型及选择：主要对股权资本成本估算模型的发展演变、模型推演进行阐述，以便厘清每个模型的理论基础、假设前提、模型具体形式、股权资本成本估算所需数据要求等。具体阐述时将模型区分为基于已实现收益的风险补偿模型和基于预期收益的隐含股权资本成本估算模型两类，按照模型提出的先后顺序进行阐述，以便对股权资本成本估算模型的研究成果做一个系统梳理。在此基础上对两类估算模型的优缺点及适用性进行分析，选定基于预期收益的隐含股权资本成本估算模型作为后续研究所采用的模型。

第4章股权资本成本估算的盈利预测分析：主要对上市公司盈利预测数据来源进行分析和阐述，选定分析师盈利预测和混合截面回归模型生成的盈利预测作为隐含股权资本成本估算的盈利预测数据来源，利用混合截面回归模型生成样本期间上市公司的盈利预测数据，并从预测偏差、预测准确性两个角度对比分析师盈利预测和混合截面回归模型生成的盈利预测的可靠性。

第5章股权资本成本的估算：对2008—2020年沪深A股非金融类上市公司的股权资本成本进行估算。对股权资本成本进行估算时，按照盈利预测数据来源区分为分析师盈利预测和混合截面回归模型生成的盈利预测两类，将每一类盈利预测数据分别应用于GGM、GLS、CT、PE、PEG、MPEG、OJ、KR等隐含股权资本成本估算模型。

第6章股权资本成本估算的有效性检验：主要对A股非金融类上市公司股权资本成本估算结果的有效性进行检验，包括估算结果的相关性分析、估算结果与已实现收益的单变量回归分析及与风险因子的多变量回归分析。在进行股权资本成本估算有效性检验时，同样区分盈利预测数据来源和估算模型分别进行，以便能够判断盈利预测数据的可靠性和估算模型的有效性。

第7章股权资本成本估算结果分析：主要以估算结果有效性检验为基础，选用经检验较为有效的估算模型采用较为可靠的盈利预测数据估算的股权资本成本，对国内上市公司股权资本成本的特征进行分析。分析维度包括行业特征、公司规模、股权结构、公司性质及上市公司所在地，并且对国内上市公司股权资本成本及风险溢价的合理界域进行分析。

第8章研究结论、局限与展望：主要总结本书的主要研究结论，指出存在的不足之处，并对股权资本成本的后续研究进行展望。

1.4　本书的创新点

本书借鉴国内外已有研究，将研究重点放在股权资本成本的估算及估算有效性检验、评价和估算结果的分析上，主要创新点在于：

第一，对股权资本成本的估算和分析考虑了盈利预测数据的可靠性。盈利预测数据的可靠性是影响隐含股权资本成本估算结果有效性的重要因素，国内学者开展相关研究时没有考虑盈利预测数据来源对股权资本成本估算结果有效性的影响，通常直接采用实际盈利或者分析师盈利预测进行股权资本成本的估算，只有 Hou、Dijk & Zhang（2012），毛新述、叶康涛、张頔（2012），王亮亮（2013），张军华（2014）等少数学者采用混合截面回归模型生成的盈利预测。本书则同时采用分析师盈利预测和混合截面回归模型生成的盈利预测，对国内A股非金融类上市公司的隐含股权资本成本进行估算并对估算结果的有效性进行检验。通过对两类盈利预测的预测偏差和预测准确性分析，股权资本成本估算结果与已实现收益的单变量回归检验、与风险因子的多变量回归检验，对盈利预测数据的可靠性做出判断。这对于股权资本成本估算时盈利预测数据来源的选择具有借鉴意义，也有利于提高股权资本成本估算结果的有效性。

第二，对股权资本成本的估算和分析考虑了估算模型的可靠性。估算模型的选择对股权资本成本的估算结果有重大影响，不同模型的估算结果存在巨大差异，但是目前国内研究将重点集中在股权资本成本的影响因素方面，研究中对估算模型的选择较为随意，研究结论各异，对股权资本成本水平高低和估算模型的有效性关注度很低。本书同时采用两类盈利预测数据来源和多种估算模型，对2008—2020年A股非金融类上市公司的股权资本成本进行估算，并对估算结果的有效性进行检验，从而对股权资本成本估算模型的有效性做出判断，对后续学术研究、实践应用中股权资本成本估算模型的选择具有重要意义。

第三，将研究重点放在股权资本成本的有效估算和估算结果的分析上。本书以估算结果的有效性检验为基础，对 A 股非金融类上市公司股权资本成本的特征进行分析，分析维度包括行业、公司规模、股权性质、股权结构和上市公司所在地等方面。同时根据风险和报酬均衡的原理，结合样本期间公司债券收益率、国债收益率、银行长期贷款利率等债权收益率及无风险报酬率、通货膨胀率等，对股权资本成本和权益风险溢价的变动及合理界域进行分析。对上市公司股权资本成本的特征、股权资本成本及风险溢价合理界域的分析有助于股权资本成本决策基准性作用的发挥。

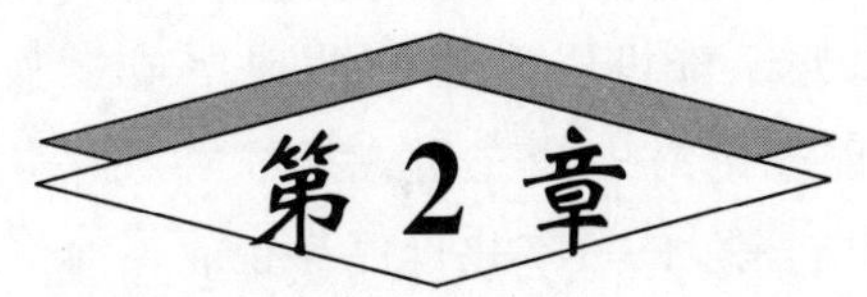

第2章

资本成本文献综述

从现代经济理论与金融发展的演进历史来看，资本成本是一个贯通宏观、微观领域的重要概念，在公司投融资决策、业绩评价、股利分配等微观领域以及金融监管、资本配置、国有资产保值增值、投资者利益保护等宏观经济管理方面发挥着重要作用。也正是因为资本成本扮演的重要角色，国内外学者对资本成本进行了广泛而深入的研究，视角涉及资本成本内涵的界定、资本成本的估算及影响因素等方面。本章将重点对国内外已有的股权资本成本文献进行梳理，以厘清资本成本、资金成本与融资成本的区别与联系，并从公司财务特征、行业因素、制度因素三个方面对已有研究中股权资本成本的影响因素进行归纳，在此基础上阐述本书的出发点。

2.1 资本成本内涵的界定

2.1.1 国外学者对资本成本内涵的界定

国外学者对资本成本内涵的认识是统一的，认为资本成本是投资者要求的、与其承担的风险相适应的预期报酬率，是投资者的机会成本。如1958年现代理财学的奠基之作《资本成本、公司理财与投资理论》中，莫迪格里尼和米勒（Modigliani & Miller）认为，“在某些严格的假设下，企业价值与资本结构无关，而是取决于按照其预期收益水平与其风险程度相适应的折现率进行资本化的结果"①，在这里 Modigliani & Miller 就将资本成本理解为与投资者承担风险程度相适应的折现率。《新帕尔格雷夫货币金融大辞典》将资本成本定义为"商业资产的投资者要求获取的预期收益率，以价值最大化为目标的企业经理把资本成本作为评价投资项目的贴现率或最低回报率。"② 所罗门（1963）在《财务管理理论》中最先正式把"加权平均资本成本"定义为"促使企业预期未来现金流量的资本化价值与企业当前价值相等的折现率。"③美国会计学会（AAA，American Accounting Association）于 1984 年 11 月发表的《管理会计第 44 号公告——资本成本》将资本成本定义为："企业的资本构成包括各种资金来源，资本成本则是这些资本成本的综合指标，它是为了不减少股东利益而必须从新追加的投资中取得的最低报酬率。"④ 罗斯（2010）在《公司理财》中认为，公司的总体资本成本反映了公司总资产的必要报酬率，股权资本成本是权益投资者对他们的投资所要求的报酬率。学术研究中，众多学者提出的隐含资本成本估算模型也将资本成本界定为一种预期报酬率，如在股利折现模型中，股权资本成本是使预期股利等于当前股票市场价格的折现率；剩余收益模型中，股权资本成本是使预期剩余收益的现值与所有者权益账面价值之和等于当前股票市场价格的折现率；收益的非正常增长模型中，股权资本成本则是使非正常收益的现值与所有者账面价值之和等于当前股票市场价格的折现率。

由此可以看出，国外研究对于资本成本内涵的界定最起码包含三个方面：（1）资本成本是投资者的机会成本；（2）资本成本是与风险相适应的投资者期望报酬率；（3）资本成本是"必须"或"应该达到"的投资者报酬率，即资本成本是投资者要求的与其承担的风险相适应的期望报酬率。

2.1.2 国内学者对资本成本内涵的界定

通过对国内资本成本文献的梳理发现，1990—2005 年发表的学术文献基

① Franco Modigliani, Merton H. Miller. The Cost of Capital, Corporation Finance, and the Theory of Investment [J]. American Economic Reviews, 1958 (6): 261 - 297.

② 彼得·纽曼，默里·米尔盖特，约翰·伊特韦尔．新帕尔格雷夫货币金融大辞典［M］．北京：经济科学出版社，2000（第1卷）．

③ 转引自：沈艺峰，田静．我国上市公司资本成本的定量研究［J］．经济研究，1999（11）：62 - 68.

④ 转引自：齐美青，薄建奎．从我国上市公司融资悖论看资本成本与资金成本的区别［J］．财会月刊，2010（9中）：73 - 74.

本上是针对资本成本内涵的界定展开的。综合来看，国内学术界对资本成本内涵的界定有以下三种观点：

第一种观点最具代表性，是从筹资者的角度界定资本成本的，将资本成本理解为公司为筹集和使用资本而付出的代价，也就是有些学者所谓的融资成本。这种“资金代价论”是国内财务学界早期对资本成本的典型定义，也是目前很多财务管理教科书上经常看到的定义，如邓明然（1995），欧树军（2001），杨艳、陈收（2008）等都认为资本成本是公司为筹措和使用资本而付出的代价，包括筹资过程中发生的费用，如股票、债券的发行费用；用资过程中支付的报酬，如向股东、债权人支付的股利、利息。王英兰（1997）将资本成本直接定义为“企业使用一定资本实际负担的成本，而不是名义上的成本”①，“是企业全部经营资本所承担的费用，不仅包括借入资本需要支付的利息，还包括对股权资本发放的股利”②。正是基于这种认识，肖伟（1990）认为我国传统财务会计体系中只确认和计量使用债务资本成本的代价，而不考虑使用自有资本代价的做法会给企业造成使用自有资本不需要支付代价的错觉，故应该借鉴西方资本成本会计，建立我国的资金成本会计以提高会计信息的真实性、相关性和决策价值，使得财务会计与管理会计更趋于协同一致。黄少安、张岗（2001），陆玉梅、何涛（2004）等则将我国上市公司普遍存在的股权融资偏好归因于股权资本成本低，甚至是免费使用股东的资本所致③。

第二种观点从投资者的角度出发，将资本成本界定为投资者要求的预期报酬率，这与西方财务学界对于资本成本内涵的界定一致。张文娟（2001）认为，资本成本的大小是由投资者根据公司资本投向的风险大小决定的，其本质是公司向投资者支付的一种机会成本，故其将资本成本定义为“投资者因其特定的投资行为而产生的机会成本”④。汪平（2007）认为，资本成本的本质是机会成本，资本成本的高低由投资者决定，是公司投资风险与投资者风险偏好共同作用的结果。基于这种观点，宋琳（2004）认为，中国上市公司股权融资偏好悖离“啄食顺序理论”的关键原因在于资本成本的内涵存在制度性割裂，即理论上已经接受了资本成本是投资者要求的必要报酬率，实践中却将

---

① 王英兰．谈资本成本［J］．财会研究，1997（8）：38.

② 罗肖，王涛．关于资本成本会计的探讨［J］．上海会计，1996（8）：9－11.

③ 中国上市公司的股权融资偏好主要体现在两个方面：一是上市之前有强烈的冲动谋求公司首次公开发行股票（IPO，Initial Public Offering）并成功上市；二是上市之后在再融资方式的选择上，往往倾向于选择配股或增发等股权融资方式，形成上市公司集中性的“配股冲动”或“增发冲动”。

④ 张文娟．谈资本成本的重新定义［J］．财会月刊（会计），2001（16）：47.

资本成本视为企业融资时的资金筹集费和占用费，正是理论和实践对资本成本的不同解读才导致国内外融资偏好的差异。

第三种观点则同时从投资者和筹资者两个角度来界定资本成本，认为资本成本既是投资者要求的必要报酬率，也是筹资者为筹集和使用资本而付出的代价。如余绪缨（1995），张春生、王迪（2000），苏永超（2002）认为资本成本是指资本的价格，从投资者来看，资本成本是投资者提供资本时要求补偿的资本报酬率；从筹资者来看，资本成本是企业为获取资本所必须支付的最低价格（代价），包括资本的筹集费和使用费。

除了上述三种观点之外，国内财务学界还有与资本成本相近的另外一个概念，即资金成本。宋琳（2004）将资金成本定义为资金使用者为筹措和占用资金而支付的各种筹资费和占用费等，是企业将盈利和资金的一部分支付给资金所有者的报酬，体现着资金使用者和所有者之间的利润分配关系。刘军（1995）认为，资金成本的估算是站在企业经营者的角度计算的，投资者所丧失的机会成本并不构成经营者的资金成本，所以留存收益对经营者来说是一种虚拟资本，实际上并不具有资金成本。

综上所述，相比西方学术界对资本成本内涵的统一认识，国内对资本成本的认识则各持己见，争议颇多。资本成本、资金成本与融资成本界定不清，“资本成本成为我国财务学中出现的理解最为混乱的一个概念”①。

2.1.3 本书对资本成本内涵的界定

本书将资本成本界定为投资者要求的必要报酬率，并且这一报酬率的高低由投资者根据投资项目的风险大小决定。也就是说，资本成本取决于资本的运用而不是资本的来源，严格来讲资本成本水平的高低与公司融资行为无关，之所以将其称之为成本是因为从投资者的角度来看，资本成本是一种机会成本，即由于资源的稀缺性，投资者投资于某一项目而放弃的其他投资项目的最高收益率。

对于国内学术界存在的资金成本的提法，本书认为资金成本与资本成本的内涵相同，是同一概念的两种不同提法。之所以出现这两种提法，主要源于以下三个方面的原因：一是由特殊的社会经济背景造成的，资本成本这一概念最初由西方学术界引入国内时，国内刚刚改革开放，受马克思主义资本社会属性研究的影响，认为资本是资本主义社会的产物，反映了资本家对雇佣劳动的剥

① 汪平．财务管理——理论·实务·案例［M］．北京：经济管理出版社，2007.

削关系，社会主义国家是不存在资本的，故将资本称之为资金，资本成本随之被称为资金成本。二是从使用期限来看，企业的资本分为长期资本和短期资本，使用期限在一年或者超过一年的一个营业周期内的短期资本通常被称为资金，如通常所说的营运资金；使用期限超过一年或者一年以上的一个营业周期的长期资本则被称之为资本，如公司采用普通股、优先股、留存收益、长期借款、融资租赁等方式筹集的资本，学术研究、财务管理教科书中所谓的资本成本也是指这些长期资本来源的成本。邓明然（1995）就将资本成本界定为利用股票、债券、留存收益等方式筹集的长期资本的成本，而把利用商业票据、商业信用、银行短期借款等方式筹集的短期资金的成本称之为资金成本。三是从资本的周转速度或流动性来看，有些资本能够在一年或超过一年的一个营业周期内再次转化为货币形态，通常将之称为资金，如货币资金、流动资金等；而有些资本则不能在一年或超过一年的一个营业周期内再次转化为货币形态，通常将之称为资本，如资本预算就是指为长期资产投资所做的预算。

2.2　资本成本估算及估算模型的研究

由于债权债务合同相对完备，期望报酬可以事先通过合同明确约定，并且债权有抵押、担保、优先受偿等措施予以保障，债权人承担的风险相对较小，所以债务资本成本很容易确定，这也意味着债务资本成本与融资成本基本上是趋于一致的。综合资本成本（WACC，Weighted Average Cost of Capital）是包括债权人和股东在内的所有投资者对公司全部资本来源的平均期望报酬率，可以通过所罗门的加权平均资本成本法或 Modigliani & Miller 的平均资本成本法两种方式确定，加权平均资本成本法是债务资本成本和股权资本成本按照一定的权数平均而得，平均资本成本法是根据目标公司负债率对同等条件下无负债公司的股权资本成本调整所得。所以，学术界对资本成本估算的研究基本集中在股权资本成本的估算上，研究中提出的估算模型基本上也都是股权资本成本的估算模型。

股权资本成本估算的各类模型都是由国外学者提出的，主要包括基于已实现收益的风险补偿模型和基于预期收益的隐含资本成本模型两类估算类型。风险补偿模型主要包括 CAPM、APM、FFM 和五因素模型（Five - Factor Pricing Model）等。这些模型都是基于资本市场有效、已实现收益是预期收益的无偏估计假定，以已实现收益为基础估算股权资本成本的，只不过各种模型考虑的影响股票收益的风险因素不同而已，如CAPM是单因素模型，认为如果资本市场是有效的，投资者可以通过投资组合分散所有公司特有风险，股票预期收益就只受市场风险的影响，股权资本成本是市场风险β系数的函数；APM、三因素模型、五因素模型都是多因素模型，区别在于APM本身并没有说明哪些因素影响股票的预期收益，Fama & French则将影响股票预期收益的因素归结为市场风险、公司规模和权益账面市值比三个因素，提出了股权资本成本估算的三因素模型，这些因素能够解释美国股票已实现平均收益的大部分变动；最近他们又在三因素的基础上加入盈利能力、投资模式两个因素，提出了五因素模型。

预期收益的隐含股权资本成本估算模型都是基于Williams的股利折现模型（DDM，Dividend Discounted Model）演变而来，认为股权资本成本是能够使未来股利收入的现值等于目前股票市场价格的折现率。股利折现模型反映了股权资本成本的本质，代表了股东预期，但是由于估值期限的无限性和无法准确预测公司的股利支付方式，该模型在实际中并不具有可操作性。麦伦和戈登（Gordon & Myron，1962）基于股利折现模型，假定预期股利以固定比率无限期永续增长提出了股权资本成本估算的永续增长模型，之后又基于干净盈余假设进一步将永续增长模型发展为两阶段增长模型（FHERM或GGM，The Horizon Expected Return Model）。基于干净盈余假设提出的以剩余收益为基础的估算模型还包括：Gebhardt、Lee & Swaminathan（2001）提出GLS模型、Claus & Thomas（2001）提出的CT模型。Easton（2004）突破干净盈余假设，提出了收益非正常增长的PE、PEG、MPEG模型；Ohlson & Jhettner – Nauroth（2005）同时考虑收益短期增长和长期增长提出了OJ模型。

国内对于股权资本成本估算的研究基本都是基于国外模型，从中选取一个或者几个模型对上市公司的股权资本成本进行估算，研究重点集中在探讨股权资本成本的影响因素方面，对股权资本成本水平及估算模型的有效性关注较少。本书搜集了近十几年来在《经济研究》《会计研究》《金融研究》《管理世界》《中国经济问题》《管理科学》《审计研究》《投资研究》等权威期刊发表的股权资本成本估算及影响因素的重点实证研究文献，对研究主题、选用的估算模型及估算结果、隐含股权资本成本估算时采用的盈利预测数据来源进行了梳理，如表2 – 1所示（由于部分文献的研究主题为股权资本成本的影响因素，文中没有报告股权资本成本的估算结果，故表2 – 1中不包括这些文献；表中所列示的估算结果均指百分数）。

表 2－1 资本成本的国内研究梳理

研究者	研究主题	已实现收益	风险补偿模型		隐含权益资本成本测度模型										
			CAPM	FFM	DCF	GGM	GLS	CT	PE	PEG	MPEG	OJ	KR	均值	盈利预测数据
叶康涛 陆正飞	权益资本成本影响因素分析						8.65								实际每股收益
陆正飞 叶康涛	股权融资偏好解析						5.37 4.72 4.18①								实际每股收益
汪　炜 蒋高峰	信息披露、透明度与资本成本				2.1										
沈艺峰 肖　珉 黄娟娟	中小投资者法律保护与公司权益资本成本						5.39								实际每股收益
曾　颖 陆正飞	信息披露质量与股权融资成本						3.61								实际每股收益
黄娟娟 肖　珉	信息披露、收益不透明度与权益资本成本						4.06								实际每股收益
姜付秀 陆正飞	多元化与资本成本的关系		9～10												
肖　珉	跨地上市与权益资本成本						4.91								实际每股收益

① 只实施股权融资的样本公司权益资本成本为5.37%，同时实施股权融资和债券融资的公司为4.72%，只实施债券融资的公司为4.18%。

续表

研究者	研究主题	已实现收益	风险补偿模型		隐含权益资本成本测度模型										
			CAPM	FFM	DCF	GGM	GLS	CT	PE	PEG	MPEG	OJ	KR	均值	盈利预测数据
徐浩萍 吕长江	政府角色、所有权性质与权益资本成本						3					7.63			实际每股收益
陆宇建 叶洪铭	投资者保护与权益资本成本的关系探讨						6.39								实际每股收益
于李胜 王艳艳	信息风险与市场定价						3.78								实际每股收益
肖　珉	法的建立、法的实施与权益资本成本						6.70 5.81 4.09①								实际每股收益
沈洪波	市场分割、跨境上市与预期资金成本											12.44			分析师盈利预测
于李胜 王艳艳 陈泽云	信息中介是否具有经济附加值						6.4								实际每股收益
肖　珉 沈艺峰	跨地上市公司与权益资本成本						3.77								实际每股收益
李明毅 惠晓峰	上市公司信息披露与资本成本				22.54		7.15			8.66		8.31			分析师盈利预测

① 初级、中级和高级三个立法阶段的权益资本成本分别为6.7%、5.81%、4.09%。

续表

研究者	研究主题	已实现收益	风险补偿模型		隐含权益资本成本测度模型										
			CAPM	FFM	DCF	GGM	GLS	CT	PE	PEG	MPEG	OJ	KR	均值	盈利预测数据
王 兵	盈余质量与资本成本	4													实际每股收益
李晓东	公开信息、共同知识与上市公司股权资本成本						3.78								实际每股收益
肖斌卿 伊晓奕 刘海飞	分析师跟进行为对上市公司资本成本的影响						6.27								实际每股收益
沈洪涛 游家兴 刘江宏	再融资环保核查、环境信息披露与权益资本成本						5.89								实际每股收益
方红星 施继坤	自愿性内部控制鉴证与权益资本成本									9.89 10.73①					分析师盈利预测
孙文娟	内部控制报告与权益资本成本的关系研究									12.87					分析师盈利预测
李 超	权益资本成本估计方法的可靠性检验研究						3.91 6.77②			10.12 12.78			5.28 8.75		分析师盈利预测

① 披露自愿性内部控制鉴证报告的权益资本成本为9.89%，未披露的为10.73%。

② GLS、PEG、KR模型测度的权益资本成本，2007年分别为3.91%、10.12%、5.28%；2008年分别为6.77%、12.78%、8.75%。

续表

研究者	研究主题	已实现收益	风险补偿模型		隐含权益资本成本测度模型										
			CAPM	FFM	DCF	GGM	GLS	CT	PE	PEG	MPEG	OJ	KR	均值	盈利预测数据
于富生 张　胜 李　岩	管理层过度自信与权益资本成本						8.5								未提及
张长海 吴顺祥	国有产权、会计稳健性与权益资本成本		10.54												
施继坤	内部控制鉴证、审计师声誉与权益资本成本									10.53 11.04①					分析师盈利预测
高　芳 付仁辉	会计准则改革、股票流动性与权益资本成本													10.00 7.2②	未提及
吉　利 邓博夫 毛洪涛	会计准则国际趋同、国有股权与股权资本成本								3.4						实际每股收益
汪　平 袁光华 李阳阳	我国企业资本成本估算及其估算值的合理界域		9.24			9.36	4.68					8.42		7.88	分析师盈利预测

① 内部控制鉴证为正面意见的样本公司权益资本成本为10.53，未披露内部控制鉴证意见的为11.04%。

② 为GLS、CT、PEG、OJ四种模型测度结果的均值，其中2007年前为10%，2007年后为7.20%。

续表

研究者	研究主题	已实现收益	风险补偿模型		隐含权益资本成本测度模型										
			CAPM	FFM	DCF	GGM	GLS	CT	PE	PEG	MPEG	OJ	KR	均值	盈利预测数据
孙会国 李泽广 Chan	隐含资本成本估计方法的实用性问题					9.54	14.36	13.27	4.25	13.37	13.7	14.89			分析师盈利预测
毛新述 叶康涛 张 頔	上市公司权益资本成本的测度与评价		8.48	15.82		6.68	5.57		4.37	15.77	16.5	4.77			混合截面回归模型生成盈利预测
肖作平 周嘉嘉	制度环境与权益资本成本						4.82								实际每股收益
曹书军 刘 星 杨晋渝	审计质量特征、客户规模与公司权益资本成本											10			分析师盈利预测
袁放建 冯 琪 韩 丹	内部控制鉴证、终极控制人性质与权益资本成本									10.35					分析师盈利预测
陈 琛	市场化改革与权益资本成本					9.6	7.1	10.6						9.1	实际每股收益
肖作平 曲佳莉	分析师意见分歧、经验与权益资本成本					11.16									

续表

研究者	研究主题	已实现收益	风险补偿模型		隐含权益资本成本测度模型										
			CAPM	FFM	DCF	GGM	GLS	CT	PE	PEG	MPEG	OJ	KR	均值	盈利预测数据
李姝 赵颖 童婧	社会责任报告与权益资本成本									12					分析师盈利预测
王艳艳	管理层盈余预测与权益资本成本									16					实际每股收益
王春飞 陆正飞 武利娜	企业集团统一审计与权益资本成本						5.4								混合截面回归模型生成的盈利预测
王亮亮	真实活动盈余管理与权益资本成本						4.6								混合截面回归模型生成的盈利预测
索有	自愿性内部控制信息披露与权益资本成本关系研究									11.7					分析师盈利预测
程智荣	内部控制与资本成本									13.35					分析师盈利预测
林斌 孙烨	内部控制、信息环境与资本成本											13.4			实际每股收益

续表

研究者	研究主题	已实现收益	风险补偿模型		隐含权益资本成本测度模型										
			CAPM	FFM	DCF	GGM	GLS	CT	PE	PEG	MPEG	OJ	KR	均值	盈利预测数据
周嘉南 雷　霆	股权激励影响上市公司权益资本成本											8.9			分析师盈利预测
吴红军	环境信息披露、环境绩效与权益资本成本						5.04								实际每股收益
袁　洋	环境信息披露质量与股权融资成本											12.53			分析师盈利预测
张军华	产品市场竞争、制度环境与权益资本成本；权益资本成本的行业特征						5.49								混合截面回归模型生成盈利预测
廖义刚	环境不确定性、内部控制质量与权益资本成本									12.01					分析师盈利预测
李　祎 刘启亮	IFRS、财务分析师、机构投资者和权益资本成本						4.84 3.67								分析师盈利预测
王亮亮 潘　俊	研发轻度对权益资本成本的影响					5	4.4	7.9							混合截面回归模型生成盈利预测

续表

研究者	研究主题	已实现收益	风险补偿模型		隐含权益资本成本测度模型										
			CAPM	FFM	DCF	GGM	GLS	CT	PE	PEG	MPEG	OJ	KR	均值	盈利预测数据
张修平 李昕宇	资产质量对权益资产成本的影响									10.4	10.9				混合截面回归模型生成盈利预测
魏　卉 李　平	社会资本对权益资本成本的影响											13.02			分析师盈利预测
罗　琦 王悦歌	盈余管理对权益资本成本的影响						3.9								实际收益
陈素云	行业环境、食品质量信息安全质量与权益资本成本		11.1												
喻　灵	股价崩盘风险与权益资本成本									1.81					分析师盈利预测

资料来源：根据文献自行整理。

从表 2-1 中可以看出：（1）从研究主题来看，只有李超（2011），孙会国、李泽广、Chan（2012），毛新述、叶康涛、张頔（2012），汪平、袁光华、李阳阳（2012）等少数学者将研究重点放在股权资本成本水平或估算模型有效性的检验方面，其他研究的重点均集中在股权资本成本的影响因素上，涉及信息披露、内部控制、交叉上市、投资者法律保护、公司内部治理等方面。（2）进行影响因素的实证研究时，首先需要对股权资本成本进行估算。从估算模型的选择来看，绝大部分的研究都选择了基于预期收益的隐含股权资本成本估算模型，其中 GLS 模型的使用频率最高，其次为 PEG、OJ 模型，GGM、CT、PE、MPEG 及股利折现模型的使用频率较低，李超（2012）的研究还采用了 KR 模型；基于已实现收益的风险补偿模型的使用频率很低，仅有姜付秀、陆正飞（2006），张长海、吴顺祥（2012），汪平、袁光华、李阳阳（2012），毛新述、叶康涛、张頔（2012），陈素云（2016）的研究采用了 CAPM 模型，FFM 模型也仅被采用过一次；也有部分学者采用两类模型的多个估算结果的均值作为研究样本期间股权资本成本水平的最终估算结果；王兵（2008）还采用已实现股票投资收益作为股权资本成本的代理变量，研究了盈余质量与资本成本之间的关系。（3）从隐含股权资本成本估算时采用的盈利预测数据来源来看，前期的研究（2004—2010 年）基本采用实际盈利数据替代盈利预测，主要是因为国内分析师行业出现的较晚，难以获取分析师盈利预测数据；2010 年之后的研究基本采用盈利预测数据，大部分研究直接采用了分析师盈利预测，2012 年以来也有少数学者借鉴 Hou、Dijk、Zhang（2012）的研究，采用了混合截面回归模型生成的盈利预测数据，如毛新述、叶康涛、张頔（2012），张军华（2012），王亮亮（2013），王春飞、陆正飞、武利娜（2013），张修平、李昕宇等（2020），王亮亮、潘俊、林树（2018）等的研究。（4）从估算结果来看，各个模型的估算结果并不一致，差异巨大。风险补偿模型的估算结果较高，CAPM 模型的估算结果大致在 8%～11%。隐含股权资本成本估算模型中，股利折现模型仅被采用过两次，估算结果分别为 2.1% 和 22.54%，差异最大；GGM 的估算结果在 6%～12%；除孙会国、李泽广、Chan（2012）的估算结果很高外（为 14.36%），GLS 模型的估算结果均较低，基本在 8% 以下，其中绝大部分低于 6%；PE 模型的估算结果也很低，均在 5% 以下；CT、PEG、MPEG、OJ、KR 模型的估算结果相对较高且较为接近，除少数研究的估算结果外（主要是 OJ 模型），这五个模型的估算结果均在 10% 及以上。

2.3 股权资本成本影响因素的研究

股权资本成本影响因素的研究是财务学领域最早受到关注却又经久不衰的经典课题，国内外学者从众多角度进行了研究，涉及微观层面的公司财务特征、公司治理、内部控制的建立健全等，中观层面的行业特征及宏观层面的制度环境，如信息披露、投资者法律保护、交叉上市、政治关联、市场化改革、媒体监督等。

2.3.1 公司特征对股权资本成本的影响研究

2.3.1.1 财务特征对股权资本成本的影响

公司财务特征对股权资本成本的影响主要包括负债率、公司规模、账面市值比、盈利能力、收益波动性、公司成长性等方面。MM 理论认为，财务杠杆的提高会导致股东对公司剩余要求权的不确定性增大，股东因此面临更高的风险，为了补偿所承受的超额风险，股东会要求更高的预期收益率，所以财务杠杆会影响股权资本成本的高低，之后众多学者的实证检验也表明公司负债水平与股权资本成本呈正相关关系；Fama & French（1993）综合其他学者的研究成果，将影响股票预期收益率的因素归结为市场风险、公司规模和账面市值比三个方面，利用 1991—1993 年美国证券市场数据进行的实证检验表明，这三个因素解释了股票平均收益的大部分变动；Gebhardt、Lee & Swaminathan（2001）的研究结果表明，行业特征、账面市值比、收益的预计长期增长率和分析师盈利预测分歧能够解释公司股权资本成本差异的 60%，并且这种相关关系在不同时期都具有较高的稳定性。国内学者叶康涛、陆正飞（2004）的研究表明 β 系数、负债率、公司规模、账面市值比等因素是影响国内上市公司股权资本成本的重要因素；姜付秀、陆正飞（2006）的研究发现虽然多元化经营能够起到降低公司风险的作用，却使得部分财富从股东手中转移到债券人手中，减少了股东财富，进而提高了股权资本成本，但是多元化经营与总资本成本呈显著的负相关关系；同时还发现盈利能力、资产负债率、收益波动性与上市公司股权资本成本之间存在显著的正相关关系，公司规模及成长性、股权集中度、高管薪酬与股权资本成本呈负相关关系；陈峻、王雄元等（2015）

对专业化经营的 A 股上市公司的实证分析显示，在环境不确定性较低时公司的客户集中度与股权资本成本显著负相关。喻灵（2017）基于我国特殊制度背景和上市公司时间，实证检验了股价崩盘风险对权益资本成本的影响，发现股价崩盘风险越大，权益资本成本越大，且这种关系在民营上市公司中更显著。

2.3.1.2　公司治理对股权资本成本的影响

公司治理主要包括股权结构、董事会特征、薪酬激励等内容，从理论上看，良好的治理结构能够降低代理成本，有效防范管理层的道德风险和逆向选择以及大股东掏空等行为，降低投资者的风险预期，提升公司价值。国内外一些学者就公司治理与股权资本成本的关系进行了实证研究，如国外学者 Garmaise & Liu（2004）发现，低效的公司治理以及缺乏诚信的管理层会导致上市公司非系统风险增加，提高股权资本成本，良好的公司治理则可以分散这些非系统风险、从而起到降低股权资本成本的作用；Stulz（1995）认为不存在代理人国家的公司资本成本是相同的，存在代理人的国家代理成本会增加公司成本，有效的公司治理能够降低代理成本，进而降低股权资本成本；Daves & Ehrhardt（2007）提出实施员工股票选择权后，估算资本成本时不应该忽视员工股票选择权，否则会低估资本成本；Chen，Truong & Veeraraghavan（2015）以高管个人持有的公司股票和期权数量作为风险承担动机的代理变量，研究了 CEO 的风险承担动机与股权资本成本的关系，由于股票价格的变动会导致高管财富的变动，研究发现持有公司的股票和期权数量越多，高管越有动机降低公司整体风险，进而降低股权资本成本；Cao，Myers 等（2015）对 1987—2011 年美国 9 276 家大公司的股权资本成本进行了研究，发现在控制了其他影响因素后，享有较高声誉的公司股权资本成本更低。国内学者吕暖纱、杨锋等（2007）对中国民营科技上市公司研究后发现，董事会规模与股权资本成本呈显著的正相关关系，董事长和总经理两职分离也可以起到降低股权资本成本的作用，但是股权结构和激励机制与股权资本成本不存在显著关系；毛洪涛、邓博夫、吉利（2013）研究了证券投资基金持股对国内上市公司股权资本成本的影响，结果表明，证券投资基金的持股比例在一定范围内与上市公司股权资本成本呈正相关关系，但是持股比例超过某一临界值时股权资本成本就开始下降，也就是说证券投资基金持股比例与上市公司股权资本成本呈“倒 U”形关系，但是国有产权性质会削弱这种关系；周嘉南、雷霆（2014）检验了上市公司实施股权激励对股权资本成本的影响，结果表明实施股权激励并没有起到降低股权资本成本的作用，反而在一定程度上引发了管理层的盈余管理行为，提高了代理成本，使得股权资本成本提高，他们在其后的研究中（2014、2015）进一步揭示了股权激励计划的实施导致股权资本成本水平提高的深层原因。一方面实施股权激励计划会提高上市公司高管的过度自信水平，而股权激励计划与高管过度自信相互作用会显著提高上市公司的股权资本成本水平；另一方面股权激励计划的实施会扩大上市公司高管内部薪酬差距，内部薪酬差距的扩大会提高股权资本成本，并且这种效应在国有控股企业中更为敏感；邹颖、汪平等（2015）的研究同样表明股权激励造成了管理层对股东财富的侵占，进而提高了公司的股权资本成本；霍晓萍（2014）的研究表明机构投资者持股比例与股权资本成本呈负相关关系，机构投资者持股比例越大，股权资本成本越小，这主要源于机构投资者能够发挥积极的公司治理效应，改善公司治理水平，同时发现公司独立董事占比越大，股权资本成本也越小；李小荣、董红晔（2013）的研究结果表明企业高管权力过大会导致股权资本成本的增加，因此加强法制建设能有效地降低国有企业高管权力在股权资本成本上的不良影响，民营企业则还要建立良好的社会信任环境，在良好的法律环境和社会信任环境下，高管权力有助于降低民营企业的股权资本成本；冯来强、孔祥婷、曹慧娟（2017）的实证研究发现，公司购买董责险的行为与权益资本成本显著相关；王亮亮、潘俊、林树（2018）基于中小板上市公司实证检验了科技创新投入与股权资本成本之间的关系，发现研发投入与股权资本成本显著负相关，公司董事会规模越大，这种负相关关系越显著，且不受董事会独立性、董事会会议强度的影响；张修平、李昕宇等（2020）研究了企业资产质量对股权资本成本的影响，发现良好的资产质量有助于企业获取更低的股权资本成本。

2.3.1.3 内部控制对股权资本成本的影响

内部控制的建立健全旨在合理保证财务报告的可靠性、经营的效率和效果以及对法律法规的遵守[①]，财务报告可靠性的提高可以降低公司管理层与投资者之间信息不对称的程度，降低投资者的信息风险，对经营活动的控制和法律

① 此处关于内部控制目标的阐述源于2013年美国COSO委员会发布的《COSO内部控制整合框架》，不同于财政部会同证监会、审计署、银监会、保监会制定的《企业内部控制规范》中关于内部控制目标的规定。在五部委制定的《企业内部控制规范》中，内部控制的目标是合理保证企业经营管理合法合规、资产安全、财务报告及相关信息真实完整，提高经营效率和效果，促进企业实现发展战略。

法规的遵守则可以降低公司经营风险和法律风险，这些风险的降低都会影响投资者对公司的风险预期，从而降低股权资本成本的水平。基于此，Feng、Li & McVay（2009）指出，内部控制主要通过两条途径对股权资本成本产生影响：一是直接作用路径，内部控制可以通过影响财务报告的质量而影响投资者面临的信息风险，进而影响股权资本成本；二是间接作用路径，内部控制通过对经营活动的控制减少管理层侵占和大股东掏空等机会主义行为，降低公司的商业风险，进而影响股权资本成本。国内学者程智荣（2012）以 2008 年 A 股上市公司为样本的研究表明，内部控制可以显著降低上市公司的股权资本成本和债务资本成本，市场对内部控制建设的推动做出了正面响应；林斌、孙晔、刘瑾（2012）的实证检验表明内部控制存在严重缺陷时，上市公司股权资本成本显著提高，尤其是机构投资者比例较小、中小投资者存在严重信息不对称时，投资者会更加重视公司的内部控制质量，对内部控制存在严重缺陷的公司要求更高的股权资本成本；李超、田高良（2011）、闫志刚（2012）的实证结果均表明内部控制质量与股权资本成本之间呈现负相关关系；何亚伟、徐虹、林钟高（2014）的研究却发现，内部控制质量的提高对于降低上市公司债务融资成本与总资本成本具有显著作用，但是对股权资本成本的影响并不显著，相对于民营上市公司，国有上市公司内部控制质量的提高对于降低资本成本的作用更加显著。

2.3.2　行业因素对股权资本成本的影响研究

已有研究表明股权资本成本存在显著的行业差异，主要源于投资者对不同行业的风险预期不同。一般来说，处于同一行业的公司由于生产提供的产品、服务相同或类似，面临的竞争环境、投资机会和成长性相类似，投资者往往对其具有相似的风险预期；处于不同行业的公司面临的风险不同，投资者会有不同的风险预期，从而要求不同的预期报酬率。Gebhardt、Lee & Swaminathan（2001）的研究发现，1975—1995 年美国 48 个行业上市公司的股权资本成本存在很大差异，运动休闲、烟草、商业信贷、电子技术、汽车等行业的股权资本成本溢价远高于其他行业，表明行业因素是影响股权资本成本高低的重要因素；Gode & Mohanram（2003）的研究也证实行业因素对股权资本成本具有显著影响。国内学者叶康涛、陆正飞（2004）的研究表明，不同行业的股权资本成本存在显著差异，传播文化、电子等新兴行业的股权资本成本较高，纺织、建筑、交通运输、金属与非金属制品等传统行业的股权资本成本相对较低；任翠玉（2011）以2000—2009年沪深A股上市公司为样本的研究表明，行业因素是影响股权资本成本的重要因素，不同行业的股权资本成本存在显著差异，采掘业、金属、非金属、电子、造纸、建筑业等行业的股权资本成本较高，而批发零售、传播文化、社会服务等行业的股权资本成本相对较低；张军华（2013）认为，产品市场竞争对股权资本成本存在公司治理效应和异质性风险效应，公司治理效应可以带来代理成本的降低，进而降低股权资本成本；异质性风险则在公司市场势力与股权资本成本之间发挥了中介传导效应，公司市场势力越大，股权资本成本越低；张军华（2012，2013，2014）还分别研究了行业竞争与信息质量、产品市场竞争与异质性风险对股权资本成本的影响以及股权资本成本的行业特征，结果表明行业门类层面和制造业次类层面的股权资本成本差异显著，集中的行业结构和较大的市场势力能够降低特质性风险，进而降低投资者的风险预期和股权资本成本。陈素云（2016）对食品类上市公司的实证研究发现，食品质量安全信息披露与权益资本成本显著负相关，并且这种相关关系在国有产权性质企业和行业竞争程度高的企业更为显著。

2.3.3　制度因素对股权资本成本的影响研究

2.3.3.1　信息披露对股权资本成本的影响

对上市公司信息披露的研究源于管理层和投资者之间存在的信息不对称和代理问题，信息不对称和代理问题阻碍了资本市场的有效配置，信息披露则可以在一定程度上可以缓解这些问题。因此，作为资本市场重要制度安排的信息披露是有经济后果的，国内外众多学者对信息披露与股权资本成本之间的关系进行了大量的理论分析和实证检验。

从理论层面来看，公司增加信息披露数量或者提高信息披露质量，可以降低投资者对预期收益的估计风险，或者减少管理层与投资者之间的信息不对称，增强股票流动性，降低交易成本，进而起到降低股权资本成本的作用。Healy & Palepu（2001）将自愿信息披露的经济结果归结为三种资本市场效应：（1）提高股票的流动性，如 Diamond & Verrecchia（1991），Kim & Verrecchia（1994），Bloomfield & Wilks（2000）研究后认为，公司增加信息披露可以吸引大额资本投资，提高投资者对股票的出价，或者降低不同投资者之间的信息不对称程度，增强股票流动性；（2）降低资本成本，如 Barry & Brown（1984），Linn & Handa（1993）等的研究表明，投资者往往对信息披露水平低的股票赋予更高的风险水平，从而减少对这类股票的需求或者出价更低，股权资本成本也就越高；（3）提高信息中介的关注度，如 Bhushan（1989）、Lang & Lundholm（1996）的研究。Botosan（1997）、Botosan & Plumlee（2002）认为，这三种资本市场效应可以通过两条理论线索最终归结为股权资本成本的降低：一方面，信息披露有助于减少管理层与投资者之间的信息不对称，降低投资者对公司未来收益预测时的估计风险，从而降低投资者要求的报酬率；另一方面，信息披露还有助于减少投资者之间的信息不对称，提高股票流动性，降低交易成本、增加股票需求，Amihud & Mendelson（1986），Welker（1995），Healy（1999）等的研究表明，信息披露质量高的公司由于股票买卖差价较小而降低了股票交易成本，股权资本成本也随之降低。国内学者支晓强（2010）认为，信息披露还会通过影响公司真实的投资决策而影响股权资本成本，并对其影响路径和具体机理进行了分析。

实证研究方面，一些学者就信息披露对股权资本成本的影响进行了检验，主要围绕信息披露数量和质量，尤其是自愿性信息的披露数量和质量（收益不透明度）两个方面展开。Botosan（1997）以 1990 年美国机械行业 122 家公司为样本，研究发现在控制 β 系数、公司规模的情况下，分析师关注越少的公司，信息披露质量越高，股权资本成本越低；Bhattacharya，Daouk & Welker（2003）以 1986—1998 年 34 个国家数据为样本的研究发现盈余披露质量越差的公司，股票市场交易越不活跃，股权资本成本越高；Francis，Lafond et al（2004）以 1975—2001 年美国上市公司为样本的研究也表明信息披露质量越差的公司，股权资本成本越高。相比大多数地区性会计准则，国际财务报告准则（IFRS，International Financial Reporting Standards）要求了更多的财务披露，Easley & O' Hara（2004），Lanbert，Leuz & Verrecchia（2007）研究后认为更多的财务披露可以降低股权资本成本；Daske，Christian & Rodrigo（2008）对世界上 26 个国家强制执行 IFRS 经济后果的研究显示，在那些上市公司有动机提高透明度、法规执行严格的国家以及公司自愿执行 IFRS 的时候，股权资本成本降低的经济后果更显著；Sigi Li（2010）也发现 2005 年欧盟国家采用 IFRS 后，公司股权资本成本有所降低，但是降低的程度取决于各个国家法律执行的程度；但是 Mohammad Salam（2008）的研究却发现，采用 IFRS 与遵循正确披露程序都没有起到显著降低上市公司股权资本成本的作用；Cheynel（2013）、Barth et al（2013）发现自愿信息披露和盈余透明度有助于降低股权资本成本；Mangena，Li，Tauringana（2016）研究了智力资本信息披露对公司股权资本成本的影响，通过对 125 家美国公司的实证研究发现，智力资本信息披露与股权资本成本之间存在显著的负相关关系，适当的智力资本信息披露能够提高财务信息披露对股权资本成本的影响程度；Paugam & Ramond（2015）还研究了减值测试信息披露对股权资本成本的影响，发现二者之间存在负相关关系，主要是由于减值测试的披露可以降低公司的信息风险。

国内学者曾颖、陆正飞（2002）以 2002—2003 年深圳证券交易所信息披露考核评级作为信息披露质量的代理变量，研究发现具有再融资资格的上市公司信息披露质量与股权资本成本负相关；汪炜、蒋高峰（2004）以披露次数作为衡量信息披露质量的代理指标，对 2002 年前在上海证券交易所上市的公司信息披露质量与股权资本成本的关系进行了研究，结果表明，信息披露质量的提高有助于降低股权资本成本；黄娟娟、肖珉（2006）以 1993—2003 年国内股权再融资上市公司为样本，研究结果表明，上市公司信息披露质量与股权资本成本呈显著负相关关系；于李胜、王艳艳（2007）从信息风险角度出发，研究了应计质量与股权资本成本之间的关系，结果发现提高应计质量可以降低股权资本成本；于李胜、王艳艳、陈泽云（2008）研究了独立审计作为信息中介在中国资本市场资源配置中的作用，结果表明信息中介可以通过提高公司未来现金流和降低信息风险影响股权资本成本，信息中介的声誉与股权资本成本之间呈负相关关系；李骁寅、彭家生（2012），张圣利（2012），王静、郝东洋、张天西（2013）等对会计稳健性水平与股权资本成本之间的关系进行了研究，结果发现会计稳健性水平与股权资本成本之间呈现负相关关系，会计稳健性水平越高，投资者面临的信息风险越小，股权资本成本越低。但是吴文锋、吴冲锋、芮萌（2007）的研究却发现，提高信息披露质量并不会降低股权资本成本，原因在于提高信息披露质量降低股权资本成本的前提条件不成立，即我国投资者没有把信息披露质量作为判断公司价值和交易股票的一个影响因素；王艳艳（2013）考察了管理层盈利预测、信息风险与股权资本成本之间的交互影响，发现管理层披露盈利预测可以降低股权资本成本，但这种降低效应呈现明显的“滞后效应”。王冰洁、刘振涛（2017）的研究发现，管理层预测消息的利好程度与股权资本成本呈反向变动关系，在强制性披露制度下管理层预测消息的利好程度越高，越能显著降低股权资本成本。

近年来，国内一些学者基于会计准则变更与国际趋同背景、内部控制信息、社会责任信息、环境信息、社会责任等自愿性信息披露对股权资本成本的影响进行了实证检验。但是除重污染行业环境信息披露能有效降低股权资本成本取得了一致之外［如沈洪涛、游家兴、刘江宏（2010）、袁洋（2014）、吴红军（2014）等以中国重污染行业上市公司为样本的研究均表明，重污染行业上市公司环境信息的披露及披露质量的提高会显著降低股权资本成本］，会计准则变更与国际趋同、内部控制信息、社会责任信息披露对股权资本成本的影响并没有形成一致结论，如会计准则变更对股权资本成本影响的实证研究方面，高芳、傅仁辉（2012）认为 2007 年的会计准则变革显著增强了股票流动性，降低了上市公司的股权资本成本；吉利、邓博夫、毛洪涛（2012）认为，会计准则国际趋同显著降低了股权资本成本，不同性质的股权对会计准则国际趋同的反映程度不同；闫华虹、张明（2012）研究后认为，会计准则变革提高了上市公司披露的盈余质量，进而降低了股权资本成本；但是赵耀、乔贵涛、张健（2014）研究后却认为，由于新准则大幅度引入公允价值计量属性和资产负债观，为会计职业判断和自由选择提供了更大空间，导致实质信息质量降低，新准则实施后上市公司的股权资本成本反而上升了；罗劲博（2014）的研究同样表明会计准则变革导致了股权资本成本的增加，相对于非国有企业，国有企业的公司治理环境对准则变迁、股权资本成本二者之间关系的调节效应更弱。再如内部控制信息披露对股权资本成本影响的实证研究，方红星、施继坤（2011），张然、王会娟（2012），袁放建、冯琪、韩丹（2013）等的研究发现，披露自愿性内部控制信息的公司股权资本成本较低，披露内部控制鉴证报告会进一步降低股权资本成本；沈豪杰、张晓岚（2013）的实证检验结果也发现内部控制信息披露质量越高的上市公司，在同等条件下的股权资本成本更低；但是索有（2014）的研究发现自愿披露内部控制鉴证报告可以显著降低公司的股权资本成本，但是仅披露内部控制自我评价报告并不能显著降低公司股权资本成本；孙文娟（2011）发现无论是自愿披露还是强制披露内部控制报告，也无论是仅披露内部控制自评报告或是引入第三方出具的内控鉴证报告均未对股权资本成本产生影响。社会责任信息披露对股权资本成本的影响同样没有达成一致，如李姝、赵颖、童婧（2013）的研究表明，上市公司披露社会责任报告有助于降低股权资本成本，社会责任报告质量的高低对股权资本成本有显著影响，但是周小春、董平（2013）却发现，披露社会责任报告并不会带来公司股权资本成本的下降，只有当自愿披露的社会责任报告评级较高或社会责任绩效较好时，公司的股权资本成本才会下降。李祎、刘启亮、李洪（2016）基于信息治理观视角，探讨了新会计准则实施前后，财务分析师和机构投资者对权益资本成本的影响，发现二者以相互替代的方式对权益资本成本产生影响，即新企业会计准则的实施导致上市公司的权益资本成本增加，但是财务分析师和机构投资者的信息治理功能会降低权益资本成本。

2.3.3.2　投资者法律保护对股权资本成本的影响

20世纪90年代，随着“法与金融”学术思潮的兴起，国内外一些学者将目光转向投资者法律保护对股权资本成本影响的研究。理论研究层面，Lombardo & Pagano（1999）基于资本供给与需求平衡理论，认为法的建立与实施会减少管理者的控制权私利、降低投资者的监督成本、提高投资项目收益率，进而导致资本供给与需求曲线发生改变，带来股权资本成本的降低；Himmelberg、Glenn & Love（2000）在委托代理理论框架下讨论了投资者法律保护对股权资本成本的影响，认为管理层等内部人的持股数量受投资者法律保护程度强弱的影响，投资者法律保护越弱，为向外部投资者做出可信承诺，内部人不得不持有更多股份，承担更高的可分散风险，股权资本成本随之提高；投资者法律保护越强，内部人可以降低持股数量以分散投资风险，股权资本成本也随之降低。实证研究方面，Hail & Leuz（2006）对40个国家的横截面分析表明，那些有更多信息披露要求、证券监管更严和法的实施更好国家的公司股权资本成本较低，Siqi Li（2010）研究发现具有较好法律实施环境的国家，公司的股权资本成本比较低。国内学者沈艺峰、肖珉、黄娟娟（2005）发现在中小投资者法律保护的不同阶段，公司股权资本成本存在明显的差异，随着中小投资者法律保护制度的加强，上市公司股权资本成本呈现递减趋势；肖珉（2008）的研究发现，法的建立仅在特定阶段对股权资本成本产生影响，法律实施的典型事件和地区差异对股权资本成本具有显著降低作用；陆宇建、叶洪铭（2007），肖松、赵峰（2010）也发现投资者保护程度与股权资本成本之间呈显著负相关关系。

2.3.3.3　其他制度因素对股权资本成本的影响

经济全球化和金融一体化带来了公司交叉上市（Cross – Listing），西方学者对交叉上市的资本成本效应研究主要集中在上市动因分析方面，包括市场分割、风险分散、信息披露、股东法律保护、市场流动性、税收环境等，如Stapleton & Subrahmanyam（1977）认为，交叉上市可以解决市场分割问题，增加公司价值，降低股权资本成本；Amihud & Mendelson（1986）认为，交叉上市可以提高公司股票流动性，降低股权资本成本；Errunza & Miller（2000）使用

32 个国家 126 家公司的样本进行实证分析得出，美国投资者跨境资本运作促使其资本成本下降 42%。国内学者肖珉（2006）以我国 AH 股上市公司为样本，研究了境外交叉上市公司的股权再融资成本，结果表明处于投资者保护程度较低环境中的公司赴投资者保护程度较高的市场上市会因其受制于更为严格的制度约束而在随后能用较低的成本筹集更多的股权资本成本。沈红波（2007）通过分析 AH 股、AB 股及 A 股公司在股权资本成本上的差异，发现在市场分割和双重披露的作用下，AH 股、AB 股公司的股权资本成本比 A 股公司低，AH 股公司的股权资本成本比 AB 股更低，这表明公司的外部环境如法律监管、信息披露对股权资本成本有着重大的影响；肖珉、沈艺峰（2008），汪冬华、余晓雯（2011）基于法与金融视角，以赴香港联合交易所上市后又返回大陆上市发行 A 股公司为研究对象，研究了交叉上市对股权资本成本的影响，结果表明相比仅在大陆发行 A 股的公司，赴香港联合交易所上市后又返回大陆上市发行 A 股公司的股权资本成本较低，并认为这种降低与香港较为严格的投资者法律保护制度有关；张晓明、李金耘、贾俊阳（2013）的研究表明，中美交叉上市部分降低了股权资本成本，但是由于融资规模等因素的干扰，交叉上市对股权资本成本的降低作用受到某种程度的不利影响。

除此之外，一些学者还从市场化改革、政治关联、媒体监督、社会责任等角度研究对股权资本成本的影响，如徐浩萍、吕长江（2007）对政府干预对股权资本成本的影响进行了研究，认为减少政府干预会产生“可预期效应”和“保护效应”，这两个效应的强弱与企业所有权性质密切相关；最终控制人为地方政府的企业，“保护效应”强，抵消了“可预期效应”的作用，政府角色转变对股权资本成本没有显著影响；非国有企业的政府保护较弱，在“可预期效应”的作用下，股权资本成本随着政府对经济干预程度减小而降低。徐明东、田素华（2013）的研究表明，在政府对国有企业仍有较强干预和保护的背景下，市场化改革对国有企业的投资冲动及其软预算约束的影响比较有限，对其投资的资本成本敏感性影响并不明显；产权改革的影响力更为显著，提高了投资的资本成本敏感性；陈琛（2014）指出市场化改革会提升企业运营效率，改善业绩、增强管理层激励以及公司治理水平，从而降低股权资本成本；肖作平、黄璜（2013）还考察了媒体监督与股权资本成本之间的关系，发现媒体关注度越高的公司股权资本成本越低，媒体的负面报道与股权资本成本之间不存在明显的相关性，媒体治理对非国有公司的治理效果要强于国有公司。游辉城、刘业、马北岭（2019）研究了慈善捐赠对上市公司股权资本成本的影响，发现资本市场并不认同企业的慈善捐赠，但更多的慈善捐赠会使环境敏感型企业梳理合法性形象，获得投资者青睐，从而降低股权资本成本。杨旭东（2018）的研究结果却表明对外捐赠在企业市场地位较低时能显著降低股权资本成本。

2.4 研究评述

对国内外研究文献的回顾表明，股权资本成本的研究取得了丰硕成果，资本成本观念也深入人心，尤其是股权资本成本影响因素的研究，有助于更深入地揭示股权资本成本形成和变动的机理。但从中我们也发现，目前的研究还存在一些尚未解决的问题和不足，尤其是股权资本成本的国内研究，还有很多需要深入、细化的方面，主要体现在：

第一，国内学术研究和实践应用中对资本成本、资金成本和融资成本的内涵界定不清，说法各异，容易产生混淆，不利于资本成本的后续研究和实践应用。

第二，股权资本成本的影响因素包括微观层面的公司因素、宏观层面的市场、法律、政治、经济等制度因素及中观层面的行业因素。这些影响因素相互作用，但是研究中往往只控制为数不多的几个变量，导致相同影响因素的研究由于控制变量、研究样本、样本期间的不同，得出不同的研究结论，甚至是相反的结论。

第三，在对股权资本成本的影响因素进行研究时，国内外学者基本采用实证研究方法，研究中选用的估算模型各异，有的学者使用单一估算模型，有的学者采用多个估算模型的平均值。就国内研究来看，研究中选用的股权资本成本估算模型都是直接借鉴西方学者提出的模型，CAPM、GLS 模型的使用频率较高，近年来 PEG、OJ 模型的使用频率逐步增加。这些模型都是基于西方资本市场状况提出的，国内状况与之不同，各种估算模型的适用性应该不同。但是国内学者并未深入考虑估算模型的适用性，研究时往往随意选用某个或某几个模型对股权资本成本进行估算，然后进行影响因素的实证研究，这可能是导致研究结果各异的重要原因。

第四，由于难以获取公司的盈利预测数据，早期研究基本采用基于已实现收益的风险补偿模型，CAPM 的使用频率最高；也有一些学者采用基于预期收益的隐含资本成本估算模型，大部分为 GLS 模型，但是研究中往往使用实际盈利数据替代估算模型要求的盈利预测数据。随着证券分析师行业的发展，万德金融资讯（Wind）、国泰安经济金融研究数据库（CSMAR）等一些专业数据库逐步与证券分析机构建立联系，向一些特定客户提供分析师盈利预测数据，大部分学者对股权资本成本的估算开始转向使用分析师盈利预测数据，采用基于预期收益的隐含资本成本估算模型。但是研究表明分析师盈利预测存在乐观倾向，采用分析师盈利预测往往会高估股权资本成本；同时分析师盈利预测存在样本选择的“幸存者偏差”，再加上分析师盈利预测出现时间较晚，样本期间有限，所以使用分析师盈利预测数据估算的股权资本成本代表性较差。国外学者提出了众多基于时间序列的盈利预测统计模型，Hou、Dijk、Zhang（2012）提出混合截面回归模型，并且利用该模型生成的盈利预测数据估算了股权资本成本，与基于分析师盈利预测数据估算结果的比较研究表明，混合截面回归模型生成的盈利预测更适合于股权资本成本的估算。国内部分学者也借鉴该研究，采用混合截面回归模型生成的盈利预测进行股权资本成本的估算，但是没有考虑盈利预测数据来源的可靠性。

第五，股权资本成本在微观财务决策和宏观经济管理中发挥着基准性作用，是财务决策的基础和股东财富能否保值增值的判断依据，也是衡量资本市场是否有效的重要指标。但是，目前的研究重点集中在影响因素方面，对股权资本成本水平高低的关注较低，不利于权益资本决策基准性作用的发挥。

基于上述分析，本书将研究重点放在股权资本成本的估算、估算有效性检验、评价和估算结果分析方面，即对隐含股权资本成本估算使用的两类盈利预测数据——分析师盈利预测和混合截面回归模型生成的盈利预测进行对比分析，并将其分别应用于 GGM、GLS、CT、PE、PEG、MPEG、OJ、KR 等隐含股权资本成本估算模型，对 2008—2020 年国内 A 股非金融类上市公司的股权资本成本进行估算。通过估算结果与已实现收益的单变量回归分析和风险因子的多变量回归分析，检验哪类盈利预测数据用于股权资本成本的估算更可靠，哪个或哪几个估算模型更有效，以期为后续研究中股权资本成本估算模型和盈利预测数据来源的选择提供借鉴，弥补由于盈利预测数据来源和估算模型选择不同对研究结论的影响；在估算有效性检验的基础上，对国内上市公司股权资本成本的特征进行分析，探讨股权资本成本和权益风险溢价的合理界域，以期为股权资本成本的实践应用提供借鉴。

第3章 股权资本成本测度模型及选择

鉴于股权资本成本在微观财务决策、宏观经济管理领域发挥的基准性作用，如何科学合理地测度股权资本成本一直是现代财务学的重要研究领域。近一个世纪以来，众多学者从不同角度出发提出和发展了不同的股权资本成本测度模型，形成了一个动态的、不断演进的估算学说体系。邹颖、汪平（2013）认为，“从某种意义上讲，资本成本理论的发展也就是股权资本成本估算技术的发展”。①

3.1 股权资本成本测度的理论基础

对股权资本成本测度的研究源自资产定价理论。资产定价理论（Asset Pricing Theory）是现代金融理论的核心之一，研究如何对资产特别是对金融资产进行估价的问题，更具体地说就是研究不确定性未来收益的索偿权价值的一种金融理论。从发展历史来看，18 世纪上半叶就有学者开始相关问题的研究，在后续的长期研究中取得了大量研究成果，经历了标准金融资产定价理论和行为金融学的资产定价理论两个阶段。

20 世纪 80 年代之前，标准金融资产定价理论处于迅速发展的黄金时期，并得到了实证研究的支持，其以投资者完全理性②和有效市场假说（EMH，

---

① 邹颖，汪平．隐含资本成本估算技术：模型推演、评述与展望［J］．经济与管理研究，2013（2）：42－51.

② 参与市场的投资者有足够的理性，并且能够迅速对所有市场信息作出合理反应。

Efficient Markets Hypothesis)[①] 作为理论基础，在均衡的框架内探讨资产价格的决定问题，并发展出了一系列资产定价模型，主要包括经典 CAPM 模型及其各种拓展模型、多因素模型（包括 APM、FFM、五因素模型等）、期权定价理论以及现金流量贴现模型等。之后随着大型金融数据库的建立和计算技术的发展，一些学者通过大样本的实证研究发现了很多金融市场异象，如规模效应、股息率效应、市盈率效应、账面市值比、股权溢价之谜、收益季节性、长期收益回归、中期收益动能等，这些异象系统性地偏离标准金融学的资产定价理论，使得学者们开始对标准金融学在资产价格决定上的解释力产生怀疑。由此，他们开始将心理学、社会学的相关研究成果应用于投资者行为研究，行为金融学应运而生。行为金融学从投资者的真实决策行为出发重新审视资产定价问题，对资产价格的决定问题提出了独到解释，并提出了相应的定价模型，包括基于非理性预期的定价模型（如 DSSW、BAPM、BSV、DHS 和 HS 等模型）[②] 和基于非标准偏好的定价模型（如代表性的 BHS 模型）[③]。

综观已有的股权资本成本测度模型，虽然涉及的方法多种多样，但是基本都是借助于标准金融资产定价模型进行的，归纳起来主要有以下三种思路：（1）假设已实现收益（Realized Returns）是预期收益（Expected Returns）的无偏估计，将已实现平均收益作为预期收益的代理变量，即股权资本成本。最初对股权资本成本的测度都是基于已实现收益，将平均已实现收益作为预期收益的估计值。但是正如众多学者指出的那样，已实现平均收益作为预期收益的代理变量是"有噪音的（noise）"，艾尔顿（Elton，1999）指出除非在非常长的时期内计量已实现的股票投资收益，否则已实现股票投资收益很可能是公司资本成本的一个非常差的代理变量（Poor Proxy）。（2）基于资本市场有效和投资者完全理性假设，使用 CAPM、APM、三因素、五因素模型等市场模型测度股权资本成本。这些模型通常假设股票预期收益与公司特征、市场风险、宏观经济因素等能够反映风险的代理变量之间存在线性关系，风险越大，股权资

---

① 有效市场假说由芝加哥大学金融学教授尤金·法玛于 1965 年提出。该理论认为，在法律健全、功能良好、透明度高、竞争充分的股票市场，一切有价值的信息已经及时、准确、充分地反映在股价走势当中，其中包括公司当前和未来的价值，除非存在市场操纵，否则投资者不可能通过分析以往价格获得高于市场平均水平的超额利润。

② 这些模型的简称大多源于首次提出者的姓名，如 DSSW 模型是 1990 年由 De Long，Shleifer，Summers & Waldmann 提出的；BSV 模型是 1998 年由 Barberis，Shleifer & Vishny 提出的；DHS 模型由 Daniel，Hirshleifer & Sub - rahmanyan 提出；HS 模型是 1999 年由 Hong & Stein 提出的。BAPM（Behavior Assets Pricing Model）模型，即行为资产定价模型，是 1994 年由 Shefrin & Statman 提出的。

③ BHS 模型是 2001 年由 Barberis，Huang & Santor 提出的。

本成本也就越高，因此又被称为风险补偿模型。采用风险补偿模型测度股权资本成本时，首先需要利用股票的历史收益数据估计风险因子的风险系数，因此又被称为股权资本成本测度的事后模型（ex post model）。（3）应用经典的股票价值估值理论，在各种假设条件下利用会计、财务数据（包括财务预测数据）倒推计算股票的内涵报酬率，将内涵报酬率作为预计报酬率的代理变量，即股权资本成本。这种倒推估计技术通常被称为隐含资本成本测度模型，根据这种倒推技术估计的股权资本成本被称为隐含股权资本成本（ICC，Implied Capital Cost of Equity）。隐含股权资本成本都是通过反向应用股票估值模型得到的隐含在股票市场价格中的投资者预期报酬率，伊斯顿（Easton，2007）将这种利用股票估值模型倒推股权资本成本的方法称为逆向工程（Reverse Engineering）。隐含股权资本成本的测度是以公司盈利预测为基础的，因此又被称为股权资本成本测度的事前模型（ex ante model）。

3.2 基于已实现收益的风险补偿模型

基于已实现收益的风险补偿模型认为：在市场均衡条件下，股权资本成本作为投资者的期望报酬率，是一系列风险代理变量的线性组合，主要包括CAPM、APM、三因素、五因素模型等。在风险补偿模型中，股权资本成本是无风险报酬率和风险溢价之和，不同的是各模型考虑的风险因素不同。

3.2.1 经典CAPM及扩展模型

以欧文·费舍尔（Irving Fisher，1906）提出的用概率分布描述资产预期收益的不确定性为基础，马科维茨（Markowitz）于1952年提出均值——方差投资组合理论，即利用投资组合收益的均值、方差表示投资者的期望收益和风险，通过构建投资有效边界，可以得出最优投资组合为投资者的效用函数与有效边界的切点。托宾（Tobin，1958）提出的分离定理——投资者个人的效用偏好与最佳风险资产组合相互独立则极大地简化了投资者的选择①，由分离定

① 分离定理认为投资者个人对风险的态度仅仅影响其借入或贷出的资金量，而不影响最佳风险资产组合，即个人的效用偏好与最佳风险资产组合相独立。因此，投资者的最大效用投资组合为无风险资产与风险资产投资组合构成的组合，该组合取决于从无风险资产收益率出发的与投资者风险资产有效集相切的直线，由此可以推导出资本市场线。

理可以推导出在存在无风险资产的情况下，投资有效边界将变成从无风险收益率出发的与投资者风险资产有效集相切的直线，即资本市场线（CML，Capital Market Line）。以此为基础，夏普（Sharpe，1963、1964）、林特纳（Lintner，1965）基于一系列严格假设条件提出了经典的 CAPM 模型。

经典 CAPM 模型是建立在一系列关于投资者与机会集的假设条件下的，包括：（1）所有投资者均追求当期财富的期望效用最大化，并以备选投资组合的期望收益和标准差为基础进行选择；（2）所有投资者均可以以无风险利率无限制地借入或贷出资金；（3）所有投资者拥有相同的预期，即投资者对所有资产收益的均值、方差和协方差等具有完全相同的主观估计；（4）所有资产均可以被完全细分，拥有充分的流动性且不存在交易成本；（5）所有投资者均为价格接受者，即任何一个投资者的买卖行为都不会对资产价格产生影响；（6）市场是完美的，不存在税收、监管以及对卖空的限制；（7）所有资产数量固定不变。在上述严格的假设条件下，Sharpe（1963、1964）、Lintner（1965）几乎在同一时间提出了具有奠基意义的经典 CAPM 模型，认为所有风险资产的预期收益率都是它们与市场投资组合收益的协方差函数，用公式表示为：

$$E(R_i)=R_f+[E(R_m)-R_f]\frac{\sigma_{im}}{\sigma_m^2}=R_f+\beta_i[E(R_m)-R_f] \qquad \text{公式 } 3-1$$

其中，$E(R_i)$ 为风险资产 I 的预期收益率；R_f 为无风险收益率；$E(R_m)$ 为市场投资组合的预期收益率；β_i 为风险资产 I 系统风险的大小，是风险资产 I 与市场投资组合 M 收益的协方差除以市场投资组合收益的方差；σ_{im} 为风险资产 I 的收益与市场组合收益之间的协方差；σ_m^2 为市场投资组合收益的标准差。

经典 CAPM 模型表明，风险资产的预期收益率等于无风险利率加上该资产的系统性风险（β）与风险溢价（$E(R_m)-R_f$）的乘积。由此，股票作为一种风险性资产，投资的预期收益，也就是股权资本成本可以利用该模型进行测度，在该模型中 β 系数是唯一与公司本身有关的参数，表示公司系统性风险的大小。王化成（2011）认为，“不管无风险利率与风险溢价如何确定，每个企业都应有自己的风险参数 β 值”①，这表明 CAPM 模型认为系统性风险的高低是股权资本成本变动的唯一解释变量，公司系统性风险越高，股权资本成本也

① 王化成．高级财务管理（第三版）[M]．北京：中国人民大学出版社，2011：65.

就越高。

自 Sharpe、Lintner 提出经典 CAPM 模型以来，各种理论争议和实证检验不断涌现，尤其是针对经典模型假设现实存在性的争议。一些学者逐步放松经典模型的假设条件，进一步发展了衍生的 CAPM 模型。如 Black（1972）研究了市场上不存在无风险资产情况下的 CAPM 模型，结果表明即使纯粹的无风险资产假设不成立，CAPM 模型依然成立，β 系数仍然是衡量资产系统风险的合理指标，模型的线性关系依然存在；梅耶斯（Mayers，1973）的研究表明，在非交易性资产存在的情况下，CAPM 模型依然成立，风险的合理度量指标仍然是 β 系数，但是必须考虑风险资产与两项投资组合（一项投资组合由交易性资产构成，另外一项投资组合由非交易性资产构成）之间的协方差；默顿（Merton，1973）研究了连续时间内 CAPM 模型的变化，推导出跨期资本资产定价模型（ICAPM，Intertemporal Capital Asset Pricing Model），ICAPM 模型除了用即时收益率替代离散时期收益率、收益呈对数正态分布而非正态分布之外，其他方面与经典 CAPM 模型完全相同；Lintner（1965）认为考虑非同质期望并不会从根本上改变 CAPM 模型，只会将经典模型中的期望收益与协方差表示为投资者期望加权平均的复杂形式；布伦南（Brennan，1970）研究了资本利得税和股利所得税税率对经典 CAPM 模型的影响，认为资产的预期收益同时取决于股利收益与系统风险，所以只需在经典 CAPM 模型中增加股利收益即可衡量风险资产的预期收益。

3.2.2 APM 模型

1976 年，罗斯（Ross）提出了一种新的资本资产均衡理论——套利定价模型（APM，Arbitrage Pricing Model）。APM 模型与 CAPM 模型有很多相通的地方，都认为投资者只有承担系统性风险才能获得风险补偿，不同的是 CAPM 模型认为证券的预期收益率仅与市场投资组合收益率线性相关，是单因素模型；而 APM 模型是多因素模型，认为系统性风险可由多个因素产生，这些影响因素的个数及其确认是由历史收益决定的，也就是说 APM 模型认为证券收益是若干系统性风险因素的线性组合，用公式表示为：

$$R_i = \lambda_0 + \lambda_1 b_{i1} + \lambda_2 b_{i2} + \cdots + \lambda_k b_{ik} \quad \text{公式 3-2}$$

其中：R_i 为第 I 项证券的预期收益率，λ_0 为无系统风险时的期望收益率，λ_k 为第 I 项证券收益对第 k 项因素的敏感程度，即风险溢价；b_{ik} 为影响证券收益的第 k 项因素，即风险因子。

从 APM 模型的表达式可以看出，如果市场收益率是影响证券收益的唯一相关因素，则 CAPM 模型是 APM 模型的特例。但是问题在于 APM 模型本身并没有明确指明影响证券收益的具体因素是什么，因此使用该模型测度股权资本成本的最大障碍就在于确定具体影响证券预期收益的风险因素。

3.2.3　FFM 模型

Fama & French（1992）基于众多学者的经验研究成果，考察了 β 系数、公司规模、财务杠杆、盈余价格比、权益账面市值比（B/M）对股票截面平均收益的影响，发现无论是单独还是与其他变量一起，β 系数对股票横截面收益变动的解释能力都很差或者基本上没有解释能力，而公司规模、财务杠杆、盈余价格比、权益账面市值比这几个变量有一定的独立解释能力；如果将这些变量综合起来，公司规模、权益账面市值比则“吸收”了财务杠杆、盈余价格比对股票横截面平均收益的解释能力。由此，他们认为在资本市场有效、股票合理定价的情况下，公司规模、权益账面市值比能够捕捉到股票截面收益变动的大部分风险，实证检验结果也表明股票收益是公司规模（以公司权益市场价值的自然对数衡量）的负函数、是权益账面市值比的正函数，这两个因素能够很好地解释 1963—1990 年纽约证券交易所（NYSE）、美国证券交易所（AMEX）、纳斯达克（NASDAQ）市场上股票的平均截面收益变动。Fama & French（1993）的实证检验结果进一步表明，市场风险、公司规模、权益账面市值比是影响股票预期收益率的三个系统性因素。据此，他们提出了股权资本成本测度的三因素（FFM）模型：

$$R_i - R_f = \beta_i(R_m - R_f) + s_i SMB + h_i HML \qquad \text{公式 } 3-3$$

其中，β_i、s_i、h_i分别表示市场风险、规模风险、账面市值比风险的风险载荷；SMB（Small Minus Big）表示由于公司规模不同带来的股票收益率差异，用小型公司股票组合与大型公司股票组合的收益率之差表示；HML（High Minus Low）表示由于公司账面市值比不同产生的股票收益率差异，用高账面市值比的股票组合与低账面市值比的股票组合收益率之差表示。

FFM 模型是在 CAPM 模型不能解释众多学者实证研究证据的背景下产生的，“在此之后的近 20 年内，FFM 模型逐渐取代传统的 CAPM 模型，为国际金融理论界和实务界广泛接受”。①

① 康玉梅．股权资本成本估算模型比较及合理界域研究［D］．北京：首都经济贸易大学，2008.

3.2.4 五因素模型

虽然 FFM 模型很好地捕捉到了股票收益率与公司规模和权益账面市值比之间的关系，但是对股票预期收益率的描述并不全面，并不能解释由公司盈利能力与投资模式所造成的股票收益率差异。如 Novy - Marx（2012）的研究发现，预计盈利能力（Gross Profits - to - Assets，用总盈利/资产作为代理变量）对股票横截面平均收益率具有接近于 HML 因子的解释能力，Aharoni、Grundy & Zeng（2013）指出，公司投资水平与股票平均收益率水平显著相关。Fama & French（2015）进一步从理论上推导了权益账面市值比、盈利能力与投资模式对股票预期收益率的影响，他们从股利折现模型出发，若干净盈余假设成立，则股利折现模型可以表示为：

$$M_0 = \sum_{t=1}^{\infty} \frac{D_t}{(1+r_e)^t} = \sum_{t=1}^{\infty} \frac{E_t - \Delta B_t}{(1+r_e)^t} \qquad \text{公式 3-4}$$

其中，M_0为当前权益市场价值，D_t为第 t 期预期股利，E_t为第 t 期预期盈利，ΔB_t为第 t 期预期权益账面增加值，等于$B_t - B_{t-1}$，r_e为股权资本成本。

两边同时除以权益账面价值，上述股票内在价值估值模型可以进一步写为：

$$\frac{M_0}{B_0} = \frac{\sum_{1}^{\infty} (E_t - \Delta B_t)/(1+r_e)^t}{B_0} \qquad \text{公式 3-5}$$

在其他因素保持不变的情况下，从公式 3 - 5 可以推导出：（1）权益市场价值M_0越低，也就是权益账面市值比越高，股权资本成本r_e越高，表明股权资本成本与权益账面市值比呈同向变动关系；（2）预计盈利E_t越高，股权资本成本r_e越高，说明公司预计盈利能力与股权资本成本同向变动，盈利能力是股权资本成本的影响因素；（3）权益账面价值增加值（在干净盈余假设下就是留存收益）越大，股权资本成本越低，说明公司的投资模式也会影响股权资本成本的水平。

基于上述理论分析和实证研究，Fama & French（2015）在原有的三因素模型中加入了代表盈利能力的因子 RMV（Robust Minus Weak）和代表投资模式的 CMA（Conservative Minus Aggressive）因子，提出了股权资本成本测度的五因素模型（Five - Factors Asset Pricing Model），即：

$$R_i - R_f = \beta_i(R_m - R_f) + s_i SMB + h_i HML + r_i RMW + c_i CMA \qquad \text{公式 3-6}$$

其中，r_i、c_i分别表示预期盈利能力、投资模式的风险载荷；RMW 表示由于公司预计盈利能力不同带来的股票收益率差异，用高盈利股票组合与低盈利股票组合的营业利润率之差表示；CMA 表示由于公司投资模式不同产生的股票收益率差异，用保守型投资的股票组合与激进型投资的股票组合收益率之差表示。Fama & French 采用类似三因素模型分析的分类方法，对美国证券市场1963 年 7 月到 2013 年 12 月样本数据进行的分类分析表明，总体而言样本公司存在账面价值、盈利能力以及投资效应：即在控制其他变量的情况下，股票的账面市值比越高，营业利润率越高，投资水平越低，平均回报率也越高，市值较小的股票尤为明显。GRS（Gibbons，Ross & Shanken）检验统计量表明，虽然五因素模型不能完全描述股票期望收益率的变动，但是依然可以解释 71% ~ 94% 的不同组合收益率在横截面水平上的差异；同时五因素模型的 GRS 统计量值小于三因素模型，回归截距项（代表异常收益）的绝对值也小于三因素模型，说明五因素模型的解释能力要优于三因素模型。但是 Fama & French 指出，五因素模型存在的问题在于不能很好地解释盈利能力不强、投资较多的小市值股票平均收益水平较低，而同样是盈利能力不高、投资较多的大市值股票却有很高的平均收益率。

3.3　基于预期收益的隐含股权资本成本模型

20 世纪 90 年代以来，Gebhardt、Lee & Swaminathan，Claus & Thomas，Easton，Ohlson & Jhettner - Nautoth 等学者将会计信息，尤其是将股价、分析师盈利预测与股权资本成本的测度联系起来，提出了 GLS、CT、PE、PEG、MPEG、OJ、KR 等基于预期收益的隐含权益资本测度模型。基于预期收益的隐含股权资本成本测度模型认为股票市场价格（P_0）是股票内在价值（Intrinsic Value）的最佳理性估计，股权资本成本就是隐含在股票市场价格中的将给投资者带来的预计现金流量予以资本化的折现率。基于预期收益的隐含股权资本成本的估算技术是伴随着股票内在价值估值模型的发展而发展起来的，目前主要形成了基于股利折现模型的 GGM 模型、基于剩余收益估值模型的 GLS、CT 等模型、基于非正常盈余增长估值模型的 PE、PEG、MPEG、OJ、KR 等模型。

3.3.1　股利折现模型及衍生模型

Fisher（1930）提出的确定条件下的价值评估理论，即在确定性情况下，投资项目的价值就是项目未来各期现金流量按照一定的折现率折现后的现值，对财务估价产生了重大影响，衍生出众多价值评估模型，涉及证券估价、投资项目价值评估和企业价值评估等。

3.3.1.1 DDM 模型

1938 年，Williams 基于 Fisher 的价值评估理论，提出了股票内在价值的估值模型——股利折现模型（DDM，Dividend Discount Model），为后续股票价值评估模型的发展演变奠定了基础。Williams 认为，股票的内在价值是股东预期能够获得的资本化股利，也就是预计现金股利按照一定的折现率折现的现值。这里的折现率就是股东要求的与其承担的风险相适应的报酬率，即股权资本成本。具体来说，Williams 的股利折现模型用公式表示为：

$$P_0 = \frac{DPS_1}{(1+r_e)} + \frac{DPS_2}{(1+r_e)^2} + \frac{DPS_3}{(1+r_e)^3} + \cdots = \sum_{t=1}^{\infty} \frac{DPS_t}{(1+r_e)^t} \qquad \text{公式 3-7}$$

其中，P_0为普通股每股股价、DPS_t为第 t 期的预计每股股利。从上述模型可以看出，在持续经营假设条件下，股票的内在价值是未来无限期预计股利用股权资本成本折现后的现值。股利折现模型在理论上很完备，充分体现了价值投资理念，但是股利折现模型是一个过渡抽象化的理论形式，实际应用的时候需要对未来无限期的股利做出估计，这一点在实际应用中很难做到，导致其应用价值较小；同时不分配股利、股利分配较少的公司也难以应用该模型进行股票内在价值的估算。一些学者对股利支付、股利增长率等做出不同假设，继而推导出不同的股利折现模型，如零增长模型①、永续增长模型（即戈登模型，Gordon Model）②、两阶段增长模型（Two - Stage Growth Model）③ 等。

---

① 零增长模型假设未来股利支付数额固定不变，因此在股利零增长假设下，股票的内在价值表现为永续年金（固定不变的股利）的现值，即：$P_0 = \frac{DPS}{r_e}$；相应的权益资本成本等于$r_e = \frac{DPS}{P_0}$。

② 永续增长模型由 Gordon & Myron 于 1962 年提出，他们假设未来的股利增长率（增长率低于权益资本成本）恒定不变，由此推导出股票内在价值评估的永续增长模型，即：$P_0 = \frac{DPS_1}{r_e - g}$（g 为股利的永续增长率）；相应的权益资本成本等于$r_e = \frac{DPS_1}{P_0} + g$。

③ 两阶段增长模型由 Damodaran 于 1999 年提出，假设公司预期股利前五年高速增长（增长率可能高于权益资本成本），五年后股利增长转变为永续增长（同永续增长模型），据此推导出两阶段增长的股票内在价值评估模型：$P_0 = \sum_{1}^{5} \frac{DPS_t}{(1+r_e)^t} + \frac{DPS_5}{(r_e - g)(1+r_e)^t}$；权益资本成本通过插入法解得。

3.3.1.2 GGM 模型

Gordon & Gordon（1997）认为，根据持有期收益①（HPR，Holding - Period Return）来测度股票的预期收益（EXR，Expected Return）存在未来股价难以确定的问题，有限增长期折现模型（FHERM，the Infinite Horizon Return Model，通常被称为 GGM 模型）则是“预期收益估算的一种新方法”。他们从股利永续增长模型出发，假定公司预计盈利的增长率保持不变，并且公司可以在无限期内获得高于股东期望的权益净利率（ROE，Return on Equity），即：$ROE > EXR\ (r_e)$，在干净盈余假设的基础上推导出股东的预期报酬率②，即股权资本成本为：

$$r_e = \frac{DPS_1}{P_0} + g = \frac{EPS_1 \times (1 - RTR)}{P_0} + RTR \times ROE_1 \qquad \text{公式 } 3-8$$

其中，EPS_1为第一期的预计每股收益，RTR 为留存收益比率，ROE_1为第一期的预计权益净利率。但是，霍尔特（Holt，1962）、布里格姆和帕帕斯（Brigham & Pappas，1966）等学者认为公司收益增长率不可能长期保持在过高或过低的水平上，Gordon & Gordon（1997）上述股权资本成本的测度模型进行了修正，提出了有限增长期折现模型（又被称为 GGM 或 FHERM 模型）。他们认为，公司未来发展可以划分为竞争优势期和竞争平衡期两个阶段，竞争优势期（N）内公司能够获得超额收益（权益净利率超过股权资本成本的部分），即在竞争优势期内 $ROE(t) > r_e$，因此股利能够以一定的增长率增长；进入竞争平衡期后公司只能获得和股东期望报酬率相等的收益率，即 $ROE(t) = r_e$，股利发放随之维持在一个稳定的水平。股票的内在价值就是这两阶段股利的现

① 持有期收益（HPR）为股票持有期间获得的股利支付率（DYD，Dividend Yield）与股价增长率之和。以一年持有期为例，$HPR = \frac{DPS_1}{P_0} + \frac{P_1 - P_0}{P_0}$。

② 该模型成立的假设条件包括：（1）干净盈余假设；（2）股利支付率（DYD）保持不变；（3）权益净利率（ROE）保持不变，且 $ROE(t) > r_e$。在这些假设条件之下，可以推导股利的永续增长率 $g = \frac{DPS_1 - DPS_0}{DPS_0} = \frac{EPS_1 \times (1 - RTR)}{EPS_0 \times (1 - RTR)} - 1 = \frac{BVPS_1}{BVPS_0} - 1 = \frac{BVPS_0 + EPS_1 \times RTR}{BVPS_0} - 1 = RTR \times ROE_1$（其中 $BVPS_t$为第 t 期的每股净资产）。该模型同时表明，在满足上述假设条件的情况下，股利增长率、每股收益增长率及净资产增长率是相等的。若 $ROE(t) = r_e$，则有$P_0 = \frac{EPS_1}{r_e}$，说明股票内在价值和股利政策无关，权益资本成本为$r_e = \frac{EPS_1}{P_0}$。

值之和，折现率就是股权资本成本。修正后的股权资本测度模型为①：

$$P_0 = \sum_{t=1}^{N} \frac{DPS_t}{(1+r_e)} + \frac{EPS_{N+1}}{r_e(1+r_e)^N} = \sum_{t=1}^{N} \frac{DPS_0 \times (1+g)^t}{(1+r_e)^t} + \frac{EPS_1 \times (1+g)^N}{r_e(1+r_e)^N}$$

公式 3-9

上述模型中的每股股价P_0、每股股利DPS_0是历史数据；预计第一期的每股收益EPS_1、收益增长率 g 可以从 I/B/E/S 等数据库提供的分析师盈利预测数据中获取。Gordon & Gordon（1997）认为，有限增长期 N 的合理取值范围为 5 ~ 10 年之间，利用在纽约证券交易所和美国证券交易所上市交易的标普 500 公司数据进行试算之后，认为有限增长期的最佳值为 7 年。

3.3.2 干净盈余假设下的剩余收益估值模型

Edwards & Bell（1961），Peasnell（1982）提出了干净盈余假设，即假设所有影响净资产账面价值的收益或损失均包含在当期盈利中，用公式表示为：

$$BV_t = BV_{t-1} + NI_t - D_t \qquad \text{公式 3-10}$$

其中，BV_t为第 t 期净资产的账面价值；NI_t为第 t 期净利润；D_t为第 t 期支付的现金股利总额。干净盈余假设将资产负债表和利润表联系起来，表明公司净资产账面价值的变动等于当期盈利减去支付的现金股利总额，即有$BV_t - BV_{t-1} = NI_t - D_t$，为其他学者研究利用剩余收益进行公司价值评估和股权资本成本测度奠定了基础。

3.3.2.1 EBO 模型

财务学中的剩余收益概念源自经济学中的经济利润，指公司的“总收益减去总成本，包括显性成本与隐性成本”②。隐性成本是一种机会成本，公司最重要的一项隐性成本就是股东投入资本的机会成本，也就是股权资本成本。会计利润仅是总收益扣除显性成本之后的剩余，剩余收益则扣除了包括隐性成本在内的全部成本，是公司获取的弥补了股东投入资本的机会成本之外的额外收益，所以又称为超额收益或非正常盈余。剩余收益的计算可以采用下列公式：

---

① 该模型还存在两种特殊情形：（1）若 N = 0，则有$P_0 = \frac{EPS_1}{r_e}$，权益资本成本为$r_e = \frac{EPS_1}{P_0}$；（2）若 N→∞，则有$P_0 = \frac{DPS_1}{r_e - g}$，权益资本成本为$r_e = \frac{DPS_1}{P_0} + g$。

② 梁小民，梁砾译（曼昆等著）. 经济学原理［M］. 北京：北京大学出版社，2010：276.

$$RI_t = NI_t - r_e BV_{t-1} = (ROE - r_e) BV_{t-1} \quad \text{公式 3-11}$$

其中，RI_t为第t期的剩余收益。该公式表明剩余收益是企业会计净收益扣除股东投入资本的必要报酬率之后的剩余，表明剩余收益是股东价值增值的源泉，只有获得剩余收益的公司才能继续经营。

剩余收益概念引入财务学之后，一些学者和机构开始将其用于公司价值评估及其业绩评价等，如美国税务部门曾用剩余收益评估禁酒令对酿造厂的影响，Leake（1921）利用剩余收益的折现计算商誉；Preinreich（1938）提出可以用剩余收益对公司进行估值，认为公司价值等于净资产账面价值与未来无限期剩余收益的现值之和，但是“由于无法从证券市场获得足够数据对模型的正确性进行检验而一直未被人们广泛接受”①。Edwards & Bell（1961）、Peasnell（1982）、Ohlson（1991，1992，1995）、Feltham & Ohlson（1995）在理论上进一步扩展和完善，提出了剩余收益估值模型（又被称为EBO模型，Edwards - Bell - Ohlson），用公式表示为：

$$MV_0 = BV_0 + \sum_{t=1}^{\infty} \frac{(ROE_t - r_e) \times BV_{t-1}}{(1 + r_e)^t} \quad \text{公式 3-12}$$

其中，MV_0为股票市场价值；ROE_t为第t期的预计净资产报酬率。该模型表明股票价值等于净资产账面价值加上未来剩余收益的现值，公司只有获得剩余收益才能带来股东财富的增加。干净盈余假设是剩余收益估值模型成立的必要条件，在干净盈余假设下，只有留存收益（净利润扣除分配给股东的现金股利）才能带来净资产账面价值增加，由此可以基于期初净资产账面价值、盈利预测等信息进行股票价值的评估和股权资本成本的测度。

3.3.2.2　GLS模型

EBO模型同股利折现模型一样，虽然具备理论上的合理性，但是实用性却很差，因为该模型在实际应用时同样需要对未来无限期的剩余收益做出估计。Gebhardt、Lee & Swaminathan（2001）将剩余收益模型进行拓展，提出了“股权资本成本估算的替代技术。具体来说就是利用剩余收益模型估算市场隐含的股权资本成本”②，将隐含股权资本成本界定为“一种内涵报酬率（IRR，Internal Rate of Return）”，是净资产账面价值与未来剩余收益的现值等于股票

① 刘煜松，杨溢．股票内在价值评估模型文献述评［J］．现代经济探讨，2003（9）：35－37.

② William R. Gebhardt，Charles M. C. Lee，Bhaskaran Swaminathan. Toward an Implied Cost of Capital［J］．Journal of Accounting Research，2001（6）：135－176.

市场价格的折现率。他们认为，实践中利用剩余收益模型测度隐含股权资本成本时必须确定一个明确的预测期限，预测期以后的价值可以用一个终值（TV，Terminal Value）来表示，推导出两阶段的剩余收益模型，即 GLS 模型：

$$P_0 = BVPS_0 + \frac{ROE_1 - r_e}{(1 + r_e)} BVPS_0 + \frac{ROE_2 - r_e}{(1 + r_e)^2} BVPS_1 + TV \quad \text{公式 3-13}$$

其中：

$$TV = \sum_{t=3}^{T-1} \frac{ROE_t - r_e}{(1 + r_e)^t} BVPS_{t-1} + \frac{ROE_T - r_e}{r_e (1 + r_e)^{T-1}} BVPS_{T-1} \quad \text{公式 3-14}$$

在模型的具体应用中，Gebhardt、Lee & Swaminathan 将明确预测期确定为 12 期，包括短期预测期和中期衰减期。短期预测期为 3 期，需要逐期预测每股收益和净资产报酬率；4～12 为中期衰减期，以行业平均净资产收益率的中位数或均值作为第 12 期的净资产收益率，第 4～12 期的净资产收益率向行业平均净资产收益率等差回归①；12 期以后净资产收益率维持在行业平均水平，永续不变。

3.3.2.3 CT 模型

Claus & Thomas（2001）认为，以往研究将非正常盈余增长率假设为零显得过于悲观，他们在股利折现模型的基础上，基于干净盈余假设，将非正常盈余引入股利折现模型，提出了隐含资本成本测度的 CT 模型②，即：

$$P_0 = BVPS_0 + \frac{AE_1}{(1 + r_e)} + \frac{AE_2}{(1 + r_e)^2} + \frac{AE_3}{(1 + r_e)^3} + \cdots$$

$$= BVPS_0 + \sum_{1}^{\infty} \frac{AE_t}{(1 + r_e)^t} \quad \text{公式 3-15}$$

其中，$AE_t = EPS_t - r_e \times BVPS_{t-1}$，为第 t 期的预计非正常盈余，即公司预计盈利$EPS_t$超过股东期望报酬$r_e \times BVPS_{t-1}$的那部分盈余，也可以表示为$AE_t = (ROE_t - r_e) BVPS_{t-1}$，与剩余收益的表达式一致。由此可见，虽然 CT 模型是利用非正常盈余概念推导出来的，但在本质上与剩余收益模型完全一致。

---

① Gebhardt、Lee & Swaminathan 认为，剩余收益体现了经济租金（Economic Rents）的概念。从长期来看任何一个公司都不可能一直获得超额收益，个别公司的收益水平将于行业平均水平趋同，公司的净资产报酬率最终会趋向于行业平均净资产报酬率，这和微观经济学中的厂商长期利润平均化的理论相符。

② 在干净盈余假设下，预计股利$D_t = E_t - (BV_t - BV_{t-1})$，由$AE_t = E_t - r_e BV_{t-1}$可得$E_t = AE_t + r_e BV_{t-1}$，故$D_t = AE_t - BV_t + (1 + r_e) - BV_{t-1}$，将$D_t$代入股利折现模型即可得到 CT 模型。

在模型的具体应用中，Claus & Thomas 将非正常盈余的短期增长期假设为5期，增长率为证券分析师做出的5年期预计盈利增长率的平均值；短期预测期以后非正常盈余以某一固定增长率 g_{ae} 永续增长。Claus & Thomas 进一步指出，预计名义通货膨胀率高于非正常盈余增长率，可以将之作为非正常盈余增长率的上限，因此他们将预计名义通货膨胀率（10年期国债利率减去3%）作为非正常盈余永续增长率的代理变量。进行增长期划分后，CT 模型变为：

$$P_0 = BVPS_0 + \frac{AE_1}{(1+r_e)} + \frac{AE_2}{(1+r_e)^2} + \frac{AE_3}{(1+r_e)^3} + \frac{AE_4}{(1+r_e)^4} + \frac{AE_5}{(1+r_e)^5} + \frac{AE_5(1+g_{ae})}{(r_e-g_{ae})(1+r_e)^5} \quad \text{公式 } 3-16$$

在此基础上，Claus & Thomas 认为，隐含股权资本成本的变动不一定是权益风险溢价（$r_e - r_f$）导致的，也可能是源于无风险利率的变动。为区分隐含股权资本成本的变动原因，他们假定权益风险溢价保持不变，进而将 CT 模型转换为：

$$P_0 = BVPS_0 + \sum_{t=1}^{\infty} \frac{AE_t}{\prod_{s}^{t}(1 + r_f + r_p)} \quad \text{公式 } 3-17$$

其中，r_f为预测期的一年期无风险利率；r_p为权益风险溢价，保持不变。

3.3.3　基于盈余异常增长的股权资本成本测度模型

Easton，Ohlson & Juettner - Nauroth，Kryzanowski & Rahman 等学者突破干净剩余假设，提出并发展了异常盈余增长估值模型，即盈余的异常增长估计模型（AGEVM，Abnormal Growth in Earnings Valuation Model）。

3.3.3.1　Easton 模型

Easton（2004）认为，在无套利的情况下，股票内在价值为下一期预期股利与预计股价的现值之和，即：

$$P_0 = \frac{P_1 + DPS_1}{1 + r_e} \quad \text{公式 } 3-18$$

在上述模型中引入资本化的预期收益$\frac{EPS_1}{r_e}$，可以将股票内在价值估值模型转换为：

$$P_0 = \frac{EPS_1}{r_e} - \left(\frac{EPS_1}{r_e} - \frac{P_1 + DPS_1}{1 + r_e}\right) \quad \text{公式 } 3-19$$

若会计利润等于经济利润r_eP_0，即$EPS_1=r_eP_0$，则$\frac{EPS_1}{r_e}-\frac{P_1+DPS_1}{1+r_e}=0$，所以有：

$$P_0=\frac{EPS_1}{r_e} \quad \text{公式 3-20}$$

据此可以得到隐含资本成本测度的市盈率（PE）模型，即：

$$r_{PE}=\frac{EPS_1}{P_0}=\frac{1}{PE} \quad \text{公式 3-21}$$

若会计利润不等于经济利润r_eP_0，即$EPS_1\neq r_eP_0$，则有：

$$P_1=\frac{EPS_2}{r_e}-\left(\frac{EPS_2}{r_e}-\frac{P_2+DPS_2}{1+r_e}\right) \quad \text{公式 3-22}$$

将P_1代入股票内在估值模型P_0，有：

$$P_0=\frac{EPS_1}{r_e}+\frac{agr_1}{r_e(1+r_e)}+\frac{r_eDPS_2-(1+r_e)EPS_2}{r_e(1+r_e)^2}+\frac{P_2}{(1+r_e)^2} \quad \text{公式 3-23}$$

其中，$agr_1=eps_2+r_edps_1-(1+r_e)eps_1$，表示第一期非正常盈余的增长额。若会计利润一直不等于经济利润，即$eps_t\neq r_ep_{t-1}$，将上述过程循环进行，分别把P_2、$P_3\cdots P_t$进行替代，便可得到股票内在价值的异常盈余估值模型：

$$P_0=\frac{EPS_1}{r_e}+\sum_{1}^{\infty}\frac{agr_t}{r_e(1+r_e)^t} \quad \text{公式 3-24}$$

异常盈余估值模型表示股票内在价值是资本化的第一期预计盈利与非正常盈余增长额的现值之和。同股利折现模型、剩余收益折现模型一样，实际应用中非正常盈余估值模型也存在要预计无限期非正常盈余的问题，因此需要对非正常盈余的增长方式进行假设以便该模型应用于实践。若非正常盈余的增长率保持永续增长，则非正常盈余估值模型变为：

$$P_0=\frac{EPS_1}{r_e}+\frac{agr_1}{r_e(r_e-\Delta agr)} \quad \text{公式 3-25}$$

其中，$\Delta agr=\frac{agr_{t+1}}{agr_t}-1$，表示非正常盈余的永续增长率，是造成会计利润与经济利润产生差异的原因。Easton（2004）在此基础上进一步假设非正常盈余的永续增长率为零，即$\Delta agr=0$，也就是$agr_1=agr_2=agr_3=\cdots$，则可将上述股票非正常盈余增长模型进一步表示为：

$$P_0=\frac{EPS_1}{r_e}+\frac{agr_1}{{r_e}^2}=\frac{EPS_2+r_eDPS_1-EPS_1}{{r_e}^2} \quad \text{公式 3-26}$$

在每股股价、未来两期预计每股收益、未来一期预计每股股利已知的情况下，便可利用上式反向解得经预计股利调整的隐含股权资本成本（MPEG，Modified PEG Ratio）为：

$$r_{MPEG}=\frac{DPS_1+\sqrt{DPS_1{}^2+4P_0(EPS_2-EPS_1)}}{2P_0}\qquad 公式 3-27$$

若是再特殊一点，假设未来一期的预计股利支付率$DPS_1=0$，则可根据前两期预计股利的增长解得隐含股权资本成本，也就是 PEG 模型：

$$r_{PEG}=\sqrt{\frac{EPS_2-EPS_1}{P_0}}=\sqrt{\frac{1}{PEG}}\qquad 公式 3-28$$

相比 MPEG 模型，PEG 模型测度股权资本成本的数据全部来自盈利预测，但是不需要考虑测度公司的股利政策，操作较为方便。

3.3.3.2　OJ 模型

Ohlson & Juettner – Nauroth（2005）对股利折现模型进行了改进，将每股收益及增长率引入股票内在价值估值模型，提出了隐含股权资本成本测度的简约模型（Parsimonious Model），即 Ohlson – Juettner 模型（以下简称 OJ 模型）。具体来说，Ohlson & Juettner – Nauroth 在股利折现模型的基础上，引入构造的序列y_t（该序列是满足条件：当 $t\to 0$ 时，$\frac{y_t}{(1+r_e)^t}\to 0$ 的任意序列），即：

$$0=y_0+\frac{y_1-(1+r_e)y_0}{1+r_e}+\frac{y_2-(1+r_e)y_1}{(1+r_e)^2}+\cdots$$

$$=y_0+\sum_{t=1}^{\infty}\frac{y_t-(1+r_e)y_{t-1}}{(1+r_e)^t}\qquad 公式 3-29$$

将上式和股利折现模型结合起来，则有①：

$$P_0=y_0+\sum_{t=1}^{\infty}\frac{y_t+DPS_t-(1+r_e)y_{t-1}}{(1+r_e)^t}\qquad 公式 3-30$$

若令$z_t=y_t+DPS_t-(1+r_e)y_{t-1}$，并且假设$z_{t+1}=(1+g)z_t$，（g 为数列$z_t$的增长率，$0\leqslant g<r_e$，$z_1>0$），即相当于假设数列$z_t$永续增长，永续增长率为 g，则有：

$$P_0=y_0+\sum_{t=1}^{\infty}\frac{z_t}{(1+r_e)^t}=\frac{y_1-y_0+DPS_1-y_0g}{r_e-g}\qquad 公式 3-31$$

① 若y_t为每股账面价值的时间序列，且干净盈余假设成立，则可以由该公式得到剩余收益（RIV）模型，即有：$P_0=BVPS_0+\sum_{t=1}^{\infty}\frac{BVPS_t+DPS_t-(1+r_e)BVPS_{t-1}}{(1+r_e)^t}=BVPS_0+\sum_{t=1}^{\infty}\frac{EPS_t-r_eBVPS_{t-1}}{(1+r_e)^t}$。

令$y_t = eps_{t+1}/r_e$，则数列$z_t = \frac{1}{r_e}[eps_{t+1} + r_e dps_t - (1 + r_e) eps_t]$，为非正常收益。同时上式可写为：

$$P_0 = \frac{EPS_1(1 + g_2) + r_e DPS_1 - g\ EPS_1}{r_e(r_e - g)} \qquad \text{公式 } 3-32$$

其中，$g_2 = \frac{EPS_2 - EPS_1}{EPS_1}$，为预计每股收益的短期增长率。故隐含股权资本成本为：

$$r_e = A + \sqrt{A^2 + \frac{EPS_1}{P_0} \times (g_2 - g)} \qquad \text{公式 } 3-33$$

其中：$A = \frac{1}{2}\left(g + \frac{DPS_1}{P_0}\right)$。若$DPS_1 = 0$，则隐含股权资本成本为①：

$$r_e = \frac{g}{2} + \sqrt{\left(\frac{g}{2}\right)^2 + \frac{EPS_1}{P_0} \times (g_2 - g)} \qquad \text{公式 } 3-34$$

从上述隐含股权资本成本的测度公式可以看出，OJ 模型可以通过未来两期预计每股收益EPS_1、EPS_2、股票市价和 g 四个变量直接求出股权资本成本。应用 OJ 模型的关键在于 g 的理解和取值，实证研究中通常将 g 理解为预计盈利的长期增长率，Ohlson & Juettner - Nauroth 认为 g 可以取值为 GNP 的长期增长率或者行业 10 ~ 15 年的长期增长率。

3.3.3.3　KR 模型

一些学者尝试引入短期和中期预计盈利增长率，利用其他变量替换 OJ 模型中的短期增长率g_2，以缓解 OJ 模型过度依赖未来两期预计盈利增长率导致的隐含股权资本成本测度偏差，如 Gode & Mohanram（2003）用$\bar{g} = (g_2 + g_5)/2$ 作为g_2的代理变量，Botosan & Plumlee（2005）用$\bar{g} = (g_3 + g_5)/2(g_3 = (EPS_3 - EPS_2)/EPS_2$，$g_5 = (EPS_5 - EPS_4)/EPS_4$）作为$g_2$的代理变量。Kryzanowski & Rahman（2009）认为，这种对短期预计收益增长率的简单调整缺乏理论支持，

---

① 在不考虑股利支付的情况下，若假设预计盈利的长期增长率为零，则可得到 Easton（2004）的 PEG 模型：$r_e = \sqrt{\frac{EPS_1}{P_0} \times g_2} = \sqrt{\frac{EPS_1}{P_0} \times \frac{\Delta EPS_2}{EPS_1}} = \sqrt{\frac{EPS_2 - EPS_1}{P_0}} = \sqrt{\frac{1}{PEG}}$。再特殊一点，假设预计盈利的短期增长率$g_2$也为零，则有 Easton（2004）的 PE 模型：$r_e = \frac{EPS_1}{P_0}$。所以，可以将 Easton（2004）的 PE、PEG 模型视为 OJ 模型的特殊形式。

可能是无效的，会使得隐含股权资本成本的测度产生系统性偏差（Systematic Bias）。他们对OJ模型进行了改进，将短期收益增长的预测期限从两期延长到T期，并放松了短期每股收益增长为正的假设，用未来T期预计每股收益增长率的平均值$\bar{g}$替代OJ模型中的短期增长率g_2，得出了更加宽松的条件下的隐含股权资本成本测度模型，即KR模型。

在KR模型的具体推导中，Kryzanowski & Rahman 沿用 Ohlson & Juettner - Nauroth 的思路，同样在股利折现模型中引入数列序列y_t（当$t \to 0$时，$\frac{y_t}{(1+r_e)^t} \to 0$的任意序列），不同的是 Kryzanowski & Rahman 假设序列$y_t = \frac{\sum_{i=1}^{T} EPS_{i+t}}{Tr_e}(T \geqslant 1)$，故有：

$$y_1 = \frac{EPS_2 + EPS_3 + \cdots + EPS_{T+1}}{Tr_e} \quad \text{公式 3-35}$$

$$y_0 = \frac{EPS_1 + EPS_2 + \cdots + EPS_T}{Tr_e} = \frac{\varphi EPS_1}{Tr_e} \quad \text{公式 3-36}$$

其中，g_i为预计每股收益的短期增长率，$\varphi = 1 + (1+g_2) + (1+g_2)(1+g_3) + \cdots + (1+g_2)(1+g_3)\cdots(1+g_T)$。由此，OJ模型中的股票内在价值估值模型可以转换为：

$$P_0 = \frac{\prod_{i=2}^{T+1}[(1+g_i) - 1]EPS_1 + Tr_e DPS_1 - g\varphi EPS_1}{Tr_e(r_e - g)} \quad \text{公式 3-37}$$

Kryzanowski & Rahman 忽略了上式中增长率乘积的交叉项，将股票内在价值估值模型转换为①：

$$P_0 = \frac{r_e DPS_1 + (\bar{g} - g)EPS_1}{r_e(r_e - g)} \quad \text{公式 3-38}$$

其中，$\bar{g} = \frac{g_2 + g_3 + \cdots + g_T}{T}$，是预计每股收益的平均增长率。由此得出隐含股权资本成本测度的KR模型：

$$r_e = A + \sqrt{A^2 + \frac{EPS_1}{P_0} \times (\bar{g} - g)} \quad \text{公式 3-39}$$

---

①　假设预计每股收益增长率交叉项乘积为零，相当于假设预计每股收益增长率服从随机游走假设，Chan et al 等实证研究均表明了这一点。

其中，$A=\frac{1}{2}\left(g+\frac{DPS_1}{P_0}\right)$。若$DPS_1=0$，则隐含股权资本成本为：

$$r_e=\frac{g}{2}+\sqrt{\left(\frac{g}{2}\right)^2+\frac{EPS_1}{P_0}\times(\bar{g}-g)} \qquad \text{公式 3-40}$$

在进行隐含股权资本成本的测度时，KR 模型与 OJ 模型一样要求的参数最少，仅需要未来一期的盈利预测数据和预计盈利的长期、短期增长率；二者的唯一区别就在于用 $\bar{g}$ 替代了g_2，这种替换放松了 OJ 模型对于预计每股收益增长率必须为正的假设，不再要求未来两期的预计每股收益满足$EPS_2>EPS_1$的要求，同时那些由于亏损无法计算增长率的公司也可以应用该模型进行隐含股权资本成本的测度。

3.4　股权资本成本测度模型的理论分析与选择

基于西方资本市场实践，目前主要形成了两大类型的股权资本成本测度模型：一是基于历史收益的风险补偿模型，如 CAPM、APM、FFM、五因素模型等；二是基于预期收益的隐含股权资本成本测度模型，如 GGM、GLS、CT、PE、PEG、MPEG、OJ、KR 模型等。众多测度模型的相继提出，表明股权资本成本测度模型的发展是一个不断演变的动态过程，取得了丰硕的研究成果，但是也给实践应用带来很大困惑。由于对股权资本成本测度模型的有效性并未达成一致，学术研究中对于测度模型的选择往往不同，国内研究通常直接借鉴国外模型，没有考虑测度模型的适用性和有效性，各种模型的测度结果差异显著（如表 2-1 所示），妨碍了资本成本决策基准性作用的发挥。各种模型测度的股权资本成本之间之所以呈现显著差异，除了研究样本期间、样本公司范围不同外，测度模型的选择及模型参数设定也是重要的影响因素。因此，深入分析各个测度模型的适用性，对模型测度结果进行有效性检验以寻找较为可靠的股权资本成本测度模型和盈利预测数据来源，对于股权资本成本的合理测度具有重要意义，也有利于股权资本成本的后续研究和实践应用，这正是本书研究的出发点和意义所在。

3.4.1　对风险补偿模型的理论分析

基于已实现收益的风险补偿模型认为，在市场均衡条件下，股权资本成本是一系列风险代理变量的线性组合，可以表示为无风险报酬率和风险溢价之和，各个模型的区别在于考虑的风险因素不同。CAPM 模型是单因素模型，认为在投资充分组合的情况下，公司特有风险可以被完全分散，市场只承认并且只对系统风险进行补偿，模型表明公司特有风险并不影响股票预期收益率，股票预期收益率是系统风险 β 系数的线性函数，不同股票在预期收益率上的差异仅仅是因为系统风险的大小不同。放松假设条件下的各种衍生模型，虽然引入了非同质期望、所得税、非交易性资产等因素，但是并没有改变经典 CAPM 模型关于预期收益率与系统性风险之间存在线性关系的核心思想，只是对模型中衡量市场风险的 β 系数或者风险溢价进行了调整。自从 CAPM 模型提出以来，国内外学者对其进行了大量的实证检验，国外研究表明虽然 β 系数在度量系统风险方面具有绝对优势，但是 β 系数以外的因素能够成功地解释 β 系数无法解释的那部分股票收益变化趋势，如 Basu（1977）发现市盈率低的投资组合收益率高于 CAPM 模型估计的收益率，Banz（1981），Reinganum（1981）发现公司规模对股票收益率具有重大影响，小型公司的超额收益率更高，Litzenberger & Ramaswamy（1979）发现市场对股利支付率高的股票要求的收益率更高，Fama & French（1992）指出同时运用公司规模和权益账面市值比两个指标，可以替代 β 系数；Breeden、Gibbons & Litzenberger（1989）等一些学者的实证研究结果则表明，β 系数几乎与美国股票市场的平均截面收益变动没有什么关系；Roll（1977）指出即使市场有效且 CAPM 模型成立，股票截面收益也无法作为选择投资组合时评价业绩的工具，进而也就难以评价实际市场组合，无法验证市场投资组合的效率以及 CAPM 模型有效性的联合假设（著名的罗尔批评）。国内学者靳云汇、刘霖（2001）的实证检验发现，股票收益率不仅与 β 系数之外的因子相关，而且与 β 系数之间的关系不是线性的，CAPM 模型并不适用于国内股票市场；陈石清、帅富成（2009）的研究同样表明，CAPM 模型不适用于国内股票市场，主要原因在于国内股票市场存在较大的投机行为。

APM 是多因素模型，但是模型本身并没有明确指明影响股票预期收益率的具体因素，如果市场风险是影响股票预期收益率的唯一因素，则 CAPM 模型是 APM 模型的特例。Roll & Ross（1980）研究了在纽约证券交易所、美国证券交易所上市的公司 1962 年 7 月 3 日至 1972 年 12 月 31 日交易的收益数据，表明至少存在三个或者四个“有价”因素；Chen、Roll & Ross（1986），Connor & Korajczyk（1993）等学者基于美国上市公司股票收益率数据的检验结果表明，股票收益率至少受三个或者更多因素的影响，Chen、Roll & Ross 把多个宏观经济变量作为影响股票收益的可能潜在动因，考察了这些变量与五项投资组合收益率的相关性，表明工业生产指数、违约风险溢价的变化（用 AAA 级公司债券和 BAA 级公司债券到期票面收益之差衡量）、收益曲线的折点（用长期政府债券和短期政府债券到期票面收益率之差衡量）、非预期通货膨胀率在统计上显著，Connor & Korajczyk 对 1967—1991 年纽约证券交易所和美国证券交易所的股票月收益率数据进行的研究表明，影响股票收益率的因素在 1～6 个之间；Golderberg & Robin（1991）将债权偿付风险溢价、债权期限溢价、未预期通货膨胀和未预期产出增长四个宏观经济变量引入 APM 模型进行股权资本成本的测度，并分别与 CAPM 模型、五因素、十因素的 APM 模型进行比较，发现引入宏观经济因素的 APM 模型估计值比较准确。国内学者刘霖、秦宛顺（2004）的研究发现，影响股票预期收益率的风险因子有 9 个左右，明显多于美国股票市场上的风险因子数目，由于国内股票市场没有达到充分竞争的要求，可能存在套利机会，所以 APM 模型并不适合国内股票市场；曹红英、阳玉香（2005）的研究也表明，国内股票市场是随机漫步的，APM 模型并不适用。由此可见，使用 APM 模型测度股权资本成本的最大障碍在于识别具体影响股票预期收益的风险因素，识别的风险因素是否合适影响着股权资本成本的测度结果，Chen、Roll & Ross（1986）就曾指出，若在模型中使用错误的风险因素或者遗漏重要风险因素都会导致低劣的股权资本成本估计。

一些学者对 CAPM、APM 模型的实证研究结果表明，一些缺乏资产定价理论基础的因素能够很好地解释股票投资收益的截面变动，如公司规模、杠杆率、权益账面市值比、收益价格比、现金流价格比、销售增长率等因素（Banz，1981；Bhandri，1988；Basu，1983；Rosenberg、Reid & Lanstein，1985；Lakonishok、Shleifer & Vishny，1994）。基于这些研究，Fama & French（1993）将影响股票预期收益率的因素归结为市场风险、公司规模、权益账面市值比，提出了股权资本成本测度的 FFM 模型，这三个因素能够很好地解释美国股票市场的平均截面收益变动。最近两位学者在三因素模型的基础上，引入盈利能力和投资模式，提出了股权资本成本测度的五因素模型。与 APM 模型相比，三因素、五因素模型明确指出了影响股票预期收益变动的关键风险因素，在具体应用方面具有优越性，为实证检验市场效率提供了基准模型和方法，同时也克服了 CAPM 模型风险影响因素单一的缺陷。但是三因素、五因素模型也存在局限性，公司规模、权益账面市值比作为影响股票预期收益变动的重要因素，是 Fama & French 总结其他学者的实证研究结果提炼出来的，缺乏坚实的理论基础，而且理论上如何解释公司规模和权益账面市值比影响股票收益变动也存在很大的意见分歧。一些学者的实证研究还得出了与 Fama & French 不同的结论，如 Kathai、Shanken & Sloan（1995）对 β 系数、公司规模和权益账面市值比与股票收益之间的关系进行研究后指出，虽然股票收益与 β 系数之间存在显著线性关系，公司规模也与股票收益相关，但是经济贡献的递增幅度较小，权益账面市值比在经济意义上并不显著；Daniel（1997）的实证研究发现，权益风险溢价与三因素模型中的三个因素均不相关，公司特征比股票收益率的协方差更能解释股票平均收益率的截面变动，即股票期望收益率由公司特征（如行业等）而不是风险因素决定的。国内学者陈展辉（2004）的研究发现，沪深 A 股市场存在公司规模和权益账面市值比效应，虽然基于市场组合的三因素模型基本可以解释股票预期收益率的截面差异，但不能完全解释惯性与反转投资策略的超额收益，杜兴强、聂志萍（2007）的研究同样表明三因素模型对国内股票市场的动量收益和反转收益解释力度不大。

3.4.2　对隐含股权资本成本测度模型的理论分析

隐含股权资本成本是市场用来对公司未来现金流量进行折现的折现率，相比风险补偿模型，隐含股权资本成本测度模型的最大优势在于，它在测度股权资本成本时不依赖有偏差的已实现收益或者任何资产定价模型，而是直接从股票市场价格和预期现金流量中解得股权资本成本。隐含股权资本成本测度的各个模型各有利弊，实践应用中的普遍程度也不一样。

各类股利折现模型通过对股利增长方式进行假设简化了理想模型，但是无法应用于很少发放股利或者不发放股利公司的股权资本成本测度，股利政策的不稳定也加大了预计未来股利的难度。Gordon & Gordon（1997）提出的 GGM 模型，将干净盈余假设引入股利折现模型，假定股利支付与预计盈利的增长率相同，运用该模型测度股权资本成本时就只需对未来盈利做出预计，无须考虑公司未来股利支付和股利政策的变化，在一定程度上解决了股利折现模型无法应用于少发或者不发放股利，以及由于股利政策不稳定无法预计未来股利的问题。但是运用 GGM 模型也存在几个明显的缺陷：（1）投资者对公司预计盈利的有限增长期 N 的预期可能不同；（2）收益的超常增长率和正常增长率可能会发生变动，不同投资者对预计收益的增长率也可能有不同的预期；（3）股票发行和回购会造成净资产的变动，不满足干净剩余假设。

剩余收益模型将经济利润引入股票估值模型，认为股票价值等于净资产账面价值加上未来剩余收益的现值，公司只有获得剩余收益才能带来股东财富的增加。类似于股利折现模型，剩余收益模型具备理论上的合理性，实用性却很差，实际应用时需要对未来无限期的剩余收益做出估计。在实际应用中，学者们通过对剩余收益增长期限的长短期划分衍生出各种测度模型，GLS、CT 模型是使用最为广泛的两种股权资本成本测度模型。GLS 模型通过对公司净资产收益率的增长做出假设，解决了剩余收益模型难以应用于实践的问题，但是 GLS 模型对样本期内所有公司都采用了 12 期的固定预测期限，由于不同公司净资产收益率的增长率和增长期限不同，因此可能会导致股权资本成本的测度产生偏差①，如 12 期的固定预测期对成长型公司来说可能太短，采用 GLS 模型会低估股权资本成本；而对于成熟期的公司来说，12 期的固定预测期又可能太长，从而高估股权资本成本。GLS 模型还假设同一行业内所有公司的净资产收益率向行业平均净资产收益率的中位数或均值回归，没有考虑行业内不同公司的获利能力可能不同，领先企业可能能一直获得高于行业均值或中位数的净资产收益率，进而导致单个公司股权资本成本的测度产生偏差。CT 模型则直接假定剩余收益的短期增长期为 5 年，短期增长期内可以借助于盈利预测数据计算剩余收益，5 年之后剩余收益的增长率维持在某一固定水平。除此之外，GLS、CT 等剩余收益模型都是建立在干净盈余假设基础之上的，但是股票增发、股份回购等资本交易都会带来公司净资产的变动，使得干净盈余假设不再成立，这是剩余收益模型存在的最大缺陷。

异常盈余增长模型用预计收益的资本化替代了剩余收益模型中的期初净资产，更加清晰地阐述了盈利才是公司财富创造的源泉，突破了干净盈余假设，也无须考虑公司股利政策，大大简化了股权资本成本的测度模型，适应性强，实践价值较高，尤其是 OJ、KR 模型没有使用任何经济理论或会计概念，仅从数学角度同样推导出了类似于剩余收益模型的异常盈余增长模型。相比剩余收益模型，盈余异常增长的 PEG、MPEG 模型可以直接利用未来两期的盈利预测进行股权资本成本的测度，OJ、KR 模型则进一步将预计异常盈余的增长期限

---

① Gebhardt、Lee & Swaminathan 认为收益增长假设是导致隐含权益资本成本估算产生偏差的重要原因，为此他们采用了两种应对方法：（1）在 12 年固定预测期的基础上，又分别采用 6 年、9 年、15 年、18 年、21 年的固定预测期来估算隐含权益资本成本，发现隐含权益资本成本的截面测度结果差异不大；（2）根据收益预计长期增长率按年将样本公司分成五组，发现长期增长率对隐含权益资本成本的影响很小。9 年、15 年、18 年、21 年的固定预测期来估算隐含权益资本成本，发现隐含权益资本成本的截面测度结果差异不大；（3）根据收益预计长期增长率按年将样本公司分成五组，发现长期增长率对隐含权益资本成本的影响很小。

进行划分，通过未来两期的盈利预测及预计异常盈余的短期、长期增长率进行股权资本成本的测度，不需要通过干净盈余假设预计未来账面净资产和净资产收益率。但是，PEG、MPEG、OJ、KR 等异常盈余增长模型都暗含着预计异常盈余的短期增长率为正的假设；OJ、KR 模型将预计异常盈余的增长率分解为短期增长率和长期增长率后认为，短期增长率 g_2或 $\bar{g}$、长期增长率 g 及股权资本成本r_e之间存在g_2或 $\bar{g} > r_e > g$ 的关系，对预计异常盈余增长的这种假设没有考虑公司盈利及异常盈余增长的多样性，使得模型的实际应用受到一些限制，降低了模型的适用性。如 PEG、MPEG、OJ 模型要求未来两期预计盈利的增长率为正数，即$EPS_2 > EPS_1$，这样就将一些短期内处于亏损状态或者未来两期预计盈利增长为负的公司排除在外，而未来两期预计扭亏为盈公司的短期增长率会远高于正常增长率，导致该类公司股权资本成本的严重高估；OJ、KR 模型还要求公司长期盈利增长率为正，处于周期性行业中的公司可能不满足这一条件，从而无法应用 OJ、KR 模型进行股权资本成本的测度。除此之外，采用 PEG、MPEG、OJ 模型进行股权资本成本测度时还存在过度依赖未来两期预计盈利的问题，KR 模型用 $\bar{g}$（大于两期）代替 g_2，较好地解决了这一问题，也不要求未来两期预计盈利的增长率为正数，提高了模型的适用性。

3.4.3　股权资本成本测度模型的选择

股权资本成本测度模型的选择需要考虑模型使用的经济环境，分别从理论研究和实践应用的不同视角来判断。从模型的使用情况来看，理论研究和实践应用对股权资本成本测度模型的选择标准并不一致，导致理论研究和实践应用中对测度模型的选择大为不同。实践中测度模型的选择往往更注重计算和理解简便与否、能否获取测度所需数据、能否反映现实问题和所处的经济环境等，所以尽管 CAPM 模型受到理论界的广泛质疑，实践中依然备受推崇。理论研究中对测度模型的选择除了需要考虑研究目的的具体要求、能否获取测度所需数据等因素外，往往更加注重测度模型理论分析的完善性、测度结果的准确性、模型的创新性或是否被权威学者使用等，表 2 - 1 列示的国内股权资本成本研究文献梳理清晰地反映了这一点。自 2001 年提出以来，GLS 模型成为实证研究中使用频率最高的股权资本成本测度模型，近年来 PEG、OJ 模型引起了理论界的重视，使用频率逐渐提高，PE 模型也因其简单易懂、计算简便，被部分学者采用，但是这些在理论研究中备受青睐的隐含股权资本成本测度模型尚未普及应用到实践。

本书主要基于理论研究的视角，同时采用 GGM、GLS、CT、PE、PEG、MPEG、OJ、KR 等学术研究中采用的隐含股权资本成本测度模型，分别基于分析师盈利预测和混合截面回归模型生成的盈利预测数据，对 2008—2020 年国内 A 股非金融类上市公司的股权资本成本进行测度，并且对测度结果的有效性和盈利预测数据的可靠性进行检验、评价和分析，以对后续学术研究中股权资本成本测度模型的选择提供借鉴，也有助于拓宽实践应用中测度模型的选择范围，使得实践应用能够汲取理论研究的最新成果，以获得更加完善的测度模型或者对模型进行修正，合理设定模型参数，能够更加科学合理地测度股权资本成本，有助于股权资本成本决策基准性作用的发挥。除此之外，本书选择基于预期收益的隐含股权资本成本测度模型，而不选用基于已实现收益的风险补偿模型，主要从以下几个方面考虑：

第一，从资本成本的内涵来看，股权资本成本是投资者期望的、与其承担的风险相适应的预期报酬率，基于预期收益的隐含股权资本成本是使股票预期现金流量的现值等于股票市场价格的内涵报酬率，正好体现了投资者的这种预期，与预期回报理论相一致，基于已实现收益的 CAPM、APM、FFM、五因素模型则不具备这种前瞻性。邹颖、汪平（2013）也认为股权资本成本具有“预期”性质，不具备历史成本的性质，往往与公司的实际现金流量没有直接关联。

第二，虽然国内外金融从业者在测度股权资本成本时大多使用 CAPM 模型，如 Gitman & Mercurio（1982），Graham & Harvey（2001）对美国公司的调查发现，CAPM 模型是最经常使用的股权资本成本测度模型；一项针对澳大利亚、中国香港、印度尼西亚、马来西亚、菲律宾等部分亚太地区公司资本预算的调查显示，同美国公司一样，CAPM 模型也是澳大利亚公司进行资本预算时最经常采用的股权资本成本测度模型，使用比例达到了 72.7%；国信证券王军清、黄志文、葛新元（2009）的报告也显示，CAPM 模型因其简单易懂，数据的可获得性高，操作方便成为国内主要使用的股权资本成本测度模型。但是 CAPM、APM 模型的运用具有严格的假设条件，适合有效资本市场条件下的股权资本成本测度，相比西方成熟市场，国内股票市场具有一定的特殊性，作为新兴市场还有许多不完善的地方，存在股权分置、炒作现象频繁等体制问题；投资者以散户为主体，短期投机动机性很强，追涨杀跌，股票价格和投资收益的波动性很大；在股票发行和上市审批等方面还留有计划经济的特征；市场缺乏退出机制，无法实现上市公司的优胜劣汰；受政府政策的巨大影响等，这些特殊情形的存在使得 CAPM、APM 等风险补偿模型赖以成立的假设条件不复存在，国内一些学者的实证研究也表明，CAPM、APM 模型并不适用于国内股票市场。

第三，CAPM、APM、FFM 等风险补偿模型往往依赖已实现平均收益估计股权资本成本测度所需要的各个参数，因为应用这些风险补偿模型测度股权资本成本时，首先需要识别影响股票预期收益的风险因素，然后将这些风险因素与股票已实现平均收益进行回归（如 β 系数的估计，通常采用 4 ~ 5 年的月度数据或者连续 52 周的周数据，将股票的已实现截面收益与整个市场的收益数据进行回归以得到 β 系数），估计风险因素的系数（风险溢价），以判断风险因素是否被准确定价。这种处理方法暗含着风险被恰当地定价，已实现平均收益是预期收益无偏估计量的假设，并且假定股票投资的风险溢价不随时间的变换而变化，预计风险溢价与历史风险溢价相同，但是一些学者的实证研究表明已实现收益作为预期收益的代理变量是有噪音的，较长时期内已实现收益会偏离预期收益较大距离，采用已实现收益数据计算股权资本成本的精确度较差；同时股票投资的风险溢价水平会随着时间的推移而发生变化。

第四，现有研究表明真正影响股票预期收益的因素并不明确，重要风险因素的遗漏将导致股权资本成本的测度产生较大偏差，所以采用风险补偿模型测度的股权资本成本并不一定准确。虽然 CAPM、三因素、五因素模型明确指出了影响股权资本成本的风险因素，但是实证研究表明行业因素、信息披露、投资者法律保护等制度因素、公司财务特征和内部治理等因素也会对股权资本成本产生显著影响；APM 模型则没有明确指出影响股权资本成本的风险因素，实证研究中影响股权资本成本的风险因素也没有达成一致，使得 APM 模型难以应用于实践。Fama & French（1997）指出，由于难以识别正确的资产定价模型①、风险因素的不确定及风险溢价的不准确估计②，以已实现收益数据为

① Fama & French（1997）一项针对美国股票市场的研究表明，对相同样本分别采用 CAPM 模型和三因素模型进行估计，每年都存在超过 3% 的标准误差（Standard Errors）。

② CAPM 模型和三因素模型通常假定风险载荷是常量，不会随行业、时间的变动而变动，但是 Fama & French（1997）通过研究却发现，对整个样本期间（1963—1994）风险载荷的估计并不比采用近三年的数据估计的风险载荷更准确，这表明不同公司、不同项目的风险载荷可能是不同的，因此公司和项目风险载荷的估计比行业风险载荷的估计可能更不准确。对风险溢价的不准确估计则体现在，如在传统资产定价模型中通常用 $R_m - R_f$ 表示市场组合的风险溢价，但是 Fama & French（1997）对 1963—1994 年以 CRSP（Center of Research in Security Prices）为权重计算的 NYSE、AMEX、NASDAQ 市场组合平均已实现收益为 5.16%，标准差为 2.71%，如果以历史市场风险溢价估计预期收益，按照惯常的两个标准差区间，那么市场组合的平均风险溢价最低将低于零，最高将超过 10%，显然市场组合的平均风险溢价不可能小于零。

基础测度的股权资本成本“难免不够精确”，实际应用时“可能是无用的”。基于预期收益的隐含股权资本成本测度模型不依赖有偏差的、已实现收益和任何资产定价模型，直接从股票市场价格和预计盈利中倒推计算股权资本成本，可以避免风险补偿模型测度股权资本成本的误差问题，从内涵来看也更加符合股权资本成本的预期性质，所以本书采用基于预期收益的隐含股权资本成本测度模型对国内非金融类上市公司的股权资本成本进行测度和分析。

第五，资产定价的核心问题是处理风险与收益之间的关系。在现金流量折现模型中，股票的市场价格可以表示为资产未来收益的现值，折现率为投资者期望报酬率，即隐含股权资本成本。现金流量折现模型从市场一般均衡的条件出发，在股票的未来支付与市场价格之间建立了一般性联系，CAPM 和 APT 都能纳入股权资本成本的框架中，资产定价理论的重点随即转变为探讨不同假设下股权资本成本的存在性以及特征。各个隐含股权资本成本模型的测度结果正是投资者的期望报酬率，其数量上的高低反映了投资者承担的风险大小，因此隐含股权资本成本测度模型能够将股东的预期收益与风险统一起来，更加符合股权资本成本的内涵。

在各类基于预期收益的隐含股权资本成本测度模型中，本书剔除了股利增长模型，主要原因在于国内上市公司股利支付率很低，普遍存在不发放或较少发放现金股利的现象，现金股利政策也不稳定，不具备股利折现模型使用的经济环境。对 Wind 金融资讯提供的上市公司“现金分红与盈利比较（公司明细）”数据统计分析的结果显示，自 1990 年上海证券交易所和深圳证券交易所建立以来，截至 2020 年年底两市共有 4 078 家上市公司，在此期间所有上市公司累计发放的现金股利仅占公司盈利总额的 30. 31%，有 30. 70%（共计 1 253 家）的公司自上市以来最多发放过三次现金股利，有 304 家从未发放过现金股利，291 家仅发放过一次现金股利、227 家发放过两次现金股利、431 家发放过三次现金股利。因此，股利增长模型不太适用于国内上市公司股权资本成本的测度，可能会导致股权资本成本的低估。

隐含股权资本成本的测度结果取决于测度模型的选择和模型参数的设定，就现有研究结果来看，隐含股权资本成本测度模型的有效性和选择使用，国内外学者并没有达成一致。如 Kitagawa & Goto（2011）使用 GLS、OJ、PE、PEG、MPEG 五种模型对日本公司的实证研究发现，PEG、MPEG 方法较优；李超（2011）对 GLS、PEG、KR 三种隐含股权资本成本测度模型的可靠性进行了检验，结果表明 PEG 模型可能更适合测度国内上市公司的股权资本成本，具有更高的科学性和可靠性；孙会国、李泽广、Chan（2012）采用 GLS、CT、GGM、AGR、MPEG、PEG、PE、OJ 八种隐含股权资本成本测度模型，对 2005—2010 年国内非金融类 A 股上市公司的股权资本成本测度结果进行了检验，单变量相关性检验结果支持 OJ、GGM、CT 三种模型对隐含股权资本成本测度更好的判断，多元回归分析表明 GGM、CT 两种模型的计量结果更为理想，能够更准确地反映风险；张军华（2013）的检验结果表明，PEG、OJ 模型的测度结果与风险因素高度正相关，OJ 模型更适合我国的资本市场特征。表 2－1 文献梳理列示的众多学者的测度结果也显示，不同模型测度的隐含股权资本成本结果差异巨大，即使是同一测度模型也会由于模型参数设定不同得出不同的测度结果。基于此，本书同时采用 GGM、GLS、CT、PE、PEG、MPEG、OJ、KR 等基于预期收益的隐含股权资本成本模型作为后续研究中使用的测度模型，对较长时期内（2008—2020 年）国内非金融类上市公司的股权资本成本进行测度，并且对测度结果的有效性进行检验和评价，以对这些测度模型的有效性做出判断。

除了模型本身和模型参数设定外，基于预期收益的隐含股权资本成本测度结果的有效性还取决于盈利预测数据的质量，表 2－1 的研究文献梳理显示，国内学者采用隐含股权资本成本测度模型时，使用的盈利预测数据来源于实际盈利数据、分析师盈利预测、统计模型（混合截面回归模型）生成的盈利预测三个方面。2010 年之前的研究由于缺乏分析师盈利预测，通常采用实际盈利替代盈利预测，之后的研究大部分采用分析师盈利预测，近年来也有少数学者采用统计模型生成盈利预测用于股权资本成本的测度，但是研究中几乎没有考虑盈利预测数据的可靠性及其对股权资本成本测度结果的影响。针对这种情况，本书将分别基于分析师盈利预测和统计模型生成的盈利预测数据，采用上述各类隐含股权资本成本测度模型对国内非金融类上市公司的股权资本成本进行测度，并通过测度结果的有效性检验对盈利预测数据的可靠性做出判断。在对测度模型的有效性和盈利预测数据来源的可靠性做出判断的基础上，分析国内上市公司股权资本成本呈现的特征，并探讨国内上市公司股权资本成本及权益风险溢价的合理界域，以期为股权资本成本的后续学术研究和实践应用提供借鉴。

第4章 股权资本成本估算的盈利预测分析

基于预期收益的隐含股权资本成本是隐含在公司股票价格中的股东期望报酬率，是使公司预计未来盈利等于股票市场价格的折现率。上市公司的股票市场价格可以直接从证券市场上取得，所以基于预期收益的隐含股权资本成本估算的关键是取得估算年度公司的盈利预测信息。在股票市场价格一定的情况下，乐观的盈利预测将导致股权资本成本的高估，悲观预测则会导致股权资本成本的低估。由于盈利预测信息的质量直接影响到股权资本成本的估算结果，本章在对股权资本成本估算所需要的盈利预测数据来源进行阐述的基础上，分别从盈利预测偏差、盈利预测准确性两个角度对比分析了本书所采用的两种盈利预测数据——分析师盈利预测和混合截面回归模型生成的盈利预测。

4.1 上市公司盈利预测数据来源

通常情况下，投资者可以从管理层、证券分析师那里直接获取上市公司的盈利预测信息，也可以通过各种统计模型自行估计上市公司未来的预计盈利，以此作为证券估值、隐含股权资本成本估算时预计现金流量的代理变量。

4.1.1 管理层盈利预测

管理层盈利预测是公司管理层对所处的外部经济环境、市场状况及内部资源、财务状况等进行合理假设的基础上，根据预计发展速度对公司未来期间经营成果做出的预测。管理层盈利预测作为上市公司信息披露的重要组成部分，在西方发达证券市场上管理层主动向投资者提供盈利预测是非常普遍的现象，并且大多数国家和地区都采取了自愿披露政策[①]。

在中国，管理层盈利预测信息披露制度多数是针对 IPO（Initial Public Offering）所做的规定，经历了从强制到自愿的监管过程。1993 年 4 月 22 日国务院颁布的《股票发行与交易管理暂行条例》中规定：申请公开发行股票的公司，在招股说明书和上市公告书中应载明经注册会计师审核并出具审核意见的公司下一年的盈利预测文件；同年证监会进一步对盈利预测应涵盖的最短期间做出规定，盈利预测期间自挂牌交易首日起至盈利预测期间终止日不得少于 90 日，并明确了会计师事务所和注册会计师在盈利预测审核中的责任，这表明公司发行股票须强制披露盈利预测信息并强制审核。

1997 年证监会在颁布修订后的《公开发行股票公司信息披露的内容与格式准则第 1 号——招股说明书的内容与格式》中规定，“如果发行人或其财务顾问或其承销商认为提供盈利预测数据有助于投资人对发行人及其所发行的股票做出正确判断，且发行人确信有能力对最近期间的盈利情况做出比较切合实际的预测，则发行人可在招股说明书中提供盈利预测数据。”虽然上述规定不再强制要求 IPO 公司披露盈利预测信息，但是由于股票发行在一定程度上将盈利预测与新股发行价格相联系（1990—1998 年，我国新股发行实行固定价格发售机制，即“新股发行价格 = 每股税后利润 × 市盈率”，其中 1996 年之前发行定价用固定市盈率和盈利预测计算而得，1996 年之后以过去三年已实现每股税后利润的算术平均数为基础计算），大多数上市公司都主动进行了盈利预测并披露了相关信息。

直到 2001 年 3 月，我国正式建立新股发行核准制，在核准制下新股发行价格的确定不再以盈利预测具体数值为依据，IPO 盈利预测披露才转变为自愿披露。除 IPO 公告外，投资者也可以零星地从上市公司披露的定期报告、业绩预告、业绩预警及一些临时公告中获得管理层盈利预测，但是二级市场上普遍、系统的盈利预测披露并不多见，也尚未形成主动规范的管理层盈利

① 由于预测信息具有很大的不确定性，美国证券交易委员会（SEC，Securities & Exchange Commission）一直禁止上市公司公开披露预测性财务信息。直到 20 世纪 70 年代，SEC 才允许上市公司对预测信息进行自愿披露，但是对自愿披露预测信息的公司做了一些强制性规定，如预测涵盖时间仅限于当年，若第三季度才做出预测则必须涵盖次年度；披露的预测信息必须经独立会计师审核；披露的预测信息合理性存在问题时须予以纠正等。

预测公告。

4.1.2　分析师盈利预测

证券分析师又称为财务分析师（Financial Analyst），是证券市场中的专业分析人员，他们通常供职于券商、基金、证券咨询机构，具有优于一般投资者的信息搜集途径[①]和专业分析能力。他们通过搜集上市公司的各种数据、信息，运用专业知识进行分析和研究，对上市公司做出盈利预测、撰写研究报告、提供行业分析并给出所跟踪股票的推荐评级。

随着证券分析师行业的发展，投资者逐渐可以通过一些专业数据平台便捷地获取分析师盈利预测数据，如美国的价值线投资摘要（The Value Line Investment Survey）、机构经纪商估价系统（I/B/E/S，The Institutional Brokers Estimate System）和标准普尔盈利预测系统（The Standard & Poor Earnings Forecaster）等多个专业数据系统都会免费或以极低的费用向广大投资者及时、批量提供覆盖许多公司的分析师盈利预测数据。我国证券分析师行业起步较晚，常常以收费的方式向投资者提供盈利预测信息，分析师发布盈利预测的方式也较为分散和零星，各家证券咨询机构及其分析师往往以举办讲座、报告会和分析会等形式，或者利用报刊、电台和电视台等公众传播媒体以及通过电话、传真、电脑网络等电信设备系统提供盈利预测。近年来，国内一些专业咨询终端，如万德金融资讯（Wind）、国泰安经济金融研究数据库（CSMAR）、同花顺等开始以专门模块提供分析师盈利预测数据，但是这些数据终端仅将盈利预测数据提供给与它有种种关系的证券公司、基金公司、上市公司、交易所和大学等机构，并没有免费将其提供给其他使用者，特别是中小投资者。

4.1.3　基于统计模型的盈利预测

除管理层和分析师盈利预测数据外，学术界对公司盈利的规律、模式进行大量研究后提出了很多盈利预测统计模型，投资者也可以采用这些统计模型对公司未来盈利进行估计。这些统计模型基本以时间序列模型为主，如随机游走

---

① 研究表明证券分析师的信息搜集优势主要体现在他们拥有私有信息。这里的私有信息是相对公开信息而言的，指证券分析师通过走访上市公司，或者本身就与公司管理者具有良好的关系，或是通过对公开信息的研究而形成的“洞察力”（Private Insight），并不是指公司管理层泄露了内幕信息，而是分析师从管理层那里了解到的非公开信息。

模型（RWM，Random Walk Model）、定量增长模型、定比增长模型等幼稚模型（Naive Model）① 和指数平滑模型等，Little（1962）的研究表明英国公司的年度盈利具有随机游走的特性，20 世纪 70 年代后期众多学者的研究同样表明年度盈利遵循随机游走或带漂移的随机游走过程（RW，Random Walk With Drift）。

1976 年，Brooks & Buckmaster 提出年度盈利呈现均值回归（Mean Revision）的特性，之后很多学者的研究表明年度盈利确实具有均值回归的特性，如 Salamon & Smith（1977）、Beaver & Morse（1978）、Ramakrishnan & Thomas（1992）、Lipe & Kormendi（1994）、Fama & French（2000）②。诸多学者根据盈利的均值回归特性，提出了很多盈利预测的均值回归 ARIMA（Autoregressive Integrated Moving Average Model）模型，即 BJ（Box – Jeckins）模型，如 Foster（1977）、Griffin（1977）和 Watts（1975）、Brown & Rozeff（1978）就基于季节盈利时间序列提出了不同的 Box – Jeckins 模型，Foster 模型是带常数项的 (1,0,0) × (0,1,0) 的 ARIMA 过程；Griffin – Watts 模型是 (0,1,1) × (0,1,1) 的 ARIMA 过程；Brown – Rozeff 模型则是 (1,0,0) × (0,1,1) 的 ARIMA 过程。此后，这三种模型成为季节盈利预测模型的核心，很多学者围绕哪种模型能够生成更准确的盈利预测进行了研究，但是结论不尽一致，Benston & Watts（1978）的研究表明，Foster 模型最准确，Lorek（1979）认为 Griffin –

---

① 随机游走模型是指假设最近一年的实际会计盈利即为预测年度的最佳预测值，即 $F(EPS_{t+1}) = EPS_t$；定量增长模型中，下一年度的预计盈利为 $F(EPS_{t+1}) = EPS_t + (EPS_t - EPS_{t-1}) = 2EPS_t - EPS_{t-1}$；定比增长模型中的预计盈利表示为 $F(EPS_{t+1}) = EPS_t + \frac{EPS_t - EPS_{t-1}}{EPS_{t-1}} EPS_t = \frac{EPS_t^2}{EPS_{t-1}}$。

② Kothari（2001）指出，年度盈利之所以呈现均值回归的特性，从理论上分析主要有以下几个经济与统计上的解释：一是产品市场的竞争意味着企业是不可能长期获得超额利润的（Beavor & Morse，1978；Lev，1983；Ohlson，1995；Fama & French，2000）。二是会计核算的谨慎性原则（Basu，1997）和诉讼风险（Kothari et al.，1988；Ball et al.，2000）促使管理当局尽早确认坏消息，推迟确认好消息，结果导致企业确认预期亏损。预期亏损的确认使得企业亏损不会持续，并最终引发企业盈利与年度之间呈现自相关性［代理理论也认为管理层在企业盈利的确认上存在“洗大澡”（Take a Big Bath）的动机］。三是亏损企业拥有放弃期权，即如果亏损企业预期无法扭亏为盈，管理层可以选择清算或者破产（Hayn，1995；Berger et al.，1996；Burgstahler & Dichev，1997；Collins et al，1999）。亏损企业放弃期权的存在必将导致以往对企业盈利特性的研究中存在样本选择的“生存误差”（Survivor Bias，盈利预测研究往往需要企业较长时间的盈利数据，如果研究年度盈利的时间序列性质至少需要 20 年以上的盈利数据，这样就导致研究样本只包括在样本期内生存下来的企业），放弃期权和生存偏差必然导致研究样本中的企业盈利数据最终呈现均值回归的特性。四是由于 SEC 和 FASB（Financial Accounting Standards Board）越来越推崇采用市场价值计量资产和负债价值的会计方法，使得企业暂时性特殊项目和损失的发生随着时间的推移而急剧扩大，这也意味着企业盈利变动是可预测的。

Watts（1975）模型最准确，而 Collins & Hopwood（1980）、Bathke & Lorek（1984）的研究却表明 Brown - Rozeff 模型的预测最准确。

这些盈利预测的统计模型提出之后，很多学者对模型生成的盈利预测的准确性进行了研究，如 Ball & Watts（1972）、Albrecht et al（1977）、Watts & Leftwich（1977）针对美国公司的研究表明，在研究期内随机游走模型能够生成比 Box - Jeckins 的 ARIMA 模型更准确的盈利预测；更多学者则将统计模型生成的盈利预测与分析师盈利预测的准确性进行了对比，虽然早期的实证研究没有发现证券分析师的盈利预测比基于时间序列的盈利预测模型更准确，但是 20 世纪 70 年代以后，美国的实证研究基本上都得出了证券分析师盈利的预测比时间序列模型生成的盈利预测更准确的结论，如 Richards、Benjamin、Strawser（1977）、Collins & Hopwood（1980）、Fried & Givoly（1982）、Hopwood & McKeown（1981）、Brown et al（1987）、O' Brien（1988）、Lys & Soo（1995）、Branson et al（1995）等学者均对证券分析师盈利预测与基于时间序列模型（有的学者以季度盈利数据为基础、有的学者以年度盈利数据为基础）生成的盈利预测的准确性进行了研究，结果表明，在研究期间证券分析师的盈利预测要优于时间序列模型生成的盈利预测，同时证券分析师的盈利预测还能够便捷地以计算机处理的方式低成本获取。自此，西方实证研究也很少再关注这个问题，如 Kothari（2001）所言，"由于找到了更好的代理变量，探讨时间序列盈利预测模型的文献很快绝迹了（Fast Becoming Extinct）"，普遍的做法是假定分析师盈利预测是比时间序列模型预测更优的不可观测的市场预期盈利的替代变量，学术界开始使用分析师盈利预测数据而不再使用时间序列模型生成的盈利预测。Brown & Rozeff（1978）进一步指出，由于雇佣证券分析师进行盈余盈利预测是比直接采用时间序列模型生成盈利预测成本更高的预测方式，从经济理论上来看证券分析师长期雇佣存在的事实也表明，证券分析师的盈利预测应该比时间序列模型更为准确。

除上述时间序列盈利预测模型外，Hou、Dijk、Zhang（2012）借鉴 Fama & French、Hou & Robinson、Hou & Van Dijk 的截面模型，提出了盈利预测的混合截面回归模型（Pooled Cross - section Regressions Model），并利用其对 1968—2008 年美国上市公司进行了盈利预测，结果表明虽然该模型生成的盈利预测在准确性方面不如分析师盈利预测，但是采用该混合截面回归模型生成的盈利预测数据估计的 ERC（Earning Response Coefficients，用于衡量股票价格对非预期收益的反映程度）要优于采用分析师盈利预测数据估计的 ERC，因此 Hou、Dijk、Zhang 认为混合截面回归模型生成的盈利预测是更好的市场预期盈利的代理变量。

4.1.4　盈利预测数据来源的选择

虽然一些学者的研究表明管理层盈利预测具有信息含量，管理层盈利预测的披露可以使投资者获得与管理层一样的信息优势，促使投资者对公司的盈利预期进行合理调整，但是我国尚未形成主动规范的管理层盈利预测公告，二级市场上普遍、系统的盈利预测披露比较少见，投资者只能通过 IPO 公告、上市公司披露的定期报告、业绩预告及临时公告零散地获取管理层盈利预测，将之作为研究样本进行上市公司隐含股权资本成本的估算与有效性检验具有特殊性和小众性，结果缺乏代表性，不符合本书的研究立意，故本书不采用管理层盈利预测用于上市公司隐含股权资本成本的估算与有效性检验。本书也不采用时间序列模型生成的盈利预测数据，而是同时采用分析师盈利预测和混合截面回归盈利预测模型生成的盈利预测数据进行上市公司隐含股权资本成本的估算、有效性检验与评价，主要基于以下几点考虑：

第一，采用时间序列模型生成盈利预测数据时往往需要若干期历史盈利数据，如 Brown & Rozeff（1978）的三种时间序列模型要求 20 年完整的历史盈利数据、Collins & Hopwood（1980）的四种时间序列模型要求至少 76 个季度的盈利数据，Fried & Givoly（1982）的研究要求至少 10 年的盈利数据、Hopwood & McKeown（1982）的随机游走模型和其他七种时间序列模型要求至少 12 年的盈利数据、Brown 等（1987）的三种时间序列模型也需要 60 个季度的盈利数据，徐跃（2014）基于我国证券市场的季节盈利预测模型要求 16 个季度的盈利数据。我国股票市场建立和发展的时间仅有二十几年，若采用时间序列模型生成的盈利预测数据进行隐含股权资本成本的估算与有效性检验必然会将很多新上市公司、上市时间较短的公司排除在样本之外，最终导致样本量过小，无法全面反映国内上市公司隐含股权资本成本的变动趋势，结果也不具有代表性，而且现有的绝大部分研究成果均表明分析师盈利预测要优于时间序列模型生成的盈利预测。除此之外，隐含股权资本成本的估算一般需要 2 ~ 5 年的盈利预测数据（估算模型不同，对盈利预测期限的要求也不同），而时间序列模型通常只关注提前一期的盈利预测，较少关注较长时期的盈利预测。

第二，从理论上来看，分析师作为信息中介，通过向市场提供盈利预测等信息能够降低被预测公司的信息不对称程度，起到促进资本市场更加有效配置资源的作用；实践中分析师的这种作用能否有效发挥在很大程度上取决于分析师盈利预测的准确性以及对未来已实现收益（Future Realized Returns）的解释程度。虽然众多学者的研究表明分析师盈利预测的准确性高于时间序列模型生成的盈利预测，国内外学术研究、实务操作中也广泛使用分析师盈利预测进行证券估值、隐含股权资本成本的估算等，但是大量研究同时表明分析师盈利预测过于乐观（Overly Optimistic）。Easton & Monahan（2005）指出：在控制了影响未来现金流和折现率因素（Cash Flow News & Discount Rate News）的情况下，以分析师盈利预测为基础估算的股权资本成本对未来已实现收益的解释程度很低。因此，他们认为以分析师盈利预测为基础估算的隐含股权资本成本并不是预期收益的可靠代理变量，主要原因就在于分析师盈利预测缺乏可靠性。除此之外，分析师盈利预测还存在跟踪公司数量有限的问题，也就是存在样本选择偏差的问题，分析师往往较少关注那些小规模或者陷入财务困境的公司；同时分析师通常更多关注短期盈利预测（提前 1 期），较少关注长期盈利预测，而隐含股权资本成本的估算往往需要多期盈利预测数据。这种现象在我国尤为突出，由于分析师行业起步较晚，很多上市公司并没有受到分析师的关注，这将导致以分析师盈利预测为基础估算的隐含股权资本成本覆盖范围有限。

截至目前，国内对于隐含股权资本成本的估算基本上都是以分析师盈利预测数据为基础，也有部分学者以实际盈利代替预计盈利进行隐含股权资本成本估算的，毛新述、叶康涛、张頔（2012）、王亮亮（2013）等曾借鉴 Hou、Dijk、Zhang 的混合截面回归模型生成的盈利预测进行了隐含股权资本成本的估算，但是并没有将之与分析师盈利预测的准确性及以分析师盈利预测为基础估算的隐含股权资本成本进行对比研究。鉴于此，本书将分别采用分析师盈利预测和基于混合截面回归模型生成的盈利预测数据，对国内上市公司的隐含股权资本成本进行估算和有效性检验，以判断以哪种盈利预测数据为基础估算的隐含股权资本成本能够更好地代表市场盈利预期。

4.2 基于混合截面回归模型的盈利预测

借鉴 Hou、Dijk、Zhang（2012）提出的混合截面回归模型，利用 1998—

2019 年的数据，采用滚动估计的方法，即每一年均使用过去十年的数据估计了下列模型的系数①：

$$E_{i,t+\tau}=\alpha_0+\alpha_1 A_{i,t}+\alpha_2 D_{i,t}+\alpha_3 DD_{i,t}+\alpha_4 E_{i,t}+\alpha_5 NegE_{i,t}+\alpha_6 AC_{i,t}+\varepsilon_{i,t+\tau}$$

其中，$E_{i,t+\tau}$表示第 $t+\tau$ 年扣除非经常项目前的净利润（$\tau=1\sim5$）；$A_{i,t}$表示第 t 年的资产总额；$D_{i,t}$表示在第 t 年的股利支付总额；$DD_{i,t}$为是否支付股利的哑变量，支付股利取值为 1，否则为 0；$NegE_{i,t}$为第 t 年$E_{i,t+\tau}$是否为负的哑变量，若第 t 年$E_{i,t+\tau}$为负，则$NegE_{i,t}$取值为 1，否则为 0；$AC_{i,t}$表示第 t 年的应计项目，采用资产负债表法或现金流量表法计算而得（若采用资产负债表法计算，则$AC_{i,t}$ = 非现金资产的变动额 -（流动负债的变动额 - 应付利息的变动额 - 应付税费的变动额）- 折旧与摊销费用；若采用现金流量表法计算，则$AC_{i,t}$ = 营业利润 - 营业现金流量净额），本书采用现金流量表法计算；$\varepsilon_{i,t+\tau}$表示残差。

上述所有解释变量均以样本期间会计年度年末的数据估算（即第 t 年会计年度的资产负债表日）。数据主要来源于万德金融终端（Wind），缺失数据由锐思金融研究数据库（RESSET）、国泰安经济金融研究数据库（CSMAR）补充。

4.2.1　模型变量的描述性统计

表 4 - 1 报告了混合截面盈利预测模型解释变量的描述性统计变量，包括整个样本期间的均值、中位数、最小值、最大值、标准差以及 1%、25%、75%、99% 的分位数。

---

① 采用 1998—2019 年的数据进行模型系数的滚动估计主要基于两个方面的考虑：一是混合截面回归模型中的应计项目采用现金流量表法时，需要使用样本期间的营业现金流量净额数据，我国上市公司从 1998 年才开始编制提供现金流量表，故将样本起点确定为 1998 年。二是本书的研究目的是要对隐含股权资本成本估算模型的有效性进行检验，盈利预测数据的来源是影响隐含股权资本成本估算模型有效性的重要因素。本书同时以分析师盈利预测和基于混合截面回归模型生成的盈利预测为基础对上市公司的隐含股权资本成本进行估算，并对各种模型的有效性进行检验。虽然万德金融资讯、国泰安从 2004 年开始提供分析师盈利预测数据，但是基本以每股收益的形式提供，以预计净利润形式提供较多上市公司盈利预测是从 2007 年开始的。按照混合截面回归模型进行盈利预测的要求，估计模型系数时采用滚动估计的方法，即对样本期间的每一年均使用过去 10 年的数据估计混合截面回归模型的数据，1998—2007 年刚好 10 年。这样能够避免分析师盈利预测采用每股收益，混合截面回归模型估计采用净利润，无法对比分析盈利预测偏差和准确性，或者为比较要进行数据转化时造成的人为误差。

表 4－1 混合截面回归模型盈利模型解释变量的描述性统计

解释变量	mean	median	min	max	sd	1%	25%	75%	99%
A	1 245 000	239 521	5. 113	1 030 000 000	11 200 000	19 282	111 334	588 985	16 800 000
D	13 705	1 597	0	6 300 000	115 544	0	0	5 780	189 036
DD	0. 649	1	0	1	0. 477	0	0	1	1
E	40 154	7 704	－4 666 000	15 100 000	300 420	－108 765	2 320	22 853	604 900
NegE	0. 11	0	0	1	0. 312	0	0	0	1
AC	－18 210	－683. 6	－32 500 000	20 900 000	485 784	－562 182	－12 090	7 771	344 107

注：除 DD、NegE 外，上述所有变量的单位均为万元。

从描述性统计变量中我们可以看出，模型各个解释变量在样本期间的大致分布情况，其中 A（资产总额）的均值为 1 245 000 万元，中值为 239 521 万元，均值和中值相差 5 倍多，说明国内上市公司在规模上相差很大；D（股利支付总额）均值为 13 705 万元，中值为 1 597 万元，均值和中值相差 8 倍多，表明国内上市公司在股利支付方面差异很大；E（历史盈余）均值为 40 154 万元，中值为 7 704 万元，均值和中值相差 5 倍多，说明国内上市公司盈利能力差异很大；AC（应计项目）均值为－18 210 万元，中值为－683. 6 万元，均值和中值相差 20 多倍，说明国内上市公司在信息披露质量方面存在巨大差异。

DD（是否支付股利）的均值、中位数分别为 0. 649 和 1，说明在样本期间有超过近 65% 的上市公司支付了现金股利，而且有一半的上市公司在样本期间发放了现金股利；NegE（历史盈余是否为负）的均值和中位数分别为 0. 11 和 0，说明在样本期间绝大部分上市公司实现了盈利（扣除非正常项目之前），但是有一半的上市公司在样本期间是亏损的，未能实现盈利，表明我国上市公司的盈利能力不足，还有待于进一步的提高。

4. 2. 2 模型系数的估计结果

表 4－2 至表 4－6 分别报告了提前 1～5 期混合截面回归模型的滚动回归结果，也就是未来 1～5 期模型的估计系数，包括模型各个解释变量的回归系数和 t 检验值，其中 E_{t+1}、E_{t+2}、E_{t+3}、E_{t+4}、E_{t+5} 分别表示未来 1～5 年的会计盈余（扣除非正常项目前的盈余）。

整个样本期间 10 年为一组进行滚动回归时，共有 13 组。总体来看，在 E_{t+1}、E_{t+2}、E_{t+3}、E_{t+4}、E_{t+5}的组内 13 组滚动回归中，样本量随着上市公司数量的增加而相应增加。E_{t+1}的组内回归中样本量最高为 23 900，最低为 9 698；E_{t+2}的组内回归中样本量最高为 20 429，最低为 8 358；E_{t+3}的组内回归中样本量最高为 17 053，最低为 7 081；E_{t+4}的组内回归中样本量最高为 14 111，最低为 5 818；E_{t+5}的组内回归中样本量最高为 11 387，最低为 4 653。但是组间样本量随盈利预测年度的提前而逐渐减少，在 E_{t+1}的 13 组滚动回归样本量最高，E_{t+2}、E_{t+3}、E_{t+4}、E_{t+5}的样本量逐渐减少，E_{t+5}的样本量最少。

就回归结果的拟合程度来看，E_{t+1}、E_{t+2}、E_{t+3}、E_{t+4}、E_{t+5}的组内 13 组滚动回归拟合程度很高，E_{t+1}的 13 组组内回归 R^2 最高为 94.23%，最低为 88.57%；E_{t+2}的 13 组组内回归 R^2 最高为 91.65%，最低为 74.01%；E_{t+3}的 13 组组内回归 R^2 最高为 91.42%，最低为 69.76%；E_{t+4}的 13 组组内回归 R^2 最高为 90.16%，最低为 65.20%；E_{t+5}的 13 组组内回归 R^2 最高为 89.96%，最低为 59.97%；E_{t+1}的 13 组组内回归 R^2 最高为 91.65%，最低为 74.01%。但是组间拟合程度随盈利预测年度的提前而逐渐降低，E_{t+1}的 13 组组内回归 R^2 最高，E_{t+2}、E_{t+3}、E_{t+4}、E_{t+5}的 R^2 逐渐减少，E_{t+5}的 R^2 最低。这表明虽然混合截面回归模型对提前 1 ~ 5 年盈利的解释程度逐年递减，但是仍然有很高的解释程度，将该模型用于盈利预测有一定的合理性。

具体就解释变量的回归结果来看，A（资产总额）和 E（历史盈余）在 E_{t+1}、E_{t+2}、E_{t+3}、E_{t+4}、E_{t+5}的 13 组滚动回归结果一致，回归系数均为正数且在 1% 的水平上显著，说明上市公司的规模、历史盈利对未来预计盈利有显著影响，而且公司规模越大、历史盈余越高、未来盈利也越高。

D（股利支付总额）在 E_{t+1}、E_{t+2}的 13 组滚动回归结果一致，回归系数均为正数且在 1% 的水平上显著；在 E_{t+3}的 13 组滚动回归中有 11 组回归系数在 1% 的水平上显著，2 组回归系数不显著，但是回归系数符号一致，均为正数；在 E_{t+4}的 13 组滚动回归中有 11 组回归系数在 1% 的水平上显著，2 组回归系数不显著，但是回归系数符号不一致，有正有负；在 E_{t+5}的 13 组滚动回归中有 11 组回归系数均在 1% 的水平上显著，1 组回归系数均在 5% 的水平上显著，1 组回归系数不显著，回归系数符号不一致，有正有负。总体来看，上市公司的历史股利支付水平对未来预计盈利有显著影响，而且历史股利支付水平越高，预计未来盈利也越高。

表 4－2　　混合截面盈利预测模型的系数估计（提前 1 期 E_{t+1}）

解释变量	1998—2007	1999—2008	2000—2009	2001—2010	2002—2011	2003—2012	2004—2013	2005—2014	2006—2015	2007—2016	2008—2017	2009—2018	2010—2019
A	0.0101 *** 11.75	−0.00549 *** −4.82	0.0157 *** 15.70	0.0129 *** 15.71	0.0155 *** 24.41	0.00900 *** 17.89	0.0107 *** 27.76	0.00664 *** 19.11	0.00331 *** 9.41	0.00446 *** 14.82	0.00687 *** 26.21	0.00682 *** 30.78	0.00840 *** 43.05
D	0.597 *** 20.46	0.650 *** 13.46	0.386 *** 12.85	0.780 *** 28.64	0.513 *** 20.86	0.342 *** 14.41	0.396 *** 17.96	0.303 *** 13.51	0.344 *** 13.67	0.427 *** 17.89	0.522 *** 31.75	0.454 *** 32.12	0.432 *** 32.48
DD	134.1 0.22	3 341 *** 2.62	5 403 *** 3.57	4 128 ** 2.54	5 323 *** 3.17	7 575 *** 4.46	6 129 *** 3.76	7 650 *** 4.49	7 429 *** 3.80	7 273 *** 3.76	7 265 *** 3.96	7 793 *** 4.45	10 210 *** 5.96
E	0.822 *** 78.48	0.768 *** 67.66	0.586 *** 60.84	0.532 *** 56.02	0.602 *** 64.18	0.703 *** 77.91	0.686 *** 83.82	0.746 *** 88.48	0.774 *** 81.85	0.738 *** 80.18	0.679 *** 88.96	0.715 *** 104.29	0.671 *** 101.47
NegE	6 879 *** 7.65	5 473 *** 2.88	5 811 *** 2.63	4 567 * 1.94	7 957 *** 3.15	11 900 *** 4.52	14 188 *** 5.57	19 668 *** 7.34	25 078 *** 8.01	28 903 *** 9.47	27 294 *** 9.54	27 033 *** 9.74	25 027 *** 9.47
AC	−0.0585 *** 10.50	−0.121 *** −14.66	−0.129 *** 18.71	−0.178 *** 29.62	−0.105 *** −21.46	−0.0978 *** 23.33	−0.0686 *** 18.63	−0.0459 *** 13.34	0.0375 *** 10.58	0.0493 *** 15.73	0.0481 *** 18.14	0.0355 *** 16.81	0.0534 *** 28.22
常数项	−2 305 *** 4.98	−883.3 −0.90	−4 830 *** 4.05	−3 203 ** −2.52	−3 505 *** −2.67	−3 619 *** −2.69	−4 122 *** −3.11	−3 697 *** 2.62	−3 161 * 1.92	−3 771 ** 2.28	−2 774 * 1.73	−5 357 *** 3.46	−8 741 *** 5.71
N	9 698	10 409	11 105	11 765	12 685	13 813	15 030	16 150	17 377	18 757	20 236	22 070	23 900
F	26 361.87	13 437.41	13 872.26	19 361.71	23 468.27	26 607.13	33 863.05	33 561.85	24 549.84	25 385.37	28 087.12	32 441.79	33 939.89
R^2	0.9423	0.8857	0.8824	0.9081	0.9174	0.9204	0.9312	0.9258	0.8945	0.8904	0.8928	0.8982	0.8950
$Adj-R^2$	0.9422	0.8857	0.8823	0.9080	0.9174	0.9204	0.9311	0.9258	0.8945	0.8904	0.8928	0.8982	0.8950

说明：*** 表示显著性水平为 1%，** 表示显著性水平为 5%，* 表示显著性水平为 10%。

表 4-3　　混合截面盈利预测模型的系数估计（提前2期 E_{t+2}）

解释变量	1998—2007	1999—2008	2000—2009	2001—2010	2002—2011	2003—2012	2004—2013	2005—2014	2006—2015	2007—2016	2008—2017	2009—2018	2010—2019
A	0.0221 *** 16.20	-0.00135 0.64	0.0216 *** 15.07	0.0294 *** 25.14	0.0228 *** 23.01	0.0221 *** 26.42	0.0186 *** 29.22	0.0126 *** 24.70	0.00574 *** 10.76	0.00501 *** 10.32	0.00906 *** 20.68	0.0144 *** 38.17	0.0174 *** 54.20
D	1.173 *** 25.27	1.528 *** 21.64	1.002 *** 16.54	1.957 *** 55.77	1.675 *** 51.13	1.042 *** 32.21	0.826 *** 27.55	0.642 *** 22.05	0.281 *** 8.10	0.348 *** 9.92	0.333 *** 8.64	0.395 *** 16.53	0.401 *** 19.70
DD	-1 447 * -1.75	2 014 1.33	3 331 ** 1.99	-6 405 0.00	2 993 1.47	5 216 ** 2.26	4 958 ** 2.21	6 165 *** 2.75	9 004 *** 3.30	8 264 *** 2.93	9 121 *** 3.20	9 637 *** 3.55	10 508 *** 4.03
E	0.726 *** 38.82	0.440 *** 16.36	0.363 *** 25.49	0.0851 *** 7.55	0.238 *** 20.81	0.392 *** 31.75	0.481 *** 42.15	0.572 *** 52.97	0.708 *** 54.34	0.719 *** 54.38	0.687 *** 42.92	0.564 *** 50.21	0.483 *** 48.12
NegE	11 658 *** 9.29	442.3 0.20	878.4 0.36	-2 668 1.00	453.7 0.15	6 641 * 1.90	9 891 *** 2.84	12 909 *** 2.66	19 868 *** 4.50	28 533 *** 6.24	34 740 *** 7.82	26 023 *** 6.08	21 527 *** 5.20
AC	-0.0673 *** -7.27	-0.326 *** 23.73	-0.211 *** 20.21	-0.167 *** 20.59	-0.149 *** 20.53	-0.0695 *** 10.77	-0.0502 *** -9.45	-0.0580 *** 11.92	-0.0112 ** 2.10	0.0881 *** 17.87	0.0884 *** 19.89	0.0738 *** 19.17	0.0813 *** 26.68
常数项	-4 641 *** -7.28	-733.6 -0.62	-3 755 *** 2.86	-3 006 ** 2.08	-1 498 -0.95	-1 993 1.11	-1 253 -0.70	-143.5 0.08	-192.6 0.08	533.8 0.22	42.68 0.02	-2 711 -1.14	-6 667 *** 2.87
N	8 358	8 956	9 576	10 141	10 722	11 575	12 639	13 757	14 864	16 028	17 292	18 694	20 429
F	15 275.03	4 246.14	8 150.93	13 346.13	15 764.19	14 110.59	17 576.54	19 006.88	11 940.02	11 140.77	10 874.38	11 675.10	12 648.16
R^2	0.9165	0.7401	0.8364	0.8877	0.8982	0.8798	0.8930	0.8924	0.8282	0.8067	0.7906	0.7894	0.7880
$Adj-R^2$	0.9164	0.7399	0.8363	0.8876	0.8982	0.8797	0.8930	0.8924	0.8282	0.8066	0.7905	0.7893	0.7879

说明：*** 表示显著性水平为1%，** 表示显著性水平为5%，* 表示显著性水平为10%。

表 4-4 混合截面盈利预测模型的系数估计（提前 3 期 E_{t+3}）

解释变量	1998—2007	1999—2008	2000—2009	2001—2010	2002—2011	2003—2012	2004—2013	2005—2014	2006—2015	2007—2016	2008—2017	2009—2018	2010—2019
A	0.0318*** 17.38	0.0262*** 9.63	0.0340*** 14.66	0.0390*** 24.5	0.0450*** 30.82	0.0261*** 21.5	0.0245*** 26.97	0.0152*** 20.42	0.00441*** 6.55	0.00133** 2.07	0.00742*** 12.43	0.0164*** 32.05	0.0245*** 53.53
D	1.623*** 26.51	1.667*** 18.1	0.771*** 9.92	0.0735 1.09	0.699*** 16.02	0.594*** 14.89	0.258*** 7.37	-0.0472 -1.35	-0.500*** 12.91	-0.725*** 17.16	-0.0887* 1.84	-0.377*** 7.92	0.318*** 10.99
DD	-2 968*** 3.08	2 300 1.34	3 928** 2.22	4 514** 2.31	2 782 1.16	6 031** 2.32	6 007** 2.28	9 023*** 3.28	12 871*** 4.14	15 251*** 4.41	14 147*** 4	16 403*** 4.82	14 739*** 4.33
E	0.665*** 22.93	0.214*** 5.72	0.435*** 14.68	0.720*** 45.45	0.490*** 34 82	0.676*** 48.44	0.744*** 55.79	0.843*** 63.35	1.006*** 70.03	1.080*** 67.99	0.786*** 39.52	0.735*** 37.21	0.351*** 25.49
NegE	8 522*** 5.54	-3 199 -1.24	1 538 0.6	8 883*** 3.14	9 072*** 2.62	15 392*** 4.08	20 747*** 5.23	25 306*** 5.89	33 143*** 6.56	40 520*** 7.14	33 864*** 6	34 247*** 6.36	18 624*** 3.47
AC	-0.174*** 13.64	-0.326*** -17.73	-0.245*** 16.19	-0.123*** -10.60	-0.0684*** 6.67	-0.0408*** -4.61	0.00871 1.25	-0.0242*** 3.89	-0.0651*** 10.07	0.00518 0.80	0.0992*** 16.86	0.0755*** 14.27	0.109*** 23.43
常数项	-5 590*** 7.54	-3 728*** -2.76	-4 680*** 3.32	-5 105*** 3.36	-4 832*** -2.59	-2 121 1.05	-2 479 -1.20	-2 686 1.23	-687 0.27	-380 0.13	1 906 0.63	-3 911 1.32	-4 828 -1.60
N	7 081	7 616	8 123	8 612	9 098	9 612	10 401	11 369	12 476	13 519	14 566	15 751	17 053
F	12 556.46	3 735.9	4 747.44	11 211.09	10 959.8	11 727.93	13 654.27	13 051.47	9 578.45	7 394.32	6 202.69	6 494.35	6 553.13
R^2	0.9142	0.7466	0.7783	0.8866	0.8785	0.8799	0.8874	0.8733	0.8217	0.7665	0.7188	0.7122	0.6976
Adj-R^2	0.9141	0.7464	0.7781	0.8865	0.8785	0.8798	0.8873	0.8732	0.8216	0.7664	0.7187	0.7121	0.6975

说明：*** 表示显著性水平为 1%，** 表示显著性水平为 5%，* 表示显著性水平为 10%。

表 4-5　　混合截面盈利预测模型的系数估计（提前4期 E_{t+4}）

解释变量	1998—2007	1999—2008	2000—2009	2001—2010	2002—2011	2003—2012	2004—2013	2005—2014	2006—2015	2007—2016	2008—2017	2009—2018	2010—2019
A	0.0308 *** 12.58	0.00740 ** 2.29	0.0191 *** 6.69	0.0535 *** 19.75	0.0610 *** 29.28	0.0591 *** 33.34	0.0415 *** 30.05	0.0367 *** 33.54	0.0203 *** 19.88	0.0103 *** 12.25	0.0128 *** 16.93	0.0181 *** 27.56	0.0287 *** 50.18
D	2.103 *** 22.51	0.936 *** 8.71	0.713 *** 7.36	0.297 *** 3.28	-0.138 1.55	0.0984 * 1.87	0.275 *** 6.09	-0.00524 -0.12	-0.744 *** 15.36	-1.020 *** -20.72	-0.671 *** 11.87	-0.871 *** 15.37	-0.628 *** 11.35
DD	-5 917 *** 5.05	5 376 *** 3.04	5 643 *** 2.93	5 277 ** 2.43	5 345 ** 1.99	4 467 1.45	4 626 1.47	6 007 * 1.80	13 375 *** 3.35	17 135 *** 4.14	19 842 *** 4.76	18 111 *** 4.56	19 650 *** 4.99
E	0.789 *** 18.11	0.402 *** 7.81	0.486 *** 12.38	0.456 *** 13.19	0.580 *** 27.54	0.518 *** 30.38	0.624 *** 39.47	0.686 *** 42.95	0.899 *** 48.96	1.009 *** 55.27	0.838 *** 35.62	0.845 *** 36.46	0.585 *** 25.42
NegE	8 580 *** 4.40	-5 934 ** -2.12	-1 521 0.54	1 448 0.47	7 092 * 1.82	13 644 *** 3.08	18 827 *** 4.16	23 473 *** 4.64	31 621 *** 4.87	39 761 *** 5.80	37 552 *** 5.57	32 959 *** 5.07	30 617 *** 4.91
AC	-0.256 *** 13.63	-0.878 *** 39.10	-0.682 *** -35.30	-0.330 *** 18.64	-0.135 *** 8.82	0.0073 0.60	-0.00544 -0.54	0.0682 *** 8.11	0.00264 0.31	-0.0220 *** 2.69	0.0764 *** 10.42	0.108 *** 16.11	0.151 *** 25.44
常数项	-4 390 *** -4.88	-487.7 -0.35	-2 285 1.47	-4 746 *** 2.77	-4 340 ** 2.10	-4 311 * -1.82	-2 768 -1.13	-2 370 0.91	-2 131 0.67	-863 -0.25	58 0.02	-1 412 -0.41	-6 488 * -1.87
N	5 818	6 339	6 783	7 159	7 569	7 988	8 441	9 136	1 092	1 134	1 258	1 325	14 111
F	8 870.9	3 908.39	4 497.09	4 809.91	6 862.06	7 089.3	9 093.71	8 709.38	5 212.08	4 534.89	3 812.74	4 326.93	4 403.96
R^2	0.9016	0.7874	0.7993	0.8014	0.8448	0.8420	0.8661	0.8513	0.7562	0.7098	0.6550	0.6660	0.6520
$Adj-R^2$	0.9015	0.7872	0.7991	0.8012	0.8447	0.8419	0.8660	0.8512	0.7560	0.7096	0.6548	0.6659	0.6518

说明：*** 表示显著性水平为1%，** 表示显著性水平为5%，* 表示显著性水平为10%。

表 4－6　混合截面盈利预测模型的系数估计（提前 5 期 E_{t+5}）

解释变量	1998—2007	1999—2008	2000—2009	2001—2010	2002—2011	2003—2012	2004—2013	2005—2014	2006—2015	2007—2016	2008—2017	2009—2018	2010—2019
A	0.0342*** 10.91	0.0321*** 7.39	0.0607*** 15.65	0.0749*** 21.14	0.0938*** 27.93	0.0897*** 36.18	0.0784*** 40.59	0.0541*** 33.11	0.0482*** 33.03	0.0297*** 25.46	0.0251*** 26.39	0.0261*** 33.97	0.0335*** 48.73
D	2.272*** 19.14	0.304* 1.82	－0.377*** －2.92	－0.0895 0.75	－0.678*** －5.97	－0.421*** 3.96	0.458*** 8.03	0.443*** 8.34	－0.585*** 10.40	－1.118*** －20.02	－0.878*** 13.83	－1.493*** 24.19	－1.215*** －19.19
DD	－6 557*** 4.92	7 893*** 3.63	4 913** 2.15	4 796* 1.90	7 475*** 2.64	5 153 1.53	2 963 0.83	6 756* 1.71	10 678** 2.25	16 526*** 3.40	21 976*** 4.54	21 372*** 4.94	20 924*** 4.78
E	0.720*** 13.34	0.226*** 2.85	0.823*** 13.27	0.697*** 14.33	0.644*** 14.64	0.420*** 16.68	0.281*** 15.27	0.461*** 24.97	0.624*** 29.22	0.832*** 39.35	0.728*** 27.63	0.930*** 36.47	0.735*** 25.82
NegE	5 658** 2.52	－10 868*** －3.03	9 032** 2.57	10 592*** 2.94	12 009*** 3.00	9 462* 1.94	15 058*** 2.95	19 890*** 3.50	29 610*** 3.93	38 523*** 4.74	39 525*** 5.00	37 376*** 5.17	39 140*** 5.43
AC	－0.417*** －16.84	－0.826*** －24.85	－0.343*** 12.72	－0.136*** 5.70	0.0913*** 4.17	0.176*** 9.62	0.116*** 8.72	0.139*** 11.68	0.178*** 15.84	0.114*** 11.55	0.110*** 12.28	0.176*** 22.46	0.243*** 33.74
常数项	－2 731*** －2.67	－1 193 －0.70	－7 342*** 3.95	－6 430*** 3.20	－6 619*** 3.00	－6 187** 2.41	－5 125* 1.85	－1 748 0.57	－5 464 －1.46	－4 960 1.26	－878 －0.22	－3 469 －0.93	－7 646** －1.99
N	4 653	5 076	5 506	5 819	6 116	6 462	6 822	7 180	7 862	8 751	9 673	10 518	11 387
F	6 938.21	2 591.82	3 382.57	3 965.91	3 541.06	4 544.36	6 286.54	5 986.29	3 339.09	2 835.9	2 413.02	3 266.11	3 536.99
R^2	0.8996	0.7542	0.7868	0.8037	0.7767	0.8086	0.8470	0.8335	0.7184	0.6606	0.5997	0.6509	0.6509
Adj－R^2	0.8995	0.7539	0.7866	0.8035	0.7765	0.8084	0.8468	0.8334	0.7181	0.6603	0.5994	0.6507	0.6508

说明：*** 表示显著性水平为 1%，** 表示显著性水平为 5%，* 表示显著性水平为 10%。

DD（是否支付股利）在 E_{t+1} 的 13 组滚动回归中，有 11 组回归系数在 1% 的水平上显著，1 组回归系数在 5% 的水平上显著，1 组回归系数不显著，回归系数均为正数；在 E_{t+2} 的 13 组滚动回归中，有 6 组回归系数在 1% 的水平上显著，3 组回归系数在 5% 的水平上显著，3 组回归系数在 10% 的水平上显著，1 组回归系数不显著，回归系数均为正数；在 E_{t+3} 的 13 组滚动回归中有 7 组回归系数在 1% 的水平上显著，4 组回归系数在 5% 的水平上显著，2 组回归系数不显著，回归系数除 1 组符号为负外，其余均为正数；在 E_{t+4} 的 13 组滚动回归中有 8 组回归系数在 1% 的水平上显著，2 组回归系数在 5% 的水平上显著，1 组回归系数在 10% 的水平上显著，2 组回归系数不显著，回归系数除 1 组符号为负外，其余均为正数；在 E_{t+5} 的 13 组滚动回归中有 7 组回归系数在 1% 的水平上显著，2 组回归系数在 5% 的水平上显著，2 组回归系数在 10% 的水平上显著，2 组回归系数不显著，回归系数除 1 组符号为负外，其余均为正数。总体来看，上市公司以前年度是否支付现金股利对未来预计盈利有显著影响，如果以前年度分配过现金股利，预计未来盈利也越高。

NegE（历史盈余是否为负）在 E_{t+1} 的 13 组滚动回归中，有 12 组回归系数在 1% 的水平上显著，1 组回归系数在 10% 的水平上显著，回归系数均为正数；在 E_{t+2} 的 13 组滚动回归中，有 8 组回归系数在 1% 的水平上显著，1 组回归系数在 10% 的水平上显著，4 组回归系数不显著，回归系数均为正数；在 E_{t+3} 的 13 组滚动回归中有 11 组回归系数在 1% 的水平上显著，2 组回归系数不显著，回归系数均为正数；在 E_{t+4} 的 13 组滚动回归中有 9 组回归系数在 1% 的水平上显著，1 组回归系数在 5% 的水平上显著，1 组回归系数在 10% 的水平上显著，2 组回归系数不显著，回归系数除 1 组符号为负外，其余均为正数；在 E_{t+5} 的 13 组滚动回归中有 10 组回归系数在 1% 的水平上显著，2 组回归系数在 5% 的水平上显著，1 组回归系数在 10% 的水平上显著，回归系数除 1 组符号为负外，其余均为正数。总体来看，上市公司以前年度是否亏损对未来预计盈利有显著影响，如果以前年度亏损，预计未来盈利也越低，回归系数为负表明以前年度亏损的公司则越有可能在未来扭亏为盈，取得较高的会计盈余。

AC（应计项目）在 E_{t+1} 的 13 组滚动回归中，回归系数均在 1% 的水平上显著且均为正数；在 E_{t+2} 的 13 组滚动回归中，有 12 组回归系数在 1% 的水平上显著，1 组回归系数在 5% 的水平上显著，回归系数符号不一致，正负相间；

在 E_{t+3} 的 13 组滚动回归中有 11 组回归系数在 1% 的水平上显著，2 组回归系数不显著，回归系数符号不一致，正负相间；在 E_{t+4} 的 13 组滚动回归中有 10 组回归系数在 1% 的水平上显著，3 组回归系数在 5% 的水平上显著，回归系数符号不一致，正负相间；在 E_{t+5} 的 13 组滚动回归，回归系数均在 1% 的水平上显著，回归系数符号不一致，正负相间。总体来看，上市公司的信息披露质量对未来预计盈利有显著影响，但是具体影响不一致，有些年份呈同向变动关系，有些年份呈反向变动关系。

这些结果和 Hou、Dijk、Zhang（2012）的研究系数符号基本一致，但是 Hou、Dijk、Zhang 的研究表明是否支付股利对未来盈利的影响不显著，而与毛新述、叶康涛、张頔（2012）的研究差异较大，主要原因在于他们的研究在 Hou、Dijk、Zhang 提出的混合截面回归模型中增加了 $EV_{i,t}$（公司价值，等于总资产 + 所有者权益的市场价值 - 所有者权益的账面价值），使得 D（股利支付）对 E_{t+2}、E_{t+3}、E_{t+4} 的回归系数呈现负数，且部分不显著，DD（是否支付股利）、AC（应计项目）的回归系数符号部分与本书相反。

4.3　盈利预测数据的相关性分析

目前万德金融资讯（Wind）、国泰安经济金融研究数据库（CSMAR）、同花顺等数据库中有专门模块提供分析师盈利预测数据，本书的分析师盈利预测数据来自万德金融资讯（Wind），选取了该数据库中 2007—2019 年所有券商对上市公司净利润（归属母公司股东净利润）做出的一致预测数据，即截止指定交易日，各机构对该证券做出的预测净利润的算术平均值（本书所讲的指定交易日为样本期间的资产负债表日，即会计年度的 12 月 31 日）[①]。由于各机构研究报告都有一个相对有效期，一致预测指标只统计有效期在 180 天内

① 将样本起点选择在 2007 年主要基于以下两个原因：一是采用混合截面回归模型盈利预测的结果是净利润，为便于比较两类盈利预测数据的预测偏差和预测准确性，降低数据转换中带来的比较结果出现偏差，对于分析师做出的盈利预测也采用净利润的一致预测值。虽然万德金融资讯（Wind）从 2004 年开始提供部分上市公司盈利预测数据，包括每股收益和净利润的一致预测，但是 2005 年、2006 年做出的净利润一致预测数据缺失，直到 2007 年才有较多上市公司的净利润一致预测。二是混合截面回归模型中的应计项目采用现金流量表法时，需要使用样本期间的营业现金流量净额数据，但是我国上市公司从 1998 年才开始编制提供现金流量表。按照混合截面回归模型进行盈利预测的要求，估计模型系数时采用滚动估计的方法，即对样本期间的每一年均使用过去 10 年的数据估计混合截面回归模型的数据，1998—2007 年刚好 10 年。

的预测结果。

表4－7分年度列示了采用混合截面回归模型生成的盈利预测（MFYn）和分析师盈利预测（AFYn）的描述性统计量，其中N代表有盈利预测数据的上市公司数目，FY1、FY2、FY3分别代表提前1～3年的盈利预测，包括均值（Mean）和中位数（Median）。也就是AFY1、AFY2、AFY3分别表示各机构对某上市公司最近预测年度、最近预测年度次年、最近预测年度后两年做出的预测净利润的算术平均值（最近预测年度通常为研究报告中预测年份的最早年份；但会以个股的年报实际披露日为界，当年盈利公布之日，当年数据会被原次年数据取代，具体计算时采取算头不算尾的原则）；MFY1、MFY2、MFY3分别表示采用混合截面回归盈利预测模型对某上市公司最近预测年度、最近预测年度次年、最近预测年度后两年做出的预计净利润，即分别为前文中所说的提前1期、提前2期、提前3期的盈利预测。

从表4－7中我们可以看出，除2007年之外，无论是均值，还是中位数，混合截面回归模型生成的盈利预测都要低于同期分析师盈利预测的均值和中位数，尤其是提前2～3年的预测，两者之间的差距逐渐增大。值得注意的是，因为表中列示的混合截面回归模型生成的盈利预测和分析师盈利预测的描述性统计量并不是基于相同样本生成的，故二者不能直接相互比较。

同时我们可以从表4－7中看出，随着时间的推移，能够得到的分析师盈利预测和混合截面回归模型生成盈利预测的上市公司数目在逐年增多（除分析师做出盈利预测的上市公司个数在2018年、2019年两年是减少的），分析师做出盈利预测的上市公司数目从2007年的655家增长到2017年的2 090家，混合截面回归模型生成盈利预测的上市公司数目从2007年的1 462家增长到2019年的3 579家。就同一年度来看，采用混合截面回归模型生成盈利预测的上市公司数目均高于分析师做出盈利预测的上市公司数目。盈利预测相关系数如表4－8所示。

表4－8列示了分析师盈利预测和采用混合截面回归模型生成的盈利预测数据的相关系数。从中可以看出，在提前1～3年的预测期内，同一类盈利预测数据来源之间的相关性很高，分析师盈利预测之间的相关系数最低为0.9939（AFY1和AFY3），最高为0.9985（AFY2和AFY3）；混合截面回归模型生成的盈利预测之间的相关系数最低为0.9020（MFY1和MFY3），最高为0.9891（MFY2和MFY3）。总体来说，分析师盈利预测数据之间的相关性更高。

表 4 - 7　　盈利预测数据的描述性统计

预测年度	分析师盈利预测							混合截面回归模型盈利预测						
	N	AFY1		AFY2		AFY3		N	MFY1		MFY2		MFY3	
		Mean	Median	Mean	Median	Mean	Median		Mean	Median	Mean	Median	Mean	Median
2007	655	65 386	13 390	89 924	21 220	109 318	27 372	1 462	67 083	6 343	85 285	6 299	103 451	5 944
2008	730	63 293	16 017	76 012	22 089	91 647	28 255	1 525	31 041	5 588	37 836	5 195	49 118	6 416
2009	953	51 816	13 586	69 333	20 958	84 877	26 853	1 620	43 263	7 849	49 373	8 154	60 991	10 298
2010	1 281	72 651	14 512	90 728	21 676	109 963	28 600	1 961	57 565	8 467	72 596	7 572	96 490	13 496
2011	1 418	92 565	15 841	114 964	23 014	138 995	30 535	2 233	51 214	10 841	56 823	11 318	75 418	14 188
2012	1 447	86 271	14 436	104 062	19 672	123 733	25 411	2 384	47 483	12 146	57 719	14 344	68 230	17 343
2013	1 386	103 703	16 990	122 130	23 824	143 195	31 488	2 384	53 831	11 870	61 752	15 181	72 839	18 595
2014	1 614	128 042	16 597	149 945	23 896	172 547	31 383	2 507	52 266	14 354	59 410	16 820	64 874	20 071
2015	1 781	130 754	17 271	150 101	26 350	171 922	35 039	2 726	45 082	14 800	50 474	18 481	55 294	23 158
2016	2 090	116 500	20 100	136 252	28 997	154 466	37 088	2 944	53 353	16 990	55 044	21 588	55 492	26 248
2017	2 070	147 822	28 147	171 988	37 626	198 319	47 651	3 365	65 107	19 388	70 201	25 004	70 778	29 770
2018	1 672	213 190	37 974	245 527	48 400	283 245	60 978	3 461	66 200	16 883	73 448	21 831	75 381	26 683
2019	1 627	234 325	37 920	266 156	48 050	299 928	58 905	3 579	67 335	15 052	77 320	17 849	87 854	23 818
合计	19 151	123 898	20 019	145 691	27 980	168 825	35 889	32 151	55 503	13 415	63 207	16 656	71 821	21 370

说明：混合截面回归模型生成的盈利预测是采用前述滚动估计的模型系数和公开的非缩尾解释变量值计算获得的。除样本量 N 外，表中净利润预测数据单位均为万元。

表 4－8　　　　盈利预测的相关系数表

盈利预测数据来源		分析师盈利预测			混合截面回归模型生成的盈利预测		
		AFY1	AFY2	AFY3	MFY1	MFY2	MFY3
分析师盈利预测	AFY1	1					
	AFY2	0.9977	1				
	AFY3	0.9939	0.9985	1			
混合截面回归模型生成的盈利预测	MFY1	0.0039	0.0038	0.0040	1		
	MFY2	0.0028	0.0028	0.0028	0.9516	1	
	MFY3	0.0021	0.0021	0.0022	0.9020	0.9891	1

说明：本表所列示的相关系数是基于相同样本计算的，也就是在样本期内，同时具有提前 1～3 年的分析师盈利预测数据和采用混合截面回归模型生成的盈利预测数据。

虽然同一种盈利预测数据来源之间显示出很高的相关性，但是分析师盈利预测与采用混合截面回归模型生成的盈利预测之间的相关性很低，提前 1～3 年之间的相关系数分别为 0.0039、0.0028、0.0022。这说明虽然分析师盈利预测与采用混合截面回归模型生成的盈利预测不仅在绝对数值上差距很大，而且它们之间的相关性很低。

4.4　盈利预测偏差与准确性分析

隐含股权资本成本是隐含在股票市场价格中的，投资者用来折现公司预计现金流量使其现值等于股票市场价格的折现率，代表了投资者的市场预期。盈利预测作为公司未来预期现金流量的代理变量，预测的准确程度将直接关系到股权资本成本估算水平的高低。Elton & Gruber（1972）也曾指出，实践检验中基于不准确盈利预测的资本成本估算往往是无效（Inefficient）或者有偏误的（Biased）。为此，本书借鉴已有研究，分别从盈利预测偏差和预测准确性两个方面对比分析分析师盈利预测和采用混合截面回归模型生成的盈利预测，以便于后续隐含股权资本成本的估算有效性的判断与分析。

4.4.1　预测偏差分析

借鉴吴东辉、薛祖云（2005），李文贵（2007），Hou（2012）等学者的研究，本书采用预测偏差（FB，Forecast Bias）或预测误差（FE，Forecast Error）来考察盈利预测的倾向性，也就是盈利预测偏离公司实际盈利的方向。其中，负的预测偏差说明盈利预测值高于盈利实际值，盈利预测存在乐观倾向；正的预测偏差则表示盈利预测值低于盈利实际值，盈利预测偏于悲观，预测偏差的均值和中位数接近零，则说明盈利预测是相对准确的。盈利预测偏差的定义如下：

$$FB = E_t - FE_t \quad \text{公式 } 4-1$$

其中，FB 表示盈利预测偏差；E_t表示第 t 年的实际盈利，分别取自上市公司年报中公布的净利润，FE_t表示盈利预测值，分别为分析师对第 t 年做出的净利润一致预测和采用混合截面回归模型生成的盈利预测。

4.4.1.1 提前一期的预测偏差分析

表 4 -9 分年度列示了提前一期的分析师盈利预测偏差（DAFY1）和混合截面回归模型生成的盈利预测偏差（DMFY1）的均值（Mean）和中位数（Median）。

表 4 -9　　预测偏差分析（提前一期）

会计年度	DAFY1			DMFY1		
	N	Mean	Median	N	Mean	Median
2007	510	-49 515.10	-4 476.00	1 448	-16 172.20	-324.40
2008	638	-35 027.80	-3 120.45	1 522	6 348.19	1 088.57
2009	812	-11 005.20	1 096.21	1 616	12 719.36	2 965.71
2010	1 050	-21 214.10	-953.90	1 955	3 302.46	1 280.80
2011	1 175	-32 096.70	-4 097.19	2 230	-8 820.12	-1 751.08
2012	1 191	-35 406.80	-2 334.93	2 382	-1 104.52	-2 996.96
2013	1 216	-34 216.40	-1 974.04	2 383	-6 923.01	-1 813.75
2014	1 358	-55 238.50	-2 126.38	2 504	-11 603.70	-3 034.65
2015	1 589	-52 321.40	-811.39	2 717	6 109.20	-750.76
2016	1 615	-36 134.90	-491.05	2 927	11 758.53	-261.51
2017	1 430	-75 485.60	-5 322.22	3 356	-8 593.06	-4 239.17
2018	1 265	-136 515.00	-9 322.65	3 446	-9 096.08	-1 952.62
Total	13 849	-50 360.90	-2 303.55	28 486	-2 238.48	-1 236.6

说明：①除样本量 N 外，表中盈利预测偏差的均值（Mean）和中位数（Median）单位均为万元。
②表格中的会计年度为做出盈利预测的年份。

就盈利预测的样本量来讲，随着时间的推移，能够得到的提前一年的分析师盈利预测偏差和混合截面回归盈利预测模型生成的盈利预测偏差样本量在逐年增多（除 2017 年、2018 年两年分析师盈利预测偏差的样本量是减少的之外），分析师盈利预测偏差的样本量从 2007 年的 510 家增长到 2016 年的 1 615 家；混合截面回归模型生成的盈利预测偏差的样本量从 2007 年的 1 448 家增长到 2018 年的 3 446 家。但是这一样本量要低于前述盈利预测描述性统计中列示的样本量，主要原因在于计算预测偏差的时候要求同一样本在同时具有当年的盈利预测数据和实际盈利数据，使得一些样本不具备该条件而不能计算盈利预测偏差，而且 2019 年度做出的提前一年的盈利预测（2020 年的预计盈利）因缺乏实际盈利数据也无法计算预测偏差。

就盈利预测偏差的分布来看，无论是均值（Mean）还是中位数（Median），整个样本期间两种来源的盈利预测偏差均为负数，即实际盈利低于预计盈利，盈利预测存在乐观倾向，但是分析师盈利做出的盈利预测更加乐观。具体来看，分析师盈利预测偏差在整个样本期间均为负数，而且分析师盈利预测偏差的均值均大于中位数，表明分析师对某些公司的盈利预测过度乐观，导致预测偏差呈现很大的负值；混合截面回归盈利预测模型生成的盈利预测偏差在整个样本期间正负相间，既存在乐观预期（盈利预测偏差为负数），也有悲观预期（盈利预测偏差为正数），除 2012 年之外，混合截面回归盈利预测模型盈利预测偏差的均值均大于中位数。

为使得两种来源的盈利预测偏差具有可比性，本书在分析预测偏差时将样本界定为同一样本在同一会计年度同时具有两类盈利预测数据（以中位数为例），图 4－1 直观地反映了两种盈利预测的预测偏差分布。

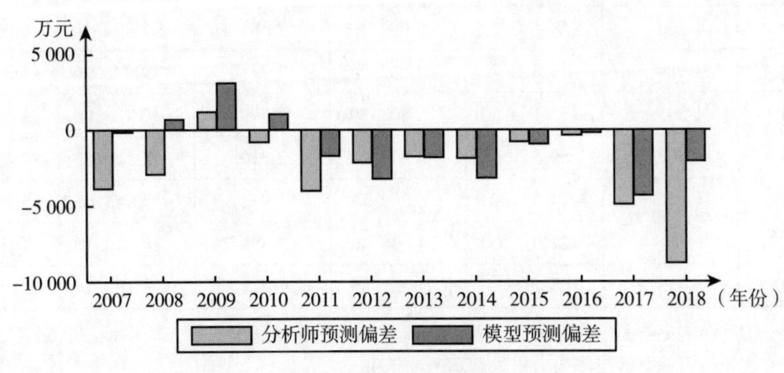

图 4－1 提前一期的预测偏差（中位数）

从图 4－1 可以看出，分析师做出的盈利预测除 2009 年是悲观预期之外，其余年份均为乐观预期；混合截面回归模型生成的盈利预测在 2008—2010 年呈悲观预期，其余年份均为乐观预期。就整个预测期间来看，2007 年、2008 年、2011 年、2017 年、2018 年五个会计年度的分析师做出的盈利预测偏差要远大于混合截面回归模型生成的盈利预测偏差，2009 年、2012 年、2014 年三个会计年度混合截面回归模型生成的盈利预测偏差要高于分析师盈利预测偏差，2010 年、2013 年、2015 年、2016 年四个会计年度两类盈利预测偏差相差无几。仅从盈利预测偏差来看，混合截面回归模型生成的提前 1 期的盈利预测要比分析师盈利预测要准确一些。

4.4.1.2　提前两期的预测偏差分析

表 4－10 分年度列示了提前两期的分析师盈利预测（DAFY2）和混合截面回归模型生成的盈利预测（DMFY2）的预测偏差的均值（Mean）和中位数（Median）。

表 4－10　　盈利预测偏差分析（提前两期）

会计年度	DAFY2			DMFY2		
	N	Mean	Median	N	Mean	Median
2007	541	－64 347.50	－9 833.79	1 446	－14 872.50	2 085.01
2008	631	－32 444.70	－3 308.73	1 521	18 554.69	3 340.41
2009	755	－29 920.10	－3 323.40	1 616	10 168.36	2 666.99
2010	984	－47 360.80	－8 309.67	1 955	－8 254.00	1 474.97
2011	1 091	－63 751.50	－9 306.60	2 229	－8 114.18	－1 686.78
2012	1 208	－51 679.20	－6 032.49	2 381	－11 471.30	－4 065.17
2013	1 184	－53 330.70	－7 680.08	2 381	－19 926.90	－4 364.32
2014	1 393	－75 103.50	－6 808.39	2 499	－7 485.06	－3 481.86
2015	1 362	－59 541.00	－5 394.22	2 710	18 120.55	－1 491.94
2016	1 255	－74 381.10	－8 264.74	2 923	7 988.022	－5 462.66
2017	1 261	－124 077.00	－14 028.40	3 351	－14 178.10	－8 897.55
Total	11 665	－64 734.30	－7 362.85	25 012	－3 182.24	－2 055.61

说明：①除样本量 N 外，表中盈利预测偏差的均值（Mean）和中位数（Median）单位均为万元。
②表格中的会计年度为做出盈利预测的年份。

就盈利预测的样本量来讲，能够得到的提前两年的分析师盈利预测偏差和混合截面回归盈利预测模型生成的盈利预测偏差样本量在逐年增多（除 2016 年、2017 年两年分析师盈利预测偏差的样本量是减少的之外），分析师盈利预测偏差的样本量从 2007 年的 541 家增长到 2015 年的 1 362 家；混合截面回归模型生成的盈利预测偏差的样本量从 2007 年的 1 446 家增长到 2019 年的 3 351 家。同样，由于计算预测偏差的时候要求同一样本同时具有当年的盈利预测数据和实际盈利数据，使得一些样本不具备该条件而不能计算盈利预测偏差，而且 2018 年度、2019 年度做出的提前两年的盈利预测（2020 年、2021 年的预计盈利）因缺乏实际盈利数据也无法计算预测偏差，这一样本量要低于前述盈利预测描述性统计中列示的样本量。

就盈利预测偏差的分布来看，分析师盈利预测偏差在整个样本期间均为负数，而且分析师盈利预测偏差的均值均大于中位数，表明分析师对某些公司的盈利预测过度乐观，导致预测偏差呈现很大的负值。混合截面回归盈利预测模型生成的盈利预测偏差在整个样本期间正负相间，既乐观预期与悲观预期交替出现，且盈利预测偏差的均值均大于中位数。除此之外，混合截面回归盈利预测模型生成的盈利预测偏差的均值和中位数在某些年份不一致，即当均值表现为乐观预期时，中位数表现为悲观预期，反之亦然。

同样，为使得两种来源的盈利预测偏差具有可比性，本书在分析预测偏差时将样本界定为同一样本在同一会计年度同时具有两类盈利预测数据（以中位数为例），图 4－2 直观地反映了两种盈利预测的预测偏差分布。

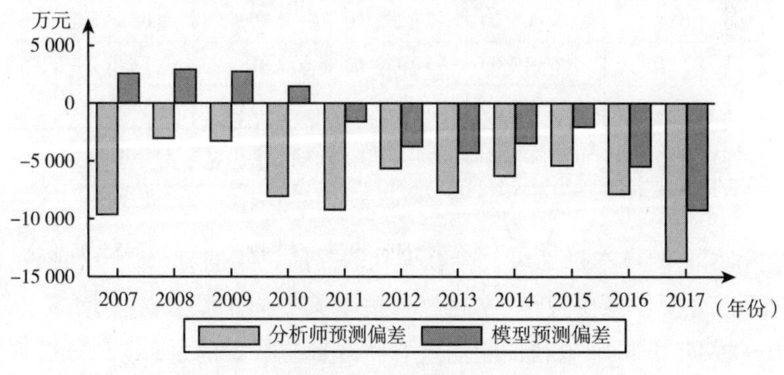

图 4－2　提前两期的预测偏差（中位数）

从图 4－2 可以看出，整个预测期间分析师做出的盈利预测均为乐观预期；混合截面回归模型生成的盈利预测在 2008—2010 年呈悲观预期，其余年份均为乐观预期。就整个预测期间来看，分析师做出的盈利预测偏差要大于混合截面回归模型生成的盈利预测偏差，在某些年份两种盈利预测偏差的差异特别大。因此，仅从盈利预测偏差来看，混合截面回归模型生成的提前两期的盈利预测要比分析师盈利预测要准确一些。

4.4.1.3 提前三期的预测偏差分析

表4－11分年度列示了提前三期的分析师盈利预测（DAFY3）和混合截面回归模型生成的盈利预测（DMFY3）的预测偏差的均值（Mean）和中位数(Median)。

表4－11 预测偏差分析（未来三期）

会计年度	DAFY3			DMFY3		
	N	Mean	Median	N	Mean	Median
2007	537	－68 718.00	－10 165.80	1 445	－1 452.59	4 004.44
2008	589	－51 488.70	－7 814.11	1 521	10 090.47	3 630.74
2009	699	－58 066.10	－11 690.60	1 616	－7 884.87	378.052
2010	934	－57 046.90	－13 367.90	1 954	－17 640.70	－2 329.43
2011	1 149	－83 957.90	－14 235.00	2 228	－26 843.70	－3 255.52
2012	1 185	－50 671.00	－10 230.00	2 379	－27 207.50	－6 615.12
2013	1 226	－67 115.70	－10 865.40	2 376	－19 764.60	－4 798.56
2014	1 206	－80 834.40	－9 551.61	2 492	5 357.61	－1 888.55
2015	1 054	－110 602.00	－14 262.00	2 706	11 585.81	－6 532.91
2016	1 164	－106 917.00	－17 420.60	2 918	7 245.24	－8 979.88
Total	10 042	－74 102.30	－11 758.40	21 635	－6 453.16	－2 730.64

说明：①除样本量N外，表中盈利预测偏差的均值（Mean）和中位数（Median）单位均为万元。
②表格中的会计年度为做出盈利预测的年份。

就盈利预测的样本量来讲，能够得到的提前三年的分析师盈利预测偏差和混合截面回归盈利预测模型生成的盈利预测偏差样本量在逐年增多（除2015年、2016年两年分析师盈利预测偏差的样本量是减少的之外），分析师盈利预测偏差的样本量从2007年的537家增长到2013年的1 226家；混合截面回归模型生成的盈利预测偏差的样本量从2007年的1 445家增长到2019年的2 918家。同样，由于计算预测偏差的时候要求同一样本同时具有当年的盈利预测数据和实际盈利数据，使得一些样本不具备该条件而不能计算盈利预测偏差，而且2017年度、2018年度、2019年度做出的提前三年的盈利预测，及2020年、

2021 年、2022 年的预计盈利，因缺乏实际盈利数据也无法计算预测偏差，这一样本量同样要低于前述盈利预测描述性统计中列示的样本量。

就盈利预测偏差的分布来看，分析师盈利预测偏差在整个样本期间均为负数，而且分析师盈利预测偏差的均值均大于中位数，表明分析师对某些公司的盈利预测过度乐观，导致预测偏差呈现很大的负值。混合截面回归盈利预测模型生成的盈利预测偏差在整个样本期间同样正负相间，即乐观预期与悲观预期交替出现，且盈利预测偏差的均值均大于中位数。除此之外，混合截面回归盈利预测模型生成的盈利预测偏差的均值和中位数在某些年份不一致，即当均值表现为乐观预期时，中位数表现为悲观预期，反之亦然。

同样，为使得两种来源的盈利预测偏差具有可比性，本书在分析预测偏差时将样本界定为同一样本在同一会计年度同时具有两类盈利预测数据（以中位数为例），图 4－3 直观地反映了两种盈利预测的预测偏差分布。

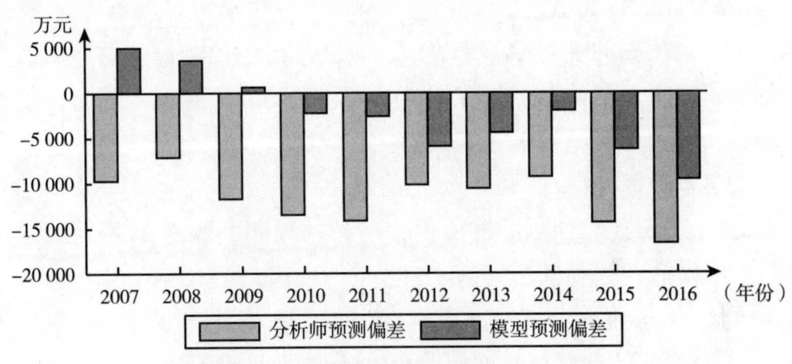

图 4－3　提前三期的预测偏差（中位数）

从图 4－3 可以看出，整个预测期间分析师做出的盈利预测均为乐观预期；混合截面回归模型生成的盈利预测在 2008—2009 年呈悲观预期，其余年份均为乐观预期。就整个预测期间来看，分析师做出的盈利预测偏差要大于混合截面回归模型生成的盈利预测偏差，在某些年份两种盈利预测偏差的差异特别大。因此，仅从盈利预测偏差来看，混合截面回归模型生成的提前三期的盈利预测要比分析师盈利预测要准确一些。

从上述盈利预测偏差的统计分析来看，在整个样本期限内，提前 1 ~3 年的分析师预测偏差的均值分别为 −50 360.90、−64 734.30、−74 102.30，混合截面回归模型生成的盈利预测偏差均值为 −2 234.48、−3 182.24、−6 453.13；分析师盈利预测偏差的中位数分别为 −2 303.55、−7 362.85、−11 758.40，混合截面回归模型生成的盈利预测偏差的中位数为 -1 236.60、-2 055.67、-2 735.64。由此可以看出，无论是均值还是中位数，分析师做出的盈利预测偏差与混合截面回归模型生成的盈利预测在所考察的样本期间均呈现负值，存在乐观倾向，而且这种乐观倾向随着预测期限的延长越来越强，长期盈利预测会更乐观，但是分析师盈利预测会更乐观。这与美国等成熟证券市场中分析师盈利预测普遍存在系统乐观倾向一致；我国学者吴东辉、薛祖云（2005），郑亚丽、蔡祥（2008），岳衡、林小驰（2008）、李文贵（2007）等学者的研究结果也表明，相比时间序列模型生成的盈利预测，虽然分析师盈利预测具有较高的准确度，但是总体上偏于乐观，对亏损公司的乐观倾向更甚。

4.4.2　预测准确性分析

盈利预测准确性（FA，Forecast Accurancy）考察的是盈利预测偏差的幅度大小，用盈利预测的绝对偏差来表示，也就是盈利预测偏差的绝对值，这样可以避免盈利预测正负偏差的相互抵销。盈利预测的绝对偏差越小，预测的准确性就越高。盈利预测绝对偏差定义为：

$$FA = |FB| = |E_t - FE_t| \quad \text{公式 4-2}$$

其中，FA 表示盈利预测的准确性，用盈利预测的绝对偏差表示，其他变量定义与取值同前述盈利预测偏差。

表 4-12 分年度列示了提前 1~3 期的分析师盈利预测（ADAFY1、ADAFY2、ADAFY3）和混合截面回归模型生成的盈利预测（ADMFY1、ADMFY2、ADMFY3）的预测绝对偏差的均值和中位数。

从表 4-12 混合截面回归混合截面回归模型生成的盈利预测绝对偏差和分析师盈利预测绝对偏差呈现相似走势，在整个样本期限内，提前 1~3 年的分析师预测绝对偏差的均值分别为 163 775、177 892.1、192 882，混合截面回归模型生成的盈利预测绝对偏差的均值为 28 800.83、40 566.23、50 572.01；分析师盈利预测绝对偏差的中位数分别为 12 669.80、17 536.13、23 304.30，混合截面回归模型生成的盈利预测绝对偏差的中位数为 6 481.83、9 948.69、12 543.18，单个年度做出的盈利预测绝对偏差也呈现同样的趋势。由此可以看出，无论是均值还是中位数，分析师做出的盈利预测的绝对偏差要远高于混合截面回归模型生成的盈利预测的绝对偏差，两种盈利预测的绝对偏差的均值均大于中位数。

表 4-12　预测准确性分析

会计年度	ADAFY1		ADMFY1		ADAFY2		ADMFY2		ADAFY3		ADMFY3	
	Mean	Median	Mean	Median	Mean	Median	Mean	Median	Mean	Median	Mean	Median
2007	84 340. 83	11 505. 20	30 502. 35	4 576. 28	94 755. 55	16 570. 67	32 506. 02	6 863. 38	116 700. 30	19 864. 91	35 889. 21	8 406. 34
2008	66 576. 85	11 713. 49	27 171. 40	4 905. 76	78 684. 76	13 577. 61	32 187. 14	6 833. 44	107 131. 70	18 724. 52	39 426. 22	9 411. 17
2009	60 033. 57	9 438. 86	24 318. 49	5 607. 07	83 572. 00	13 178. 09	32 725. 56	7 500. 75	105 222. 00	18 441. 51	41 965. 68	8 851. 56
2010	101 214. 60	8 528. 02	25 693. 64	5 390. 42	126 799. 40	13 782. 14	39 331. 71	7 686. 37	157 222. 40	20 849. 25	41 122. 50	9 280. 30
2011	141 523. 20	9 530. 44	23 627. 99	5 121. 69	163 360. 30	15 108. 44	32 789. 46	7 855. 05	183 128. 40	20 552. 77	45 071. 43	9 553. 69
2012	124 331. 50	8 727. 41	20 511. 58	5 892. 16	138 025. 50	12 836. 20	30 882. 42	7 599. 80	183 161. 50	16 956. 95	48 421. 29	11 645. 88
2013	142 019. 00	9 932. 96	23 327. 05	5 627. 35	167 621. 40	16 354. 66	40 791. 90	9 397. 65	174 902. 60	21 605. 28	48 415. 55	12 536. 55
2014	191 493. 70	11 344. 38	29 956. 92	7 316. 93	199 214. 80	16 754. 13	38 216. 49	10 331. 38	242 094. 80	24 324. 20	47 866. 02	13 275. 63
2015	178 259. 10	12 057. 38	27 867. 96	7 021. 07	221 735. 40	20 778. 98	43 678. 38	11 032. 95	302 187. 00	35 261. 47	66 369. 88	16 994. 04
2016	181 669. 40	15 793. 79	30 222. 37	7 586. 23	247 226. 70	27 573. 53	56 245. 41	13 773. 51	275 076. 20	37 578. 18	70 116. 69	17 960. 73
2017	238 378. 00	21 753. 62	34 418. 96	8 289. 94	280 037. 70	32 880. 30	49 801. 03	13 601. 64				
2018	286 928. 90	28 150. 82	38 749. 50	8 653. 52								
Total	163 775. 00	12 669. 80	28 800. 83	6 481. 83	177 892. 10	17 536. 13	40 566. 23	9 948. 69	192 882. 00	23 304. 30	50 572. 01	12 543. 18

说明：①除样本量 N 外，表中盈利预测准确性的均值（Mean）和中位数（Median）单位均为万元。
②表格中的会计年度为做出盈利预测的年份。
③表中涉及的样本量同前述盈利预测偏差的样本量。

为使得两种来源的盈利预测偏差具有可比性，本书在分析预测偏差时将样本界定为同一样本在同一会计年度同时具有两类盈利预测数据（以中位数为例），图4-4至图4-6直观地反映了两种盈利预测的绝对预测偏差分布。

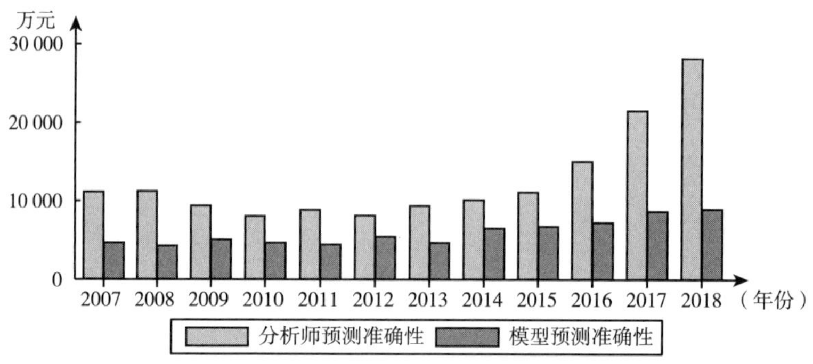

图4-4　提前一期的预测准确性（中位数）

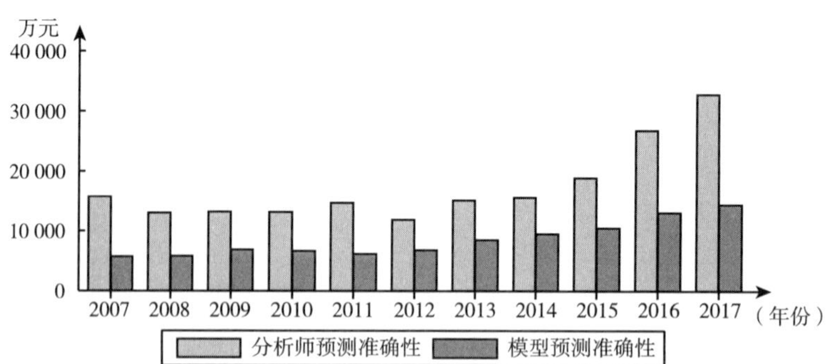

图4-5　提前两期的预测准确性（中位数）

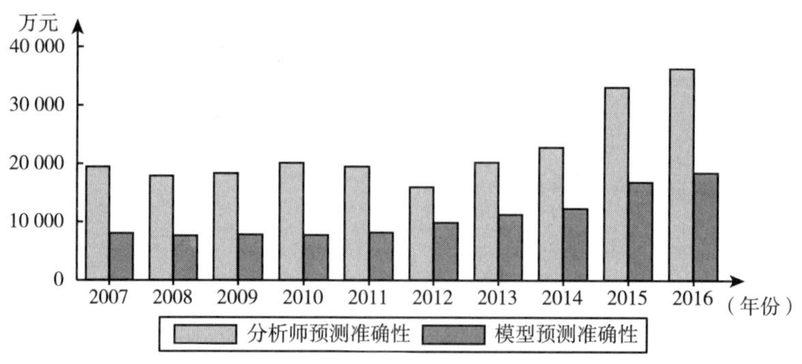

图4-6　提前三期的预测准确性（中位数）

从图 4 – 4 至图 4 – 6 中可以看出，分析师做出的盈利预测绝对偏差要高于混合截面回归模型生成的盈利预测绝对偏差，而且随着预测期限的延长，两种盈利预测绝对偏差的差异越来越大，混合截面回归模型生成的盈利预测绝对偏差相对稳定，这表明混合截面回归模型能够生成比分析师盈利预测更准确的盈利预测，这与 Brown et al（1987）的研究不一致①。除此之外，还可以看出，分析师盈利预测和混合截面回归模型生成的盈利预测的绝对偏差都会在某些年份明显高于其他年份，尤其是 2007 年、2015 年、2016 年这三年做出的盈利预测绝对偏差相对较大，这可能与经济周期有关，也就是说在经济下滑或处于衰退等不确定性增大的情况下做出准确预测的难度更大。

① Brown et al（1987）的研究表明：分析师盈利预测在短期内具有优势，也就是分析师做出的短期盈利预测更准确。Brown et al 认为这种优势可能与分析师预测的同时性优势（Contemporaneous Information Advantage）和时机优势（Timing Advantage）有关。同时性优势是指分析师进行盈利预测时能更好地选择适合某个公司盈利的统计模型，同时加入自己的判断进行一定的调整。时机优势是指除了利用历史盈利信息之外，分析师进行盈利预测时还可以利用公司上一次财务报表公布日和盈利预测做出日之间的其他信息，如管理层盈利预测、宏观经济和行业信息等。

第5章 股权资本成本的估算

股权资本成本在公司财务决策中发挥着基础性作用，关系到公司筹资、投资、业绩评价等微观财务决策和金融资源的有效配置及国有资产的管理。股权资本成本决策基准性作用的发挥基础是股权资本成本水平的高低，也就离不开股权资本成本的合理估算。本章在前述股权资本成本估算模型和盈利预测分析的基础上，分别采用各类隐含股权资本成本估算模型和两类盈利预测数据来源，对沪深A股非金融类上市公司的股权资本成本水平进行了估算，并对估算结果进行了比较分析。

5.1 样本选择、变量说明及数据来源

从数值分布来看，股权资本成本是一个连续型变量，估算时点可以是任意选定的时点，选定的估算时点不同，估算结果也就不同。在学术研究和实践中，股权资本成本的估算结果是以离散型变量体现的，估算时点通常选择在季末、中期或者年末这些特殊时点，因为隐含股权资本成本的估算除了需要股票市价外，还需要净资产、净利润或每股收益等一些历史数据，只有在季末、中期或者年末这些特殊时点上，才能获取股权资本成本估算所需的财务数据。本书选择的估算时点是样本期间的每年年末，是投资者基于对估算时点的宏观经济形势、股票市场走势、能够获得的上市公司公开信息等综合权衡后期望得到的报酬率。

5.1.1　样本选择

为考察国内上市公司股权资本成本的变动趋势，本书以 2008—2019 年沪深 A 股上市公司作为初选样本①，由于金融类上市公司业务的特殊性，研究中剔除了该类公司，还剔除了 ST 公司、个股交易天数低于当年市场交易天数 1/2 或一直停盘的公司、盈利预测数据缺失的公司（虽然估算当年上市的部分公司有盈利预测数据，但是上市前一年的股票市值/每股收盘价格、净资产/每股净资产等股权资本成本估算所必需的数据缺失，研究中这部分上市公司也予以剔除）。在此基础上，采用 GGM、GLS、CT、PE、PEG、MPEG、OJ、KR 等隐含股权资本成本估算模型，分别基于两类盈利预测数据来源（分析师盈利预测和混合截面回归模型生成的盈利预测）对样本期间上市公司的股权资本成本进行估算。

需要特别说明的是，由于不同估算模型对数据的约束要求不同，受制于所需数据的可得性，研究中如果采用满足所有模型的样本选择要求选取样本会导致样本数量变小，影响估算结果的代表性。为避免这一问题，本书以各个估算模型独立要求确定样本，所以同年度各估算模型的样本量并不相同，同一模型在不同年度的样本公司也不相同②。

5.1.2　变量说明及数据来源

除盈利预测数据外，基于预期收益的隐含股权资本成本估算还依赖于各个估算模型对预计盈利（股利）及增长率的假定，如 GGM、CT、OJ、KR 模型均涉及预计盈利的短期、长期增长率假定。实证研究中不同的学者对这些收益增长率的取值并不一致，甚至存在重大差异，这都会导致隐含股权资本成本的估算结果产生重大差异。为使两类盈利预测数据来源的隐含股权资本成本估算

---

① 将研究样本起点定为 2008 年是因为前述所说，分析师盈利预测和混合截面回归模型生成的盈利预测数据是 2007 年做出的。虽然 2004 年一些专业金融资讯数据库就开始大规模、系统地提供分析师盈利预测数据，如国泰安经济金融研究数据库（CSMAR）、万德金融资讯（Wind）分别于 2001 年、2004 年开始提供证券分析师的盈利预测数据，包括每股收益和净利润的一致预测，但是 2005 年、2006 年做出的净利润一致预测数据缺失，直到 2007 年才有较多上市公司的净利润一致预测，截至目前这些专业数据库也仅将盈利预测数据提供给与它有种种关系的证券公司、基金公司、上市公司、交易所和大学等机构，并没有免费将其提供给其他使用者，特别是中小投资者。

② 有些学者的研究，如王泽霞、郑建克（2008）对上市公司股权资本成本估算检验时就以 1996—2007 年沪深两市连续存在的 186 家 A 股上市公司作为样本，相比同期两市上市公司数，样本公司显著减少。

结果具有可比性，以对盈利预测数据来源的可靠性做出判断，本书对同一估算模型分别基于两类盈利预测数据来源采用相同的预计盈利增长率。股权资本成本估算过程中所需要的变量和数据源均按照以下规定进行：

MV_0表示年末公司总市值，取自锐思金融研究数据库（RESSET），缺失数据由国泰安经济金融研究数据库（CSMAR）补充。

E_t（t 为 0 ~ 3）表示公司盈利，即净利润。t 取零为历史盈利，数据取自万德金融资讯（Wind）；t 取 1 ~ 5，表示提前 5 年的盈利预测数据，分别为万德金融资讯（Wind）中的分析师盈利预测和采用混合截面回归模型生成的盈利预测，CT 模型中用到的 E_4、E_5根据分析师做出的三年期盈利预测的平均增长率 $\bar{g}$ 进行估计，即 $E_t = |E_{t-1}| \times \bar{g} + E_{t-1}$。

BV（t 为 0 ~ n）表示年末净资产，即账面股东权益。t 取零为年末净资产，数据取自锐思金融研究数据库（RESSET）；t 取 1 ~ n，表示提前 1 ~ n 年的预计净资产，GGM、GLS、CT 模型中依据干净盈余假设计算而得，具体为 $BV_t = BV_{t-1} + E_t - D_t$。

DYD_t表示预计股利支付率。由于 A 股上市公司的股利政策不持续，为降低股利支付波动对股权资本成本估算结果带来的影响，本书借鉴 Gebhardt、Lee & Swaminathan（2001），李明毅、惠晓峰（2008），蒋清中（2012）等人的做法，采用估算年度前三年历史股利支付率的均值作为预计股利支付率的代理变量。一般来说，股利支付率应当介于 0 ~ 1 之间，故当预计股利支付率为负或大于 1 时，将其分别设定为 0 和 1；历史股利支付率取自万德金融资讯（Wind）。

D_t表示现金股利，即预计现金股利总额，采用 $D_t = E_t \times DYD_t$ 计算而得；当公司预计盈利 E_t为负值时，会导致 D_t为负值，出现这种情况时将 D_t设为零。

ROEt 表示预计净资产收益率，为 $ROE_t = E_t / BV_{t-1}$。GLS 模型中，提前 3 年的 ROE_t 采用该公式利用盈利预测数据计算，第 4 年开始逐年向行业平均 ROE 的均值（过去 10 年）回归，直到第 12 年达到行业平均水平，此后维持在该水平。参考 Gebhardt、Lee & Swaminathan（2001）等的做法，在计算行业平均 ROE 的时候剔除了亏损公司，因为从长期来看亏损公司最终要退出该行业，因而盈利年份的 ROE 能够更好地反映行业长期均衡收益率；陆正飞、叶康涛（2003）的研究剔除了个别异常的年收益率数据。本书同时借鉴他们的做法，剔除了 ROE 大于 100% 的公司。行业划分采用证监会 2012 年的行业分类，共计 A ~ S 19 个门类 90 个大类（证监会行业分类见附录 1，行业 ROE 历史平均值见附录 2）。计算行业 ROE 均值的公司数据取自万德金融资讯（Wind）。

$\bar{g}$表示预计盈利的短期增长率，GGM、OJ、KR模型均涉及预计盈利的短期增长率，为$\bar{g}=((E_2-E_1)/|E_1|+(E_3-E_2)/|E_2|)/2$；部分公司在个别年度的预计盈利短期增长率为负值，本书将其统一设定为零；还有部分公司，尤其是估算年度前一会计年度亏损的公司，分析师进行盈利预测时往往都有扭亏预期，导致预计盈利的短期增长率畸大，研究中对这一部分公司的短期增长率统一设定为100%。

g表示预计盈利的长期增长率，CT模型中Claus & Thomas认为长期内非正常盈余将以某一固定增长率永续增长，由于预期名义通货膨胀率高于非正常盈余增长率，可以将预期通货膨胀率作为非正常盈余永续增长率的代理变量（10年期国债利率减去3%）、Gode & Mohanram（2003）也采用了相同的方法确定非正常盈余的永续增长率。为体现股权资本成本的预期性质，本书采用估算年度的政府经济工作目标中的年CPI指数，数据取自万德金融资讯（Wind）。在OJ、KR模型认为预计盈利的长期增长率为国民经济的长期增长率或行业10～15年的长期增长率，Botosan & Plumlee（2005）取值为10年期国债利率减去3%，李超（2011）采用张连成、韩蓓（2009）测算的我国经济潜在增长率8.5%作为预计收益的长期增长率，沈豪杰、张晓岚（2013）则根据国外的经验将长期盈余增长率直接取值为2%。这些研究对预计盈利长期增长率的取值差异很大，导致股权资本成本估算结果出现重大差异。本书假设预计盈利的长期增长率为政府经济工作目标中的年GDP增长率，数据取自万德金融资讯（Wind）。

本书对股权资本成本的估算主要数据来源于万德金融资讯（Wind）、国泰安经济金融研究数据库（CSMAR）、锐思金融研究数据库（RESSET）。另外中国证监会官网、中国人民银行官网、国家统计局官网等还提供了补充数据来源。对股权资本成本进行估算时，主要使用了Excel 2017和Stata12.0两个数据处理和分析软件，其中Stata12.0主要用于数据的处理与统计分析，GGM、GLS、CT模型中股权资本成本的求解采用Excel宏程序——单变量批量求解进行（宏程序见附录3）。

5.2 基于分析师盈利预测的股权资本成本估算

5.2.1 估算年度样本分布

根据分析师盈利预测和各个估算模型对样本的筛选要求，符合股权资本成本估算要求的初选样本量为 15 431 公司/年（剔除金融类公司）。由于各估算模型对样本数据的要求不同，为扩大样本量，本书采用各个估算模型独立筛选样本的原则，故样本期间不同估算模型的有效样本量并不相同。

表 5 - 1 分年度列示了基于分析师盈利预测的各估算模型的有效样本量和估算年度沪深两市 A 股上市公司数（未剔除金融类公司）。从表 5 - 1 中可以看出，随着沪深两市 A 股上市公司数目的增加，除个别年度外，各个估算模型的有效样本量在逐年增加。在整个样本期内，GGM、GLS、CT、PE、PEG、MPEG、OJ、KR 八种隐含股权资本成本估算模型的有效样本量每年分别为 14 960、15 063、14 523、15 106、14 989、14 989、14 879、14 893 家公司，分别占沪深 A 股上市公司总数的 44.95%、45.26%、43.64%、45.39%、45.04%、45.04%、44.71%、44.75%，各个估算模型的有效样本量基本上超过了沪深

表 5 - 1　　股权资本成本估算的样本分布

会计年度	A 股上市公司数目	GGM	GLS	CT	PE	PEG	MPEG	OJ	KR
2007	1 507	470	461	448	474	464	464	462	469
2008	1 581	561	564	542	572	532	532	520	550
2009	1 678	737	734	726	739	737	737	731	726
2010	2 024	821	810	801	827	824	824	817	816
2011	2 320	1 015	1 011	989	1 024	1 017	1 017	1 010	1 011
2012	2 472	1 149	1 169	1 135	1 157	1 162	1 162	1 153	1 142
2013	2 468	1 225	1 246	1 196	1 231	1 221	1 221	1 212	1 215
2014	2 592	1 330	1 351	1 312	1 339	1 345	1 345	1 340	1 315
2015	2 808	1 344	1 382	1 332	1 352	1 381	1 381	1 371	1 342
2016	3 034	1 649	1 676	1 593	1 655	1 667	1 667	1 652	1 637
2017	3 467	1 560	1 564	1 500	1 575	1 558	1 558	1 553	1 554
2018	3 567	1 413	1 412	1 368	1 438	1 412	1 412	1 404	1 415
2019	3 760	1 423	1 417	1 329	1 454	1 408	1 408	1 395	1 434
Total	33 278	14 960	15 063	14 523	15 106	14 989	14 989	14 879	14 893

说明：表中上市 A 股总数来源于万德金融资讯（Wind）的市场规模统计（交易所公布）。要特别说明的是，表中股权资本成本均值的样本量指剔除 KR 模型后的其余七种模型均值的样本量（要求七种模型均具有有意义的股权资本成本估算结果）。计算均值时将 KR 模型剔除是因为 KR 模型在估算股权资本成本时要求预计盈余的短期平均增长率大于零，使得以混合截面回归模型生成的盈利预测估算样本量过少，为扩大样本量和提高股权资本成本估算结果、有效性检验和评价的代表性，在样本统计、均值计算及有效性检验中均剔除 KR 模型（表 5 - 2、表 5 - 3、表 5 - 4 相同）。

A股上市公司总数的44%，表明以此样本为基础的估算结果有较高的代表性，以此估算结果进行的估算模型和盈利预测数据来源的有效性检验和分析结论不会产生大的偏颇。

5.2.2　股权资本成本的估算结果

表5－2分年度列示了各个估算模型基于分析师盈利预测估算的隐含股权资本成本的年度中位数和整个样本期间的样本量、均值、中位数、最大值、最小值及标准差。

表5－2　　股权资本成本估算结果

会计年度	GGM	GLS	CT	PE	PEG	MPEG	OJ	KR
2007	0.0918	0.0462	0.1057	1.0548	0.7161	0.8928	0.8774	0.8220
2008	0.1347	0.0837	0.1367	1.5126	0.6553	0.9252	0.9123	0.8650
2009	0.0870	0.0502	0.0917	0.7553	0.5896	0.7340	0.7343	0.6566
2010	0.0933	0.0541	0.1012	0.9517	0.6125	0.7921	0.7894	0.7235
2011	0.1280	0.0726	0.1267	1.1101	0.6529	0.8713	0.8676	0.8268
2012	0.1115	0.0708	0.1109	1.0471	0.5900	0.8080	0.7888	0.7533
2013	0.1041	0.0658	0.1064	0.9819	0.5923	0.7759	0.7574	0.7143
2014	0.0916	0.0574	0.0940	0.8485	0.5897	0.7354	0.7335	0.6779
2015	0.0664	0.0423	0.0733	1.3892	0.7930	1.0285	1.0255	0.9397
2016	0.0743	0.0501	0.0791	1.3348	0.7140	0.9342	0.9136	0.8563
2017	0.0937	0.0617	0.0956	1.6752	0.7425	1.0231	1.0025	0.9542
2018	0.1269	0.0863	0.1236	2.2694	0.7878	1.1841	1.1469	1.1171
2019	0.1030	0.0730	0.1073	2.3696	0.7514	1.1749	1.1263	1.1351
样本量	14 960	15 063	14 523	15 106	14 989	14 989	14 879	14 893
均值	0.1300	0.0871	0.1340	76.58	1.24	22.07	22.18	22.79
中位数	0.0990	0.0626	0.1012	1.31	0.6757	0.9112	0.8846	0.8387
最大值	0.9966	0.9968	0.9915	538 776	254.73	146 581	146 581	146 581
最小值	0.0002	0.0000	0.0301	0.0005	0.0138	0.0140	0.0528	－6.6670
标准差	0.1153	0.0920	0.1100	4 538.89	3.4123	1 267.87	1 272.54	1 273.40

说明：在进行样本统计和分析时剔除了GGM、GLS、CT模型的无解样本。

就整个样本期间来看，各模型估算结果总体均值和中位数最高的是PE模型，分别为76.58和1.31，均超过了1；其次是MPEG模型，分别为22.07和0.9112；最低的是GLS模型，分别为0.0871和0.0626；GGM、CT模型的估算结果也相对较低；OJ、KR模型的估算结果大致相当。各模型估算的股权资本成本水平的最大值、最小值之间差异巨大，其中PE模型的差异最大，最大值为538 776、最小值为0.0005；CT模型的差异最小，最大值为0.9915和0.0301，差异达0.9415。由此可见，不同模型的估算结果会产生重大差异，同一模型估算结果的均值和中位数相差也较大，尤其是PE、MPEG、OJ、KR模型的均值和中位数差异特别大，这主要是因为这几个模型的假设前提，如PE、MPEG模型要求预计盈利是增长的，即FY1 > FY2，就会导致估算结果比其他模型的要高，尤其是亏损公司往往都存在扭亏预期，分析师做出的盈利预测更加乐观，导致这两类模型估算结果的最大值和最小值之间差异巨大。OJ、KR模型的假设条件虽然有所放宽，不要求前两期的预计盈利是增长的，但是却假定短期（如5年）盈利呈增长趋势，长期盈利以某一稳定的增长率增长，这样就会导致这两类模型的估算结果相对较高。为清晰反映样本期间各个模型估算结果的变化趋势（因估算结果与其他模型差异大，为清晰反映其他模型的变化趋势，图中不包括PE模型），将所有模型的估算结果中位数绘制如图5－1所示。

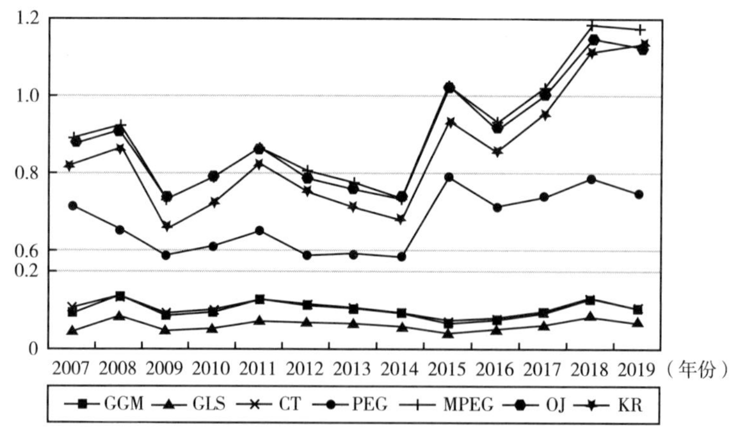

图5－1 股权资本成本：基于分析师盈利预测

从估算结果的年度变化来看，所有模型估算结果的变化趋势基本一致，并且呈现显著的年度差异，2007年、2011年、2015年、2018年四年的估算结果，即2008年度、2012年度、2016年度、2018年度的股权资本成本出现了拐点，2009年、2010年的股权资本成本持续下降，2011年股权资本成本开始上升，2012年达到一个高点之后，2013—2016年股权资本成本逐年降低。2016年GLS、GGM、CT模型达到样本期间的最低点，之后又开始提高，直到2019年又达到一个相对高点，但是PEG、MPEG、OJ、KR在2016年达到样本期间的一个高点，2017年有所下降，2018年、2019年开始上升。由此可以看出，A股非金融类上市公司股权资本成本的变动趋势与经济周期、资本市场整体的变动趋势一致（2008年的全球金融危机、2010年的欧债危机、2016年、2018年的A股股灾），投资者在牛市时要求较高的报酬率；熊市时投资者信心不足，要求的报酬率较低，股权资本成本的变动趋势呈现明显的周期性。

从估算模型来看，样本期间GGM、GLS、CT模型的估算结果远低于PEG、MPEG、OJ、KR的估算结果，其中GLS模型在各年度的估算结果最低，在3%～9%波动；GGM、CT模型次之且结果相差不大，大部分年度在6%～13%波动；PEG模型的估算结果居中，MPEG、OJ、KR模型的估算结果也十分接近，大部分年度在60%～120%波动。由此可以看出，基于不同模型估算的股权资本成本差距很大，同一年度MPEG、KR模型的估算结果最高，GLS模型的估算结果最低，样本期间的大部分年度这两个模型的估算结果差异均在50%及以上。

5.3　基于混合截面回归盈利预测模型的股权资本成本估算

5.3.1　估算年度样本分布

根据混合截面回归模型生成的盈利预测和各个估算模型对样本的筛选要求，符合股权资本成本估算要求的初选样本量为每年27 587家公司（剔除金融类公司），远大于基于分析师盈利预测的初选样本量。同样，由于各估算模型对样本数据的要求不同，为扩大样本量，本书采用各估算模型独立筛选样本的原则，所以样本期间内不同估算模型的有效样本量并不相同。

表5－3分年度列示了各估算模型基于混合截面回归模型生成盈利预测的有效样本量和估算年度沪深两市A股上市公司的数目（未剔除金融类公司）。

表 5-3 股权资本成本估算样本分布

会计年度	A 股上市公司数目	GGM	GLS	CT	PE	PEG	MPEG	OJ	KR
2007	1 507	985	936	562	1 019	535	535	486	710
2008	1 581	983	1 008	734	1 029	664	664	630	701
2009	1 678	1 067	1 127	895	1 087	882	882	825	982
2010	2 024	1 193	1 272	998	1 225	736	736	692	1 244
2011	2 320	1 548	1 642	1 352	1 600	1 137	1 137	1 062	1 402
2012	2 472	1 839	1 946	1 499	1 864	1 635	1 635	1 501	1 877
2013	2 468	2 024	2 123	1 624	2 042	2 091	2 091	2 014	2 083
2014	2 592	1 981	2 109	1 823	1 999	1 986	1 986	1 915	2 025
2015	2 808	1 966	2 101	1 652	1 986	1 941	1 941	1 874	1 929
2016	3 034	2 201	2 387	1 819	2 222	2 228	2 228	2 161	2 108
2017	3 467	2 507	2 596	2 158	2 527	2 513	2 513	2 455	2 417
2018	3 567	2 753	2 939	2 311	2 781	2 835	2 835	2 770	2 797
2019	3 760	2 716	3 007	2 170	2 768	2 727	2 727	2 601	2 451
Total	33 278	23 763	25 193	19 597	24 149	21 910	21 910	20 986	22 726

说明：在进行样本统计和分析时剔除了 GGM、GLS、CT 模型的无解样本。

从表 5-3 中可以看出，各个估算模型的有效样本量大体上呈逐年增加的趋势。整个样本期内，GGM、GLS、CT、PE、PEG、MPEG、OJ、KR 等隐含股权资本成本估算模型的有效样本量分别为 23 763、25 193、19 597、24 149、21 910、21 910、20 986、22 726，分别占沪深 A 股上市公司总数的 71.41%、75.70%、58.89%、72.57%、65.84%、65.84%、63.06%、68.29%，各个模型的有效样本量均超过了沪深 A 股上市公司总数的 60%，远大于基于分析师盈利预测的有效样本量。若仅从样本量这一角度考虑，基于混合截面回归模型生成的盈利预测估算的股权资本成本，样本量更大，更能反映 A 股非金融类上市公司股权资本成本的变动趋势。

5.3.2 股权资本成本的估算结果

表 5-4 分年度列示了各个估算模型基于混合截面回归模型生成的盈利预测估算的隐含股权资本成本中位数和整个样本期间的样本量、均值、最大值、最小值及标准差。

表5-4 股权资本成本估算结果

会计年度	GGM	GLS	CT	PE	PEG	MPEG	OJ	KR
2007	0.0283	0.0349	0.0760	0.4867	0.4468	0.6178	0.6642	0.4188
2008	0.0679	0.0692	0.1068	0.5266	0.4554	0.5358	0.5845	0.5371
2009	0.0512	0.0422	0.0667	0.6752	0.3500	0.4426	0.4443	0.4478
2010	0.0923	0.0457	0.0775	0.6508	0.4056	0.5020	0.5382	0.6419
2011	0.0902	0.0646	0.1029	0.9528	0.4199	0.5494	0.5823	0.7469
2012	0.0924	0.0706	0.0957	1.1169	0.4520	0.6292	0.6643	0.6331
2013	0.0807	0.0642	0.0868	0.9493	0.4666	0.5980	0.6020	0.5850
2014	0.0590	0.0536	0.0670	0.9043	0.4319	0.5664	0.5659	0.5241
2015	0.0493	0.0394	0.0531	0.9520	0.4437	0.5778	0.5801	0.5854
2016	0.0604	0.0471	0.0569	1.0782	0.4379	0.6025	0.5906	0.6231
2017	0.0767	0.0593	0.0720	1.2347	0.5118	0.7041	0.6865	0.6667
2018	0.1092	0.0755	0.0897	1.2839	0.5524	0.7154	0.7162	0.7006
2019	0.0885	0.0650	0.0801	1.2137	0.4621	0.5705	0.5931	0.6858
样本量	23 763	25 193	19 597	24 149	21 910	21 910	20 986	22 726
均值	0.1053	0.0809	0.1127	10.61	0.7099	2.5803	2.6521	3.5246
中位数	0.0739	0.0583	0.0763	0.9922	0.4663	0.6132	0.6193	0.6253
最大值	0.9981	0.9802	0.9974	17 781.20	48.71	3 718.00	3 717.86	3 717.84
最小值	0.0000	0.0000	0.0300	0.0000	0.0009	0.0009	0.0436	0.0126
标准差	0.1121	0.0866	0.1084	168.6264	1.0536	37.4048	38.2092	45.3992

同以分析师盈利预测为基础估算的股权资本成本一样，整个样本期间内各模型估算结果总体均值和中位数最高的是PE模型，分别为0.9922和10.61；其次是KR模型，分别为0.6253和3.5246；最低的是GLS模型，分别为0.0583和0.1127；GGM、CT模型的估算结果也相对较低；OJ、KR模型的估算结果大致相当。各模型估算的股权资本成本水平的最大、最小值之间差异巨大，其中MPEG、OJ、KR模型的差异特别大，最大值超过为3 700、最小值仅为0.0009；GGM、GLS、CT模型的差异很小，上述几个模型估算结果的最小值几乎为零（表中显示的是四舍五入保留两位小数的结果，真实值并不为零）。由此可见，不同模型的估算结果会产生重大差异，同一模型估算结果的均值和中位数相差也较大，尤其是PE、MPEG、OJ、KR模型的均值和中

位数差异特别大，主要原因如前所述，是因为这几个模型的假设前提，如PE、MPEG模型要求预计盈利是增长的，即FY1 > FY2，就会导致估算结果比其他模型的要高，尤其是亏损公司往往都存在扭亏预期，分析师做出的盈利预测更加乐观，导致这两类模型估算结果的最大值和最小值之间差异巨大。OJ、KR模型的假设条件虽然有所放宽，不要求前两期的预计盈利是增长的，但是却假定短期（如5年）盈利呈增长趋势，长期盈利以某一稳定的增长率增长，这样就会导致这两类模型的估算结果相对较高。为清晰反映样本期间各个模型估算结果的变化趋势（因估算结果与其他模型差异大，为清晰反映其他模型的变化趋势，图中不包括PE模型），将所有模型的估算结果中位数绘制如图5-2所示。

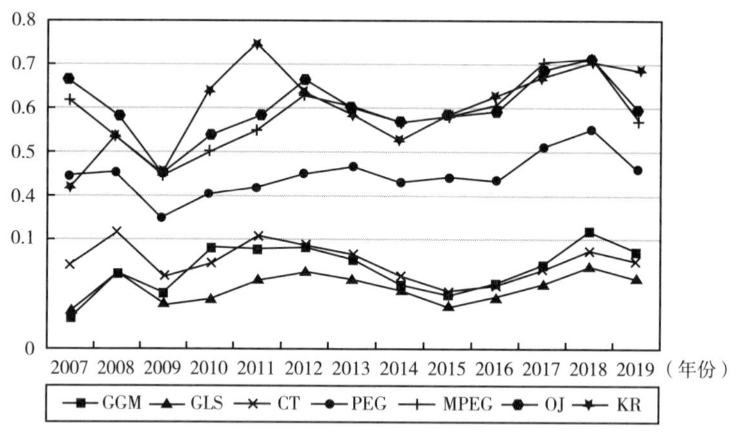

图5-2 股权资本成本：基于混合截面回归盈利预测模型

从各年度的估算结果来看，同以分析师盈利预测为基础估算的股权资本成本一样，所有模型的估算结果变化趋势基本一致，并且呈现显著的年度差异。2007年、2008年、2009年三年的估算结果呈现“倒V”形，即2008年度、2009年度、2010年度的股权资本成本由经历了由低到高、又由高到低的变化；之后两年股权资本成本逐年上升，2012年之后又逐年下降，2016年达到样本期间的次低点，之后又逐渐缓慢提升，2019年达到高点后再次下降。由此可以看出，基于混合截面回归模型生成的盈利预测估算的A股非金融类上市公司的股权资本成本变动趋势与也与经济周期、资本市场整体的变动趋势一致，呈现出于宏观经济周期、股票市场周期相契合的特征。

从估算模型来看，样本期间GGM、GLS、CT模型的估算结果远低于PEG、MPEG、OJ、KR的估算结果，且三种模型的估算结果相差不大，基本上在

10%以下，其中 GLS 模型在各年度的估算结果最低；PEG 模型的估算结果居中，MPEG、OJ、KR 模型的估算结果也十分接近，大部分年度在 40% ~70% 波动。由此可以看出，基于不同模型估算的股权资本成本差距很大，同一年度 MPEG、OJ 模型的估算结果最高，GLS 模型的估算结果最低，样本期间的大部分年度这两个模型的估算结果差异均在 40%及以上。

5.4　股权资本成本估算结果的比较分析

通过对比分析表 5 -2、表 5 -4、图 5 -1、图 5 -2 可以看出，各个模型分别基于两类不同的盈利预测数据来源——分析师盈利预测和混合截面回归模型生成的盈利预测估算的股权资本成本呈现相似的变动趋势，与宏观经济周期、股票市场周期的变动相契合，但是就具体模型基于不同盈利预测数据来源的估算结果来看，由于分析师盈利预测存在乐观倾向，两类盈利预测数据来源的估算结果差异较大。具体来说，可以归结为以下几点：

第一，从整个样本期间来看，以两类不同来源的盈利预测数据为基础估算的股权资本成本均呈现相同的变动趋势。2007 年、2008 年、2009 年三年的估算结果呈现倒 V 形，即 2008 年度、2009 年度、2010 年度的股权资本成本由经历了由低到高、又由高到低的变化过程；之后 2011 年度、2012 年度股权资本成本逐年上升，2013 年之后又逐年下降，2016 年达到样本期间的次低点，之后 2017 年度、2018 年度又逐渐缓慢提升，2019 年达到高点后再次下降。股权资本成本的这种变动趋势刚好与样本期间宏观经济周期、股票市场周期的变动相契合。样本期间国内宏观经济经历了高速增长、增长下滑的调整，再加上受全球性金融危机（2008）、4 万亿元投资刺激计划的实施和宽松货币政策带来的信贷扩张（2008、2009）、欧债危机蔓延（2010、2011）等的影响，A 股股灾（2015、2018）在此期间 A 股市场也经历了大涨到大跌的巨幅波动。股权资本成本具有预期性质，是投资者基于对估算时点的宏观经济形势、股票市场走势、能够获得的上市公司信息等综合权衡后期望得到的报酬率。各个模型采用两种盈利预测数据来源估算的股权资本成本从趋势上反映了投资者的风险预期，呈现出与宏观经济周期、股票市场周期相契合的特征。

第二，虽然盈利预测数据来源不同，但是同一模型的估算结果具有相对稳定的趋势。如以两种不同盈利预测数据来源为基础估算的股权资本成本中，

GLS 模型的估算结果都最低，GGM、GLS、CT 模型的估算结果次低且较为接近，MPEG、OJ、KR 模型的估算结果最高，PEG 模型的估算结果居中。相对于同一年度所有模型的均值来说，PE、PEG、MPEG、OJ、KR 模型的估算结果均高于均值，GGM、GLS、CT 模型的估算结果均在均值以下。这与其他学者的研究基本一致，现有研究表明以剩余收益模型为基础的 GLS 模型在估算股权资本成本时会出现系统性的低估。

第三，虽然采用两种盈利预测数据来源估算的股权资本成本具有相似的变动趋势，但是通过对同一模型采用两种盈利预测数据来源估算结果存在显著差异。就同一模型来说，由于分析师盈利预测普遍存在乐观倾向，各年度以分析师盈利预测为基础估算的股权资本成本均显著高于以混合截面回归模型生成的盈利预测为基础估算的股权资本成本，差异最大的是 PE 模型在 2019 年的估算结果，差异高达 1.1559；差异最小的是 GLS 模型在 2008 年的估算结果，仅为 0.0145。就同一估算年度来说，各模型采用同一盈利预测数据来源的估算结果也存在重大差异，OJ、KR 模型的估算结果均最高，GLS 模型的估算结果均最低。这两种情形的存在表明，选用的估算模型不同、盈利预测数据来源不同都会导致股权资本成本的估算结果产生重大差异。因此，股权资本成本合理估算的关键在于盈利预测的可靠性和估算模型的有效性。

5.5　股权资本成本估算结果的合理性分析

本书基于分析师盈利预测和混合截面回归模型生成的盈利预测，采用 GGM、GLS、CT、PE、PEG、MPEG、OJ、KR 等隐含股权资本成本估算模型，对 2008—2020 年国内 A 股非金融类上市公司股权资本成本的估算结果显示，股权资本成本的变动趋势与样本期间宏观经济周期、股票市场周期相契合。若仅从这一点来看，各个模型的估算结果具有一定的合理性，体现了股权资本成本的预期性质。但是从具体估算结果来看，同一年度不同模型的估算结果差异显著，同一模型采用两类盈利预测数据来源的估算结果也存在很大差异。由于股东承担的风险显著大于债权人，按照风险与报酬均衡的原则，股权资本成本只有在数值上高于债权利率才具有一定的合理性。

表 5 -5 列示了样本期间各类债权的利率，包括 10 年期国债的票面利率、10 年期公司债的票面利率和到期收益率、5 年及以上年度银行贷款利率。

表5－5　　样本期间各类债权利率（%）

测度年度	公司债	国债	银行贷款
2008	5.20	3.92	7.83
2009	4.99	3.34	5.94
2010	4.58	3.47	5.94
2011	5.20	3.86	6.4
2012	5.02	3.46	7.05
2013	5.10	3.83	6.55
2014	5.75	4.16	6.55
2015	4.49	3.37	6.15
2016	3.63	2.86	4.9
2017	4.99	3.58	4.9
2018	5.34	3.62	4.9
2019	4.66	3.18	4.9
2020	4.25	2.94	4.9
平均	4.54	3.51	6.15

说明：国债和公司债利率（固定利率，信用级别为AAA）都是以10年期利率，数据来源于万德金融资讯终端（Wind）；银行贷款利率指5年期以上金融机构人民币贷款基准利率，若年内基准利率发生变动时，采用年初利率，数据来源于中国人民银行官网。

结合表5－2、表5－4股权资本成本的估算结果，若仅从数量角度考量，各类模型分别基于分析师盈利预测为基础估算的股权资本成本和混合截面回归模型生成的盈利预测为基础估算的股权资本成本的估算结果都高于上述各类债权的利率，在数值上具有一定的合理性，体现了风险与报酬均衡的原理。

除了具备数值上的合理性，股权资本成本估算结果的有效性还取决于估算结果与经济理论的符合性，也就是估算结果能否恰当地捕捉风险因子的影响，以及对未来已实现收益是否具有一定的解释能力。

第6章

股权资本成本估算的有效性检验

隐含股权资本成本是一种预期报酬率，在公司财务决策中基准性作用的发挥取决于股权资本成本估算结果的有效性，但是各种隐含股权资本成本估算模型分别基于分析师盈利预测、混合截面回归模型生成的盈利预测数据的估算结果，其结果表明，盈利预测数据来源不同、选用的估算模型不同，都会导致股权资本成本的估算结果产生重大差异，由此对公司财务决策产生重大影响，所以估算模型和盈利预测数据来源的选择决定着股权资本成本估算结果的有效性。

在现有文献中，从经济意义上检验隐含股权资本成本估算结果的有效性，也就是可靠性，通常采用两种方法：一是从隐含股权资本成本的定义出发，检验各种模型的估算结果对未来已实现收益的解释能力。股权资本成本是投资者的预期报酬率，应该与投资者的已实现收益高度相关，即估算的隐含股权资本成本与未来已实现收益进行线性回归分析时，若股权资本成本的回归系数显著大于零，则在一定程度上说明估算的股权资本成本具有比较高的可靠性。二是检验估算结果是否与相关理论预期相符，即将估算的隐含股权资本成本与各种风险因子进行回归，判断回归系数符号是否符合理论预期并且显著异于零，以及能够解释隐含股权资本成本变动的程度。本章在隐含股权资本成本估算结果的基础上，通过检验股权资本成本对未来已实现收益的解释能力和风险因子对隐含股权资本成本的影响是否符合理论预期等方法，对上一章各种模型分别基于分析师盈利预测和混合截面回归模型生成的盈利预测估算的隐含股权资本成本的有效性进行评价，以对隐含股权资本成本估算模型和盈利预测数据来源的可靠性做出判断。

6.1　隐含股权资本成本估算结果的相关性分析

对估算结果进行有效性评价之前，首先在上一章隐含股权资本成本估算结果的基础上，分析了 GGM、GLS、CT、PE、PEG、MPEG、OJ、KR 模型分别基于分析师盈利预测和混合截面回归模型生成的盈利预测估算的隐含股权资本成本的相关性（见表 6 - 1）。

从表 6 - 1 可知，除个别估算结果外，上述相关系数表明：（1）各模型采用同一盈利预测数据来源估算的隐含股权资本成本比采用不同盈利预测数据来源估算的股权资本成本的 Pearson 相关系数和 Spearman 秩相关系数更大，也更显著，表明不同模型基于同一盈利预测数据来源估算的股权资本成本往往更相关。（2）GGM、GLS、CT 模型分别采用分析师盈利预测和混合截面回归模型生成的盈利预测估算的隐含权益资本之间显示出很高的相关性，PE、PEG、MPEG、OJ、KR 模型分别采用分析师盈利预测和混合截面回归模型生成的盈利预测估算的隐含权益资本之间也显示出很高的相关性，无论是 Pearson 相关系数还是 Spearman 秩相关系数都在 1% 的水平上显著。这一结果表明，这两类模型基于不同盈利预测数据来源估算的隐含股权资本成本所展示的信息在很大程度上是相同的。（3）GGM、GLS、CT 模型与 PE、PEG、MPEG、OJ、KR 模型估算结果之间的相关性较低，相关系数绝大部分都不显著，结果表明这两类估算模型基于不同盈利预测数据来源估算的隐含股权资本成本所展示的信息差异很大。（4）即使采用同一盈利预测数据来源，各模型估算的隐含股权资本成本之间的 Pearson 相关系数和 Spearman 秩相关系数差异也很大，GGM、GLS、CT 模型的估算结果之间的相关系数较高，Pearson 相关系数和 Spearman 秩相关系数基本都在 0.8 以上，PE、PEG、MPEG、OJ、KR 模型的估算结果之间相关性较高，但是 GGM、GLS、CT 模型的估算结果与 OJ、PEG、MPEG 模型的估算结果呈现负相关关系，或者相关关系不显著，表明各种模型的估算结果在股权资本成本展示的信息方面存在较大差异。

表 6-1　股权资本成本估算结果的相关系数表

股权资本成本估算模型		基于混合截面回归模型的盈利预测								基于分析师盈利预测							
		GGM	GLS	CT	PE	PEG	MPEG	OJ	KR	GGM	GLS	CT	PE	PEG	MPEG	OJ	KR
基于混合截面回归模型的盈利预测	GGM		0.8281 *	0.8601 *	0.1747 *	0.2055 *	0.2442 *	0.2354 *	0.2802 *	0.4146 *	0.4739 *	0.3980 *	-0.1099 *	-0.1416 *	-0.1108 *	-0.1121 *	-0.1088 *
			0.0000	0.0000	0.0000	0.0000	0.0000	0.0000	0.0000	0.0000	0.0000	0.0000	0.0000	0.0000	0.0000	0.0000	0.0000
	GLS	0.9082 *		0.7916 *	0.3316 *	0.1872 *	0.2682 *	0.2309 *	0.2603 *	0.4324 *	0.6097 *	0.3982 *	-0.0053	-0.0597 *	-0.0481 *	-0.0571 *	-0.0499 *
		0.0000		0.0000	0.0000	0.0000	0.0000	0.0000	0.0000	0.0000	0.0000	0.0000	1.0000	0.0001	0.0080	0.0003	0.0043
	CT	0.9401 *	0.9201 *		0.3396 *	0.1877 *	0.3292 *	0.2983 *	0.3390 *	0.3756 *	0.4054 *	0.3755 *	-0.0763 *	-0.1024 *	-0.0631 *	-0.0640 *	-0.0596 *
		0.0000	0.0000		0.0000	0.0000	0.0000	0.0000	0.0000	0.0000	0.0000	0.0000	0.0000	0.0000	0.0000	0.0000	0.0001
	PE	0.0700 *	0.0901 *	0.1015 *		0.6595 *	0.8799 *	0.8185 *	0.8644 *	0.0225	0.0713 *	0.0284	0.5341 *	0.5224 *	0.5454 *	0.5389 *	0.5447 *
		0.0000	0.0000	0.0000		0.0000	0.0000	0.0000	0.0000	0.9995	0.0000	0.8979	0.0000	0.0000	0.0000	0.0000	0.0000
	PEG	0.2211 *	0.2058 *	0.2349 *	0.5996 *		0.8213 *	0.8324 *	0.7383 *	0.0262	0.0740 *	0.0315	0.5175 *	0.5185 *	0.5191 *	0.5115 *	0.5141 *
		0.0000	0.0000	0.0000	0.0000		0.0000	0.0000	0.0000	0.9748	0.0000	0.6652	0.0000	0.0000	0.0000	0.0000	0.0000
	MPEG	0.0979 *	0.1119 *	0.1269 *	0.8782 *	0.6009 *		0.9892 *	0.9550 *	0.0359	0.0444	0.0416	0.5396 *	0.5318 *	0.5977 *	0.5976 *	0.6026 *
		0.0000	0.0000	0.0000	0.0000	0.0000		0.0000	0.0000	0.2967	0.0282	0.0660	0.0000	0.0000	0.0000	0.0000	0.0000
	OJ	0.0971 *	0.1104 *	0.1254 *	0.8773 *	0.5991 *	1.0000 *		0.9395 *	0.0303	0.0282	0.0353	0.5235 *	0.5172 *	0.5898 *	0.5915 *	0.5962 *
		0.0000	0.0000	0.0000	0.0000	0.0000	0.0000		0.0000	0.7662	0.9036	0.3371	0.0000	0.0000	0.0000	0.0000	0.0000
	KR	0.0971 *	0.1103 *	0.1251 *	0.8776 *	0.5947 *	0.9999 *	0.9999 *		0.0394	0.0414	0.0455	0.5420 *	0.5282 *	0.6050 *	0.6058 *	0.6121 *
		0.0000	0.0000	0.0000	0.0000	0.0000	0.0000	0.0000		0.1230	0.0702	0.0197	0.0000	0.0000	0.0000	0.0000	0.0000

续表

股权资本成本估算模型		基于混合截面回归模型的盈利预测								基于分析师盈利预测							
		GGM	GLS	CT	PE	PEG	MPEG	OJ	KR	GGM	GLS	CT	PE	PEG	MPEG	OJ	KR
基于分析师盈利预测	GGM	0.3311*	0.2920*	0.2777*	-0.0049	0.0303	0.0301	0.0302	0.0300		0.8205*	0.9764*	0.3138*	0.4324*	0.4163*	0.4185*	0.4179*
		0.0000	0.0000	0.0000	1.0000	0.7661	0.7807	0.7790	0.7924		0.0000	0.0000	0.0000	0.0000	0.0000	0.0000	0.0000
	GLS	0.3139*	0.3103*	0.2676*	0.0048	0.0415	0.0306	0.0304	0.0304	0.8941*		0.8093*	0.4002*	0.3264*	0.3464*	0.3265*	0.3431*
		0.0000	0.0000	0.0000	1.0000	0.0681	0.7414	0.7582	0.7591	0.0000		0.0000	0.0000	0.0000	0.0000	0.0000	0.0000
	CT	0.3127*	0.2713*	0.2674*	-0.0006	0.0368	0.0319	0.0319	0.0317	0.9854*	0.9139*		0.3426*	0.4534*	0.4466*	0.4466*	0.4464*
		0.0000	0.0000	0.0000	1.0000	0.2433	0.6255	0.6274	0.6442	0.0000	0.0000		0.0000	0.0000	0.0000	0.0000	0.0000
	PE	-0.0251	-0.0174	-0.0166	0.2196*	0.3293*	0.1683*	0.1678*	0.1668*	0.0464	0.0582*	0.0559*		0.8258*	0.8994*	0.8693*	0.8998*
		0.9901	1.0000	1.0000	0.0000	0.0000	0.0000	0.0000	0.0000	0.0142	0.0002	0.0004		0.0000	0.0000	0.0000	0.0000
	PEG	-0.0674*	-0.0393	-0.0436	0.4059*	0.6576*	0.3946*	0.3926*	0.3916*	0.2338*	0.2045*	0.2451*	0.6479*		0.9423*	0.9422*	0.9184*
		0.0000	0.1253	0.0359	0.0000	0.0000	0.0000	0.0000	0.0000	0.0000	0.0000	0.0000	0.0000		0.0000	0.0000	0.0000
	MPEG	-0.0173	-0.0096	-0.0055	0.3687*	0.4336*	0.3999*	0.3996*	0.3989*	0.1314*	0.1645*	0.1431*	0.7901*	0.6734*		0.9964*	0.9904*
		1.0000	1.0000	1.0000	0.0000	0.0000	0.0000	0.0000	0.0000	0.0000	0.0000	0.0000	0.0000	0.0000		0.0000	0.0000
	OJ	-0.0171	-0.0096	-0.0055	0.3683*	0.4327*	0.3998*	0.3995*	0.3988*	0.1308*	0.1638*	0.1423*	0.7891*	0.6716*	1.0000*		0.9876*
		1.0000	1.0000	1.0000	0.0000	0.0000	0.0000	0.0000	0.0000	0.0000	0.0000	0.0000	0.0000	0.0000	0.0000		0.0000
	KR	-0.0170	-0.0095	-0.0053	0.3676*	0.4314*	0.3994*	0.3992*	0.3985*	0.1303*	0.1638*	0.1418*	0.7893*	0.6692*	1.0000*	1.0000*	
		1.0000	1.0000	1.0000	0.0000	0.0000	0.0000	0.0000	0.0000	0.0000	0.0000	0.0000	0.0000	0.0000	0.0000	0.0000	

说明：①考虑到样本数据不一定满足正态性分布要求，分别做了 Pearson 相关系数分析和 Spearman 秩相关系数分析。

②*表示在1%的水平上显著（双尾），其中对角线上方为 Spearman 相关系数分析结果，对角线下方为 Pearson 相关系数分析结果（上述系数是基于共同样本进行的）。

6.2 股权资本成本对已实现收益的解释力检验

隐含股权资本成本作为投资者预期报酬率的可靠代理变量，应该能够相对准确地预测未来收益，也就是说有效的隐含股权资本成本估算结果与未来已实现收益之间应该存在显著的正相关关系。Ashbaugh（2009）等人的研究认为，代表投资者预期回报率的隐含股权资本成本应该与公司的已实现回报高度相关；Frankel & Lee（1998）、Dechow 等（1999）的研究结果也表明，如果股票市场价格能够反映其内在价值，隐含股权资本成本应该与未来已实现收益存在正相关关系。借鉴 Gebhardt 等（2001），Easton & Monahan（2005），李超（2011），毛新述和叶康涛（2012）等的研究，本书以未来 1 ~ 3 年的持有期收益（考虑现金红利再投资的收益率）作为未来已实现收益，逐一检验了 8 种隐含股权资本成本估算模型，分别基于分析师盈利预测和混合截面回归模型生成的盈利预测估算的隐含股权资本成本对未来三年已实现收益的解释程度。之所以检验股权资本成本对未来三年，而不是一年已实现收益的解释程度，是因为各种隐含股权资本成本估算模型均暗含着股权资本成本在未来期间是固定不变的假设，那么隐含股权资本成本就应该对未来较长一段时间内的已实现收益都有一定的预测能力。

6.2.1 基于分析师盈利预测的解释力检验

表6 - 2 报告了基于分析师盈利预测，分别采用 GGM、GLS、CT、PE、PEG、MPEG、OJ、KR 8 种股权资本成本估算模型估算的隐含股权资本成本与未来 1 ~ 3 年已实现收益的回归结果，包括回归系数和截距（斜体表示 t 检验值）、R^2、调整的 R^2（Adj - R^2）和 F 值。

表 6 - 2　　基于分析师盈利预测的解释力检验

模型	GGM	GLS	CT	PE	PEG	MPEG	OJ	KR
提前 1 期：N = 11 651								
系数	0.0112 *** *6.75*	0.0064 *** *5.09*	0.0093 *** *5.82*	-4.0337 *1.19*	-0.1040 *** *-3.81*	-0.5864 *-0.48*	-0.5810 *-0.47*	-0.5739 *-0.47*
截距	0.131 *** *121.78*	0.082 *** *101.69*	0.132 *** *127.84*	18.313 *** *8.37*	1.156 *** *65.59*	5.797 *** *7.28*	5.747 *** *7.22*	5.690 *** *7.15*

续表

模型	GGM	GLS	CT	PE	PEG	MPEG	OJ	KR
R^2	0.0039	0.0022	0.0029	0.0001	0.0012	0.0000	0.0000	0.0000
Adj - R^2	0.0038	0.0021	0.0028	0.0000	0.0012	-0.0001	-0.0001	-0.0001
F 值	45.56	25.92	33.90	1.42	14.50	0.23	0.22	0.22
提前 2 期：N = 10 337								
系数	0.0102 *** 5.87	0.0040 *** 3.08	0.0100 *** 6.05	-2.1086 -0.77	-0.0831 *** -2.98	-1.8041 -1.31	-1.7980 -1.31	-1.7928 -1.31
截距	0.126 *** 113.87	0.078 *** 95.29	0.128 *** 120.72	15.522 *** 8.83	1.131 *** 63.57	5.707 *** 6.52	5.660 *** 6.47	5.600 *** 6.40
R^2	0.0033	0.00	0.0035	0.0001	0.0009	0.00	0.00	0.0002
Adj - R^2	0.0032	0.0008	0.0034	0.00	0.0008	0.0001	0.0001	0.0000
F 值	34.51	9.49	36.56	0.59	8.87	1.73	1.72	1.71
提前 3 期：N = 8 946								
系数	0.0044 *** 2.01	0.0016 *** 0.98	0.0027 1.30	-2.2446 -0.64	-0.0538 -1.57	-1.4840 -0.81	-1.4811 -0.81	-1.4732 -0.81
截距	0.127 *** 107.89	0.078 *** 89.44	0.129 *** 114.88	14.842 *** 7.81	1.100 *** 59.57	5.489 *** 5.58	5.445 *** 5.53	5.385 *** 5.47
R^2	0.0004	0.0000	0.0002	0.0000	0.0003	0.0001	0.0000	0.0001
Adj - R^2	0.0003	0.0001	0.0001	-0.0001	0.0002	0.0000	0.0001	0.0000
F 值	4.02	0.33	1.68	0.41	2.47	0.66	0.66	0.65

说明：***、**、* 分别表示在 1%、5% 和 10% 的水平上显著。为了使不同估算模型的检验结果具有可比性，检验样本为八种模型的共同样本；同时由于估算的隐含股权资本成本是预期报酬率，在与未来 1 ~ 3 年的已实现收益进行回归时须分别滞后 1 ~ 3 期，故表中的检验样本量小于股权资本成本估算的样本量。

从表 6 - 2 列示的回归结果来看，GGM、GLS、CT、PEG 模型基于分析师盈利预测估算的隐含股权资本成本对未来第 1 期、未来第 2 期的已实现收益具有显著的解释力，回归系数符号为正，表明隐含股权资本成本与未来 1 年的已实现收益的变动呈正相关关系，t 检验值表明回归系数在 1% 的水平上显著异于零，符合理论预期；截距代表了股票投资的超常收益率，回归结果显示截距为正数表明国内股票投资的超常收益率为正数，也就是说投资于分析师推荐的股票不仅能获得超常收益，这与林翔（2000）的研究结果不一致①]。这四种模型估算结果的 R^2 十分接近且均在 3% 左右，表明这四种模型的估算结果对未来第 1 年的已实现收益的解释能力有限。PE、MPEG、OJ、KR 模型的回归系数符号为负，表明隐含股权资本成本与未来 1 年的已实现收益的变动呈负相关关系，与理论预期不符，t 检验值也表明回归系数不显著异于零，R^2 几乎为零（表中显示结果为零是因为四舍五入的原因，实际结果并不为零），几乎不具有解释力。

表 6－2 同时表明，以分析师盈利预测为基础估算的隐含股权资本成本对未来第 3 年已实现收益的解释能力很弱，回归结果表明提前 3 年的已实现收益仅与 GGM、GLS 模型估算的隐含股权资本成本显著正相关（回归系数符号符合预期且 t 检验显著），PE、PEG、MPEG、OJ、KR 模型的回归系数符号为负数，与理论预期相反，t 检验不显著，R^2 相比提前 1 年均有所下降。这表明以分析师盈利预测为基础估算的股权资本成本仅对未来第 1～2 年的已实现收益具有一定的解释能力，对提前 3 年已实现收益的解释能力很差或者基本没有解释能力。

6.2.2 基于混合截面回归盈利预测模型的解释力检验

表 6－3 报告了基于混合截面回归模型生成的盈利预测，分别采用 GGM、GLS、CT、PE、PEG、MPEG、OJ、KR 8 种隐含股权资本成本估算模型估算的隐含股权资本成本与未来 1～3 年已实现收益的回归结果，包括回归系数和截距（斜体表示 t 检验值）、R^2、调整的 R^2（Adj－R^2）和 F 值。

表 6－3 基于混合截面回归盈利预测模型的解释力检验

模型	GGM	GLS	CT	PE	PEG	MPEG	OJ	KR
提前 1 期：N = 11 705								
系数	0.0062 *** 3.69	0.0029 ** 2.27	0.0056 *** 3.46	1.4861 0.53	－0.0367 －2.38	－0.4057 －0.78	－0.3998 －0.76	－0.4067 －0.78
截距	0.113 *** 109.00	0.079 *** 100.45	0.108 *** 109.26	8.256 *** 4.85	0.749 *** 79.44	2.780 *** 8.70	2.732 *** 8.55	2.697 *** 8.44

① 分析师进行盈利预测的同时，还会对股票投资做出评级。林翔认为国内证券分析师主要是信息驱动型（Information－Based）的，推荐的股票在推荐之前第 4 周开始就有显著大于零的超常收益率，成交量在推荐周达到最大值，即在分析师推荐之前股票投资可能获得超常收益，而推荐之后获得超常收益的可能性较小。这与国外分析师不同，研究表明国外分析师公布推荐的股票前，股票基本上不存在超常收益，说明国外的证券分析师主要是价值驱动型（Value－Based）的，一般会推荐他们认为价值被低估了的股票。

续表

模型	GGM	GLS	CT	PE	PEG	MPEG	OJ	KR
R^2	0.0012	0.0004	0.0010	0	0.00	0.00	0.0000	0.0001
Adj - R^2	0.0011	0.0004	0.0009	-0.0001	0.0004	0	0.0000	0.00
F 值	13.61	5.16	11.94	0.28	5.66	0.60	0.58	0.6
提前 2 期：N = 9 835								
系数	0.0151 *** 7.85	0.0093 *** 6.30	0.0142 *** 7.66	3.6698 1.10	0.0193 1.10	0.4672 0.75	0.4663 0.74	0.4559 0.73
截距	0.108 *** 91.89	0.077 *** 85.62	0.107 *** 94.96	8.323 *** 4.10	0.744 *** 69.59	2.789 *** 7.31	2.740 *** 7.19	2.707 *** 7.10
R^2	0.0062	0.0040	0.0059	0.0001	0.0001	0.0001	0.0001	0.0001
Adj - R^2	0.0061	0.0039	0.0058	0.0000	0.0000	0.0000	0.0000	0.0000
F 值	61.65	39.63	58.68	1.21	1.21	0.56	0.55	0.53
提前 3 期：N = 7 965								
系数	0.0149 *** 5.43	0.0082 *** 3.94	0.0115 *** 4.39	-1.6083 -0.32	0.0006 0.02	-0.4647 0.50	-0.4763 -0.52	-0.4344 -0.47
截距	0.112 *** 83.58	0.079 *** 78.06	0.112 *** 87.62	9.067 *** 3.74	0.750 *** 62.59	2.845 *** 6.32	2.796 *** 6.22	2.764 *** 6.14
R^2	0.00	0.00	0.00	0.00	0.00	0.00	0.00	0.00
Adj - R^2	0.0036	0.0018	0.0023	-0.0001	-0.0001	-0.0001	-0.0001	-0.0001
F 值	29.48	15.48	19.24	0.10	0.00	0.25	0.27	0.22

说明：***、**、* 分别表示在 1%、5% 和 10% 的水平上显著。样本选取原则同表 6 - 1，未来 1 ~ 3 年的已实现收益依然是提前 1 ~ 3 年不考虑现金红利再投资的持有期收益。

从表 6 - 3 列示的回归结果来看，GGM、GLS、CT 模型基于混合截面回归模型生成的盈利预测估算的隐含股权资本成本对未来 1 ~ 3 年的已实现收益有一定的解释力，回归系数为正且在 1% 的水平上显著，其他模型估算的隐含股权资本成本与未来 1 ~ 3 年已实现收益的回归系数符号基本为负（PEG 模型为正数），与理论预期不符，t 检验值不显著，R^2 均十分接近 0。这表明仅 GGM、GLS、CT 模型以混合截面回归模型生成的盈利预测为基础估算的隐含股权资本成本与未来已实现收益之间存在显著的正相关关系，也就是估算的隐含股权资本成本对投资者的预期收益率具有一定的预测能力。

6.2.3　基于相同样本的解释力检验

为了对盈利预测数据来源的可靠性做出判断，本书进一步基于共同样本，对各个估算模型分别采用分析师盈利预测、混合截面回归模型生成的盈利预测估算的隐含股权资本成本与未来1~3年的已实现收益进行了回归分析。回归结果如表6-4所示（仅列示了回归系数和t检验值）。

表6-4　　基于共同样本的解释力检验

股权资本成本估算模型	盈利预测数据来源	提前一期		提前两期		提前三期	
		N=3 493		N=2 562		N=1 937	
		系数	t值	系数	t值	系数	t值
GGM	Model	0.0068***	-0.0025	0.0137***	-0.0031	0.0194***	-0.0043
	Analyst	0.0085***	-0.0030	0.0157***	-0.0037	0.0086*	-0.0050
GLS	Model	0.0053***	-0.0019	0.0081***	-0.0023	0.0120***	-0.0032
	Analyst	0.0036	-0.0023	0.0089***	-0.0029	0.0076**	-0.0038
CT	Model	0.0075***	-0.0024	0.0130***	-0.0028	0.0170***	-0.0039
	Analyst	0.0069**	-0.0029	0.0154***	-0.0035	0.0077	-0.0047
PE	Model	-0.8340	-1.0410	-1.1300	-0.7570	3.7460**	-1.8840
	Analyst	-1.8100	-2.1030	-2.0910	-2.4740	1.4560	-1.7930
PEG	Model	-0.0594**	-0.0236	-0.0258	-0.0243	0.0223	-0.0406
	Analyst	-0.1190***	-0.0347	-0.1070**	-0.0439	0.0016	-0.0536
MPEG	Model	-0.2440	-0.3380	-0.4840	-0.3850	1.0760*	-0.5720
	Analyst	-0.3700	-0.7090	-0.1060	-0.5230	0.6160	-0.6690
OJ	Model	-0.2390	-0.3370	-0.4840	-0.3850	1.0660*	-0.5710
	Analyst	-0.3620	-0.7090	-0.1000	-0.5230	0.6140	-0.6680
KR	Model	-0.2510	-0.3370	-0.4880	-0.3850	1.0960*	-0.5710
	Analyst	-0.3540	-0.7090	-0.0908	-0.5230	0.6200	-0.6680

说明：***、**、*分别表示在1%、5%和10%的水平上显著。表中Analyst代表各模型基于分析师盈利预测估算的隐含股权资本成本；Model代表各模型基于混合截面回归模型生成的盈利预测估算的隐含股权资本成本。

从表6-4可以看出，无论是以分析师盈利预测为基础估算的隐含股权资本成本，还是以混合截面回归模型生成的盈利预测为基础估算的隐含股权资本成本，GGM、GLS、CT模型对未来第1~3年已实现收益具有一定的解释能力。回归结果同时表明，除GLS模型以分析师盈利预测为基础的估算结果不显著之外，以两种盈利预测为基础估算的隐含股权资本成本对未来第1~3年的已实现收益回归系数符号为正数，符合理论预期，并且t检验在1%~5%的水平上显著。

为了更清晰地显示股权资本成本估算结果与未来 1 ~ 3 年已实现收益的正相关关系，本书进一步将各个模型估算的股权资本成本按照五种分位数（p10、p25、p50、p75、p100）进行划分，分别计算了未来 1 ~ 3 年各个分位数区间已实现收益的均值，如表 6 – 5 所示。

表 6 – 5　　未来 1 ~ 3 年已实现收益的分位数

盈利预测数据		基于混合截面回归模型的盈利预测					分析师盈利预测				
权益资本成本的分位数		P10	P25	P50	P75	P100	P10	P25	P50	P75	P100
提前一期	GGM	0.0843	0.1683	0.1452	0.1234	0.1948	0.0516	0.0886	0.1068	0.2030	0.1744
	GLS	0.0451	0.0806	0.1599	0.1963	0.1893	0.0452	0.0653	0.1415	0.2041	0.1712
	CT	0.1277	0.1205	0.1217	0.1656	0.1771	0.0852	0.0951	0.1015	0.2042	0.1708
	PE	0.1589	0.1977	0.1567	0.1408	0.1464	0.1788	0.1436	0.1838	0.1553	0.1480
	PEG	0.1666	0.2665	0.1208	0.1172	0.1582	0.2014	0.1553	0.1898	0.1364	0.1475
	MPEG	0.1770	0.2471	0.1391	0.1343	0.1442	0.1994	0.1491	0.1823	0.1467	0.1478
	OJ	0.1807	0.2410	0.1346	0.1317	0.1487	0.1975	0.1462	0.1788	0.1463	0.1494
	KR	0.1694	0.2493	0.1219	0.1248	0.1549	0.1879	0.1461	0.1854	0.1457	0.1488
提前两期	GGM	0.3596	0.1621	0.1423	0.1850	0.2011	0.1039	0.0762	0.1393	0.2222	0.2280
	GLS	0.2284	0.1251	0.1668	0.2234	0.2171	0.0931	0.0973	0.1435	0.2322	0.2250
	CT	-0.0535	0.1064	0.2048	0.2070	0.2476	0.0143	0.0577	0.1576	0.2464	0.2281
	PE	0.2757	0.2638	0.1861	0.1821	0.1519	0.1089	0.1590	0.2446	0.1580	0.2047
	PEG	0.1981	0.2166	0.1138	0.1987	0.2229	0.1286	0.1501	0.2218	0.1695	0.2060
	MPEG	0.1757	0.2047	0.1442	0.1846	0.2199	0.1032	0.1591	0.2253	0.1630	0.2084
	OJ	0.1759	0.1874	0.1418	0.1932	0.2194	0.1055	0.1575	0.2244	0.1662	0.2076
	KR	0.2460	0.2216	0.1544	0.1712	0.2034	0.0986	0.1582	0.2238	0.1757	0.2061
提前三期	GGM	0.0781	0.0578	0.0687	0.1293	0.1261	0.0091	0.0399	0.1290	0.1673	0.0937
	GLS	0.0397	0.0513	0.1092	0.1406	0.1076	0.0023	0.0513	0.1186	0.1860	0.0926
	CT	-0.0415	0.0787	0.1050	0.1177	0.1170	-0.0033	0.0289	0.1339	0.1736	0.0940
	PE	0.0911	0.1096	0.0964	0.1084	0.0917	0.0397	0.1051	0.1948	0.0917	0.0825
	PEG	0.1423	0.1051	0.0706	0.0518	0.1174	0.0799	0.1217	0.1628	0.0889	0.0836
	MPEG	0.1419	0.0830	0.0575	0.0579	0.1265	0.0522	0.1270	0.1657	0.1013	0.0820
	OJ	0.1102	0.0835	0.0511	0.0594	0.1313	0.0570	0.1272	0.1608	0.1027	0.0824
	KR	0.1296	0.0669	0.0960	0.1079	0.1003	0.0427	0.1327	0.1552	0.1117	0.0825

若股权资本成本与未来已实现收益存在正相关关系，那么随着股权资本成本的提高，未来已实现收益也应该逐渐提高。表6－5显示，随着股权资本成本估算结果的提高，除个别情况外，GGM、GLS、CT模型采用两种盈利预测数据的估算结果与未来第1～3年已实现收益的均值同向变动；但是PE、PEG、MPEG、OJ、KR模型的估算结果与提前1～3年已实现收益的关系呈现U形或倒U形关系，这表明GGM、GLS、CT模型估算的隐含股权资本成本更可靠，能更好地代表上市公司的股权资本成本水平。

若仅从估算的隐含股权资本成本对未来已实现收益的解释能力角度来考量，综合表6－2、表6－3和表6－4隐含股权资本成本估算结果与未来1～3年已实现收益的检验结果，以及表6－5所示的按照隐含股权资本成本的不同分位数计算的未来1～3年已实现收益的均值可以得出，基于混合截面回归模型生成的盈利预测估算的股权资本成本对未来已实现收益的解释能力更强，也就是说混合截面回归模型生成的盈利预测更好地代表了市场盈利预期。就股权资本成本估算的各个模型来说，GGM、GLS、CT模型的估算结果更有效，这三个模型的估算结果对未来1～3年的已实现收益均具有一定的解释力，回归系数为正且显著，符合理论预期。

6.3 风险因子对股权资本成本估算结果的回归分析

从经济意义上讲，隐含股权资本成本作为投资者的预期报酬率，其高低应该与投资者所承担的风险具有显著的正相关关系。因此，可以通过检验估算的隐含股权资本成本能否较准确地反映和区分不同公司的风险来判断估算模型的有效性，即将隐含股权资本成本的估算结果与公司风险因素的代理变量进行回归，通过二者之间的相关关系，如回归系数的符号是否符合理论预期且显著异于零，回归的误差大小等判断估算模型的有效性。一般来说，相关程度越高，估计误差越小的模型估算结果越可靠。现有的诸多研究大多遵循了这一标准，本书借鉴这一方法，对GGM、GLS、CT、PE、PEG、MPEG、OJ、KR模型分别基于分析师盈利预测和混合截面回归模型生成的盈利预测估算的隐含股权资本成本的有效性进行了检验，以对盈利预测数据来源和估算模型的可靠性做出判断。

6.3.1　风险因子的选取与数据来源

风险因子的代理变量有很多，涉及公司、行业、宏观经济、制度等方面，公司层面的风险因素主要包括β系数、公司规模、账面市值比、杠杆水平、盈利能力、盈利质量、盈余波动性、股权结构、流动性、预期增长率、信息披露水平、多元化经营等，关注角度不同，往往风险代理变量的选取就会不同，得出的研究结论也不尽相同。综观国内外研究，一致认同的影响股权资本成本的风险因子主要包括：

（1）贝塔系数（β）。代表了公司系统风险的大小，即股票市场的波动性，一般认为系统风险越大，股权资本成本也就越高，二者之间存在显著的正相关关系。自 CAPM 模型提出 β 系数影响风险资产的预期收益以来，以往几乎所有研究都将 β 系数作为系统风险的代理变量，实证结果大多也显示 β 系数与股权资本成本存在正相关关系，如 Malkiel（1997），Botosan（1997）认为 β 系数代表了股票的风险程度，也有一些学者的研究显示 β 系数与股权资本成本之间呈现负相关关系或者正相关关系但不显著，如 Gebhardt 等（2001），Hou 等（2012），曾颖和陆正飞（2006），王亮亮（2013），黄娟娟和肖珉（2006）等的研究。鉴于风险与收益之间的关系和大部分实证结果显示，β 系数与股权资本成本存在正相关关系，本书预期 β 系数与估算的隐含股权资本成本存在正相关关系。

（2）公司规模（Size）。已有研究表明公司规模与权益资本之间呈现负相关关系，如 Kitagawa & Goto（2011），Gebhardt、Lee & Swaminathan（2001）认为规模可以作为信息环境的代理变量，用以衡量获取公司信息的难易程度，投资风险会随着公司信息获取的难度而增加，大公司的信息往往比小公司的信息更容易获取，投资风险降低，股权资本成本就越低；Diamond & Verrechia（1991），吴红军（2014）的研究表明，大公司更愿意增加信息披露，较多的信息披露能够改善公司内外部的信息不对称，减少投资者面临的风险，从而降低股权资本成本；袁洋（2014）则认为规模越大的公司往往更加成熟，经营更加稳定，承担风险的能力更强，投资者面临的预期风险更小，因此可以降低公司的股权资本成本。研究中一般以公司市值（流通市值或者总市值）或资产总额的自然对数作为公司规模的衡量指标，由于账面市值比（B/M）涉及公司市值，为避免两个风险因子可能出现的共线性，本书以年末资产总额的自然对数作为公司规模的代理变量，预期与估算的隐含股权资本成本存在负相关关系。

（3）账面市值比（B/M）。Fama & French（1992），Lakonishok、Shleifer & Vishny（1994）的研究结果表明，投资于高账面市值比公司获得的收益要高于投资于低账面市值比的公司，因为账面市值比高的公司股价容易被低估，投资者投资于这类股票可以获得超额收益，因此要求的投资回报率较低；叶康涛、陆正飞（2004）针对国内证券市场的研究发现，公司账面市值比越高，股权资本成本越低，但是Gode & Mohanram（2003）认为很难判断这一比值对风险溢价的影响，账面市值比高的公司往往面临较高的系统风险，也可能被要求较高的投资回报率，Kitagawa & Goto（2011）认为账面市值比代表了公司的成长性，高账面市值比反映了公司的低成长性。我国股票市场存在比较严重的"小盘股效应"，投资者热衷于投资小盘股，导致小公司股票价格被高估，大公司股票价格被低估，因此高账面市值反映了公司的低增长和高风险，以往研究大多表明账面市值比与股权资本成本之间存在正相关关系。本书中账面市值比等于期末净资产÷总市值，预期与估算的隐含股权资本成本存在正相关关系。

（4）杠杆率（Leverage）。Modigliani & Miller（1958）认为，随着公司资本结构中债务比例的增加，公司陷入财务困境和破产的机会加大，投资者承担的风险增加，股权资本成本也会随之提高。Fama & French（1992）针对美国证券市场的实证研究也表明杠杆率与股票投资收益成正比，叶康涛、陆正飞（2004），曾颖、陆正飞（2006），毛新述等（2012）针对国内证券市场的研究均表明公司负债水平与股权资本成本之间存在显著的正相关关系。已有的研究中公司杠杆率通常用总负债/权益市值，或资产负债率来表示。本书的杠杆率采用资产负债率来衡量，预期与估算的隐含股权资本成本存在正相关关系。

（5）经营风险（OPRisk）。经营风险主要来自于公司的营业活动，表现为公司经营的灵活性，黄娟娟、肖珉（2006）用长期资产/资产总额来衡量经营风险的大小，公司经营风险越大，投资风险越大。本书中经营风险用公司年末非流动资产/资产总额衡量，预期与估算的隐含股权资本成本存在正相关关系。

（6）盈利能力（OPRate）。Novy - Marx（2012）、Fama & French（2015）等的研究发现预计盈利能力对股票投资平均收益具有接近于HML因子的解释能力，公司盈利能力越强，股东平均回报率越高。但是国内学者曾颖、陆正飞（2006），吴红军（2014），袁洋（2014）等基于国内上市公司的实证研究表明，公司盈利能力与股权资本成本存在显著的负相关关系，公司盈利能力越强，经营风险就越低，投资者预计未来收益时的预测风险降低，进而能够降低股权资本成本。因此，本书预期公司盈利能力与估算的股权资本成本存在负相关关系，已有研究中公司盈利能力的衡量指标有总资产收益率（ROA，Return on Asset）、净资产收益率（ROE）、营业利润率、销售毛利率、销售净利率等，由于账面市值比、资产负债率及采用 GLS 模型估算股权资本成本时涉及净资产、总资产、净资产报酬率等指标，为避免与其他风险因子可能存在的共线性，本书采用销售毛利率作为公司盈利能力的衡量指标。

（7）投资模式（IPS）。Aharoni、Grundy & Zeng（2013）指出公司投资水平与股票平均收益率水平显著负相关，Fama & French（2015）的研究也发现公司投资水平越低，股东平均回报率越高。鉴于此，本书预期投资模式与估算的隐含股权资本成本之间存在负相关关系，即投资水平越高，隐含股权资本成本越低。投资模式的衡量借鉴 Fama & French（2015）的研究，采用前一会计年度相对于之前会计年度总资产的增加额，除以之前会计年度末的总资产金额。

（8）股权集中度（Owncon）。公司治理的核心是投资者利益保护，以确保投资者能够从投资中获得收益，股权集中度是公司治理机制的重要方面。从理论上讲，公司股权越分散，其他股东对大股东的制衡作用就越强，越不容易发生侵害债权人和中小股东利益的情形，投资风险降低，股权资本成本就越低。国内外学者的实证研究也表明股权资本成本与股权集中度之间存在正相关关系，如 Ashhaulh、Collins & LaFord（2004）的研究发现，股权集中度、大股东数目与股权资本成本之间存在正相关关系。本书采用前五大股东的持股比例作为股权集中度的代理变量，预期与估算的股权资本成本之间存在正相关关系。

为检验盈利预测数据来源、股权资本成本估算模型的可靠性，本书采用如下面板数据模型（非平衡面板，经 Hausman 检验采用随机效应模型）进行了多变量回归检验，模型如下：

$$R_{i,t} = \alpha_0 + \alpha_1 \beta_{i,t} + \alpha_2 Size_{i,t} + \alpha_3 BM_{i,t} + \alpha_4 Leverge_{i,t} + \alpha_5 OPRisk_{i,t} + \alpha_6 OPRate_{i,t} + \alpha_7 IPS_{i,t} + \alpha_8 Owncon_{i,t} + \varepsilon_{i,t}$$

其中，R 为 GGM、GLS、CT、PE、PEG、MPEG、OJ 模型分别基于分析师盈利预测和混合截面回归模型生成的盈利预测估算的隐含股权资本成本；其他变量的定义、预期符号如表 6－6 所示。数据主要来源于锐思金融研究数据库（RESSET）和万德金融资讯（Wind），国泰安经济金融研究数据库（CSMAR）也提供了补充数据。为避免异常值的影响，对风险因子在 0.5% 和 99.5% 的分位数上进行了缩尾处理。

表 6 - 6　　风险因子的含义

变量符号	变量含义及取值	预期符号
β	β 系数，根据总市值加权计算市场超额收益，并用个股的日超额收益对市场超额收益进行回归，计算每个公司股票在估算年度的 β 系数	+
Size	公司规模，公司资产总额的自然对数	-
B/M	账面市值比，年末净资产/年末公司总市值	+
Leverage	资产负债率，年末负债总额/年末资产总额	+
OPRisk	经营风险，年末非流动资产/年末资产总额	+
OPRate	销售毛利率，销售毛利/销售收入	-
IPS	投资模式，前一会计年度相对于之前会计年度总资产的增加额，除以之前会计年度的资产总额	-
Owncon	股权集中度，前 5 大股东的持股比例	+

6.3.2　风险因子的描述性统计与相关性分析

表 6 - 7 列示了样本期间各个风险因子的描述性统计量，包括均值（Mean）、中位数（Median）、最大值（Max）、最小值（Min）和标准差（SD）。

表 6 - 7　　风险因子的描述性统计

统计量	β	Size	B/M	Leverage	OPRisk	OPRate	IPS	Owncon
均值	1.0792	12.9360	1.3759	0.4958	0.4504	0.2720	0.4028	0.5180
中位数	1.0850	12.7669	0.3386	0.4610	0.4395	0.2408	0.1002	0.5161
最大值	3.5460	21.8255	1 157.09	142.72	1.0000	1.1543	529.94	1.0000
最小值	-2.5277	1.6319	-7.5997	0.0017	0.0000	-24.50	-0.9940	0.0081
标准差	0.2707	1.4211	13.9016	1.1468	0.2086	0.2443	6.5074	0.1598

说明：本表所列示的描述性统计量是针对整个研究样本而言的，没有区分盈利预测数据来源，区分盈利预测数据来源样本的风险因子的描述性统计量没有显著性差异。

从表 6 - 7 可以看出，除账面市值比（B/M）和投资模式（IPS）外，其他风险因子的均值和中位数相差不大，说明变量分布不存在大的偏斜。β 系数的均值和中位数分别为 1.0792 和 1.0850，说明国内上市公司的平均系统风险高于市场风险；账面市值比最大值为 1 157.09，最小值为 - 7.5997，均值为 1.3759，中位数为 0.3386，表明各个上市公司的账面市值比之间存在重大差异；

资产负债率的均值和中位数分别为0.4958和0.4610，非流动资产/资产总额的比重均值和中位数为0.4504和0.4395，表明上市公司的财务风险与经营风险较低，但是部分上市公司的负债水平很高，最高为142.72，已经达到了严重资不抵债的程度；销售毛利率的均值和中位数分别为0.2720和0.2408，表明国内上市公司的整体盈利能力较低，部分上市公司的销售毛利率呈现负值；前五大股东的平均持股比例达到了0.5180，说明国内上市公司的股权集中度很高，但是上市公司的股权集中度呈现较大差异，集中度最高达100%，最低仅为0.0081。

在进行多变量回归检验之前，为避免风险因子之间存在严重的多重共线性而影响模型检验的结果，本书首先考虑了风险因子间的相关关系，以消除多重共线性对回归结果带来的误差。表6-8列示了研究期间所有样本的风险因子的相关系数，从中可以看出，公司规模与账面市值比的相关系数为0.2395，呈现较高的相关性之外，其余风险因子之间的相关系数基本都在0.1及以下，说明把所有的风险因子放到同一模型中进行多变量回归检验，风险因子之间不会产生严重的多重共线性。

表6-8　　风险因子的相关系数表

	β	Size	B/M	Leverage	OPRisk	OPRate	IPS	Owncon
β	1							
Size	-0.0308* 0.0000	1						
B/M	0.003 1.0000	0.2395* 0.0000	1					
Leverage	-0.0188 0.0937	-0.0104 0.9573	0.0107 0.9620	1				
OPRisk	-0.023 0.0109	0.0828* 0.0000	0.0385* 0.0000	0.0149 0.4609	1			
OPRate	0.0136 0.6421	-0.0456* 0.0000	-0.0022 1.0000	-0.1016* 0.0000	-0.0266* 0.0012	1		
IPS	-0.003 1.0000	0.0363* 0.0000	-0.0005 1.0000	0.0012 1.0000	-0.0035 1.0000	0.0152 0.4226	1	
Owncon	0.0206 0.0392	0.1094* 0.0000	0.0367* 0.0000	-0.0289* 0.0002	-0.0249* 0.0036	0.0271* 0.0009	0.0106 0.9495	1

说明：本表所列示的相关系数是针对整个研究样本而言的，没有区分盈利预测数据来源，与区分盈利预测数据来源样本的风险变量的描述性统计量没有显著性差异。*表示在1%的水平上显著。

6.3.3 基于分析师盈利预测的风险因子回归分析

表6-9报告了风险因子与GGM、GLS、CT、PE、PEG、MPEG、OJ、KR模型，基于分析师盈利预测估算的隐含股权资本成本与风险因子的多变量回归检验结果。

表6-9 基于分析师盈利预测的风险因子回归分析

风险因子	预期符号	GGM	GLS	CT	PE	PEG	MPEG	OJ	KR
β	+	-0.0167***	-0.0100***	-0.0143***	2.0110	0.0489	-3.7950	-3.8000	-3.8020
		-0.0032	-0.0023	-0.0030	-8.7580	-0.0763	-4.2720	-4.2720	-4.2710
Size	-	-0.0081***	0.0006	-0.0087***	0.7260	0.1800***	0.2950	0.2810	0.2780
		-0.0012	-0.0008	-0.0011	-3.1970	-0.0279	-1.5590	-1.5590	-1.5590
B/M	+	0.0065***	0.0041***	0.0056***	-0.6180	-0.0158	-0.3370	-0.3370	-0.3360
		-0.0006	-0.0004	-0.0006	-1.6820	-0.0147	-0.8200	-0.8200	-0.8200
Leverage	+	0.0075***	0.0051***	0.0073***	-11.75*	-0.0561	-2.8400	-2.8350	-2.8360
		-0.0025	-0.0017	-0.0023	-6.6060	-0.0576	-3.2220	-3.2220	-3.2220
OPRisk	+	0.0088	0.0016	0.0072	10.080	-0.0110	-1.3720	-1.3670	-1.3540
		-0.0073	-0.0052	-0.0068	-19.830	-0.1730	-9.6720	-9.6720	-9.6710
OPRate	-	-0.0189**	-0.0134**	-0.0207***	34.120	0.0116	1.1380	1.1500	1.1550
		-0.0079	-0.0057	-0.0073	-21.430	-0.1870	-10.450	-10.450	-10.450
IPS	-	-0.0001	-0.0001	0.0000	-0.0916	-0.0036	-0.0106	-0.0102	-0.0099
		-0.0001	-0.0001	-0.0001	-0.4030	-0.0035	-0.1960	-0.1960	-0.1960
Owncon	+	-0.0107	-0.0246***	-0.0132	38.060	-0.1760	9.6080	9.6270	9.6700
		-0.0095	-0.0068	-0.0088	-25.580	-0.2230	-12.480	-12.480	-12.480
常数项		0.2510***	0.0936***	0.2600***	-22.050	-1.1010***	2.8590	2.9690	2.9230
		-0.0168	-0.0120	-0.0155	-45.340	-0.3950	-22.120	-22.120	-22.120
R^2		0.0210	0.0170	0.0220	0.0010	0.0050	0.0000	0.0000	0.0000

说明：本表列示的回归结果是各模型的共同样本的回归结果，样本量为N=10 859，涵盖2 412家上市公司。***表示在1%的水平上显著，**表示在5%的水平上显著，*表示在10%的水平上显著。对模型进行多重共线性的结果显示，各模型的方差膨胀因子（VIF）均小于2，故模型不存在多重共线性。

表6-9的回归结果显示，除PE、PEG模型之外，其他模型估算的隐含股权资本成本与β系数的回归结果符号均为负数，与理论预期不符。从公司规模

(Size) 的回归结果看，仅有 GGM、CT 模型估算的隐含股权资本成本与理论预期相符，存在显著的正相关关系，其余模型的估算结果的回归系数符号均与理论预期不符。从账面市值比（B/M）、资产负债率（Leverge）的回归系数看，GGM、GLS、CT 模型估算的隐含股权资本成本与理论预期相符，存在显著的正相关关系，其余模型的估算结果的回归系数符号均与理论预期不符。经营风险（OPRisk）的回归系数显示 GGM、GLS、CT、PE 模型估算的隐含股权资本成本符合理论预期。盈利能力（OPRate）的回归结果显示，GGM、GLS、CT 模型估算的隐含股权资本成本符合理论预期相符，存在显著的负相关关系。投资模式（IPS）的回归系数符号均与理论预期相符，表明各个模型估算的隐含股权资本成本与之存在负相关关系，但是不显著。股权集中度（Owncon）的回归结果表明，有 PE、MPEG、OJ、KR 模型估算的隐含股权资本成本符合理论预期。

从回归系数的整体情况来看，GGM、CT 模型估算的隐含股权资本成本有 6 个风险因子的回归系数符合理论预期，其中 4 个风险因子呈显著的相关关系；GLS 模型有 3 个风险因子的回归系数符合理论预期，其中 3 个风险因子呈显著的相关关系；PE 模型有 4 个风险因子的回归系数符合理论预期，其余模型都有 2 个风险因子的回归系数符合理论预期，但是这种相关关系都不显著。从模型的拟合度（R^2）来看，GGM、CT 模型的拟合度最高，分别为 2.1%、2.2%；其次为 GLS 模型，为 1.7%，其余模型的拟合优度几乎为零。

综合风险因子回归系数的符号、显著性和模型拟合度（R^2）来看，在不考虑截距项是否显著的情况下，以分析师盈利预测数据为基础估算的隐含股权资本成本中，GGM、CT 模型的估算结果最符合理论预期，其次是 GLS 模型，PE、PEG、MPEG、OJ、KR 模型的估算结果最差。这表明从隐含股权资本成本估算模型的可靠性来看，GGM、CT、GLS 模型的估算结果较为可靠。

6.3.4 基于混合截面回归盈利预测模型的风险因子回归分析

表 6-10 报告了风险因子与 GGM、GLS、CT、PE、PEG、MPEG、OJ 模型，基于混合截面回归模型生成的盈利预测估算的隐含股权资本成本与风险因子的多变量回归检验结果。

表 6-10 基于混合截面回归盈利预测模型的风险因子回归分析

风险因子	预期符号	GGM	GLS	CT	PE	PEG	MPEG	OJ	KR
β	+	-0.0207***	-0.0140***	-0.0197***	-4.4940	-0.0315	-0.2990	-0.2960	-0.2700
		-0.0033	-0.0024	-0.0029	-9.6630	-0.0469	-1.8790	-1.8790	-1.8790
Size	-	-0.0061***	-0.0002	-0.0054***	2.9860	0.0969**	1.2520	1.2420	1.2170
		-0.0014	-0.0010	-0.0012	-3.9270	-0.0190	-0.7630	-0.7630	-0.7630
B/M	+	0.0023***	0.0014***	0.0019***	-0.1060	0.0001	-0.0427	-0.0443	-0.0433
		-0.0003	-0.0002	-0.0002	-0.7850	-0.0038	-0.1530	-0.1530	-0.1530
Leverage	+	0.0039**	0.0017	0.0030*	-0.0089	-0.0065	0.1250	0.1230	0.1390
		-0.0018	-0.0014	-0.0016	-5.3390	-0.0259	-1.0380	-1.0380	-1.0380
OPRisk	+	0.0022	-0.0024	0.0047	-14.790	-0.1260	-5.4330	-5.4190	-5.4290
		-0.0082	-0.0060	-0.0071	-23.930	-0.1160	-4.6530	-4.6530	-4.6530
OPRate	-	-0.0098	0.0013	-0.0069	-11.790	-0.0140	-1.8800	-1.8970	-1.8740
		-0.0080	-0.0059	-0.0069	-23.270	-0.1130	-4.5240	-4.5240	-4.5240
IPS	-	0.0000	0.0000	0.0000	-0.0515	-0.0009	-0.0079	-0.0077	-0.0078
		-0.0001	-0.0001	-0.0001	-0.2410	-0.0012	-0.0469	-0.0469	-0.0469
Owncon	+	0.0148	0.0245***	0.0330***	29.630	0.1350	9.9520	9.9130	9.8360
		-0.0109	-0.0080	-0.0094	-31.810	-0.1540	-6.1850	-6.1850	-6.1850
常数项		0.2020***	0.0802	0.1760***	-30.800	-0.4930*	-15.420	-15.320	-15.020
		-0.0194	-0.0142	-0.0167	-56.430	-0.2740	-10.970	-10.970	-10.970
R^2		0.0160	0.0120	0.0180	0.0000	0.0030	0.0010	0.0010	0.0010

说明：本表列示的回归结果是以各模型的共同样本的回归结果，样本量为 N = 10 970，涵盖 2 808 家上市公司。*** 表示在 1% 的水平上显著，** 表示在 5% 的水平上显著，* 表示在 10% 的水平上显著。对模型进行多重共线性的结果显示，各模型的方差膨胀因子（VIF）均小于 2，故模型不存在多重共线性。

表 6-10 的回归结果显示，所有模型估算的隐含股权资本成本与 β 系数的回归结果符号均为负数，与理论预期不符。公司规模（Size）、账面市值比（B/M）的回归结果表明，GGM、GLS、CT 模型估算的隐含股权资本成本与理论预期相符，存在显著的正相关关系，其余模型的估算结果的回归系数符号基本与理论预期不符。从资产负债率（Leverge）的回归系数来看，GGM、CT 模型估算的隐含股权资本成本与理论预期相符，存在显著的正相关关系，其余模型估算的隐含股权资本成本回归系数符号要么与理论预期不符，要么回归系数符号与理论预期相符但是不显著。经营风险（OPRisk）的回归系数显示，

GGM、CT模型估算的隐含股权资本成本符合理论预期。除GLS模型外，盈利能力（OPRate）的回归结果显示其余模型估算的隐含股权资本成本符合理论预期。GGM、GLS、CT模型的估算结果与投资模式（IPS）的回归系数符号与理论预期不相符。股权集中度（Owncon）的回归结果表明所有模型估算的隐含股权资本成本符合理论预期，GLS、CT模型的估算结果与股权集中度存在显著的正相关关系。

从回归系数的整体情况来看，GGM、CT模型估算的隐含股权资本成本有6个风险因子的回归系数符合理论预期，GGM模型有3个风险因子呈显著的相关关系，CT模型有4个风险因子呈显著的相关关系；GLS模型有4个风险因子的回归系数符合理论预期，其中3个风险因子呈显著的相关关系；PE模型有3个风险因子的回归系数符合理论预期，其余模型都有4个风险因子的回归系数符合理论预期，但是这种相关关系都不显著。从模型的拟合度（R^2）来看，GGM、CT模型的拟合度最高，分别为1.6%、1.8%；其次为GLS模型，为1.2%，其余模型的拟合优度几乎为零。

综合风险因子回归系数的符号、显著性和模型拟合度（R^2）来看，首先在不考虑截距项是否显著的情况下，以分析师盈利预测数据为基础估算的隐含股权资本成本中，GGM、CT模型的估算结果最符合理论预期；其次是GLS模型，PE、PEG、MPEG、OJ、KR模型的估算结果最差，这表明从隐含股权资本成本估算模型的可靠性来看，GGM、CT模型的估算结果较为可靠。

6.3.5　基于相同样本的风险因子回归分析

为了比较分析两种盈利预测数据来源估算的股权资本成本的可靠性，本书还基于共同样本，对GGM、GLS、CT、PE、PEG、MPEG、OJ、KR模型，分别基于分析师盈利预测和混合截面回归模型生成的盈利预测估算的股权资本成本与风险因子进行了多变量回归分析，回归结果如表6-11所示。

从表6-11的回归结果来看，以分析师盈利预测为基础估算的隐含股权资本成本中，GGM模型的估算结果有5个风险因子的回归系数符合理论预期，其中2个风险因子显著相关；GLS、CT有4个风险因子的回归系数符合理论预期，其中GLS模型仅有1个风险因子显著相关，CT模型有2个风险因子显著相关；其余模型的风险因子回归系数要么与理论预期不符，要么虽然回归系数符号与理论预期相符，但是相关关系不显著。以混合截面回归模型生成的盈利预测为基础估算的隐含股权资本成本中，GGM、CT模型的估算结果有6个风

表 6-11 股权资本成本与风险因子的回归分析——两种盈利预测数据来源的比较

风险因子	混合截面回归盈利预测模型								分析师盈利预测模型							
	GGM	GLS	CT	PE	PEG	MPEG	OJ	KR	GGM	GLS	CT	PE	PEG	MPEG	OJ	KR
β	-0.0152	-0.0122	-0.0170	0.3670	-0.0103	-0.2420	-0.2420	-0.2110	-0.0270	-0.0164	-0.0240	4.7500	0.1020	-0.6920	-0.6960	-0.7110
	-0.0039	-0.0028	-0.0033	-2.8110	-0.0558	-0.9300	-0.9290	-0.9290	-0.0046	-0.0035	-0.0042	-5.5440	-0.0828	-1.6880	-1.6880	-1.6880
Size	-0.0052	0.0005	-0.0067	2.6830	0.1100	0.7800	0.7700	0.7600	-0.0061	0.0030	-0.0054	4.6470	0.1830	1.5090	1.4960	1.5000
	-0.0016	-0.0012	-0.0014	-1.1880	-0.0236	-0.3930	-0.3930	-0.3920	-0.0019	-0.0015	-0.0018	-2.3420	-0.0350	-0.7130	-0.7130	-0.7130
B/M	0.0044	0.0028	0.0029	-0.3350	-0.0036	-0.1210	-0.1220	-0.1220	0.0047	0.0035	0.0041	0.0610	-0.0047	-0.0002	-0.0010	-0.0001
	-0.0006	-0.0005	-0.0005	-0.4620	-0.0092	-0.1530	-0.1530	-0.1530	-0.0007	-0.0006	-0.0007	-0.9100	-0.0136	-0.2770	-0.2770	-0.2770
Leverage	0.0176	0.0064	0.0130	-3.4630	-0.0253	-0.9790	-0.9690	-0.9490	0.0043	-0.0027	-0.0005	-6.3320	-0.0781	-1.7720	-1.7690	-1.7550
	-0.0049	-0.0036	-0.0041	-3.5850	-0.0712	-1.1850	-1.1850	-1.1850	-0.0058	-0.0044	-0.0054	-7.0700	-0.1060	-2.1530	-2.1530	-2.1520
OPRisk	-0.0058	-0.0103	-0.0064	-12.2000	-0.1330	-4.5050	-4.4830	-4.5380	-0.0016	-0.0048	-0.0049	-18.0800	-0.3550	-4.8470	-4.8290	-4.8330
	-0.0099	-0.0072	-0.0083	-7.2170	-0.1430	-2.3860	-2.3850	-2.3850	-0.0117	-0.0089	-0.0108	-14.2300	-0.2120	-4.3330	-4.3330	-4.3320
OPRate	-0.0137	-0.0108	-0.0124	0.3830	0.0107	0.6310	0.6360	0.6400	-0.0120	-0.0154	-0.0147	5.0150	0.1320	-0.5050	-0.4950	-0.5220
	-0.0096	-0.0069	-0.0080	-6.9390	-0.1380	-2.2940	-2.2940	-2.2930	-0.0112	-0.0086	-0.0104	-13.6800	-0.2040	-4.1670	-4.1660	-4.1660
IPS	-0.0002	-0.0001	-0.0002	-0.0270	-0.0015	-0.0092	-0.0092	-0.0087	-0.0002	-0.0001	-0.0002	-0.0572	-0.0017	-0.0192	-0.0192	-0.0189
	-0.0001	-0.0001	-0.0001	-0.1050	-0.0021	-0.0348	-0.0347	-0.0347	-0.0002	-0.0001	-0.0002	-0.2070	-0.0031	-0.0631	-0.0631	-0.0631
Owncon	0.0104	0.0182	0.0214	-2.2650	-0.1190	-0.9980	-1.0150	-1.0910	-0.0001	-0.0145	-0.0037	11.3200	-0.2400	-2.6830	-2.6930	-2.6080
	-0.0131	-0.0095	-0.0110	-9.5500	-0.1900	-3.1570	-3.1560	-3.1560	-0.0155	-0.0118	-0.0143	-18.8300	-0.2810	-5.7340	-5.7330	-5.7330
常数项	0.1690	0.0671	0.1840	-20.5400	-0.5390	-4.5520	-4.4830	-4.3730	0.2310	0.0676	0.2270	-49.1000	-1.1500	-10.5800	-10.4400	-10.5800
	-0.0234	-0.0169	-0.0197	-17.0200	-0.3380	-5.6260	-5.6240	-5.6240	-0.0276	-0.0210	-0.0254	-33.5600	-0.5010	-10.2200	-10.2200	-10.2200
R^2	0.023	0.019	0.025	0.002	0.006	0.002	0.002	0.002	0.022	0.021	0.02	0.002	0.009	0.002	0.002	0.002

说明：本表列示的回归结果是两种盈利预测数据来源的共同样本的回归结果，样本量为 N = 5 774，涵盖 1 995 家上市公司。对模型进行多重共线性的结果显示，各模型的方差膨胀因子（VIF）均小于 2，故模型不存在多重共线性。

险因子的回归系数符合理论预期，其中 GGM 模型有 3 个风险因子显著相关，CT 模型有 5 个风险因子显著相关；GLS 模型有 5 个风险因子的回归系数符合理论预期，其中有 3 个风险因子显著相关；其余模型的风险因子回归系数要么与理论预期不符，要么虽然回归系数符号与理论预期相符，但是相关关系不显著。

若仅从估算的隐含股权资本成本是否符合理论预期的角度来考虑，从表 6 - 11 报告的估算结果与风险因子的多元回归分析结果可以得出：就盈利预测数据来源的可靠性来说，基于混合截面回归模型生成的盈利预测为基础估算的隐含股权资本成本更符合理论预期，各种模型基于混合截面回归模型生成的盈利预测估算的隐含股权资本成本最多有 6 个风险因子符合理论预期，说明混合截面回归模型生成的盈利预测更好地代表了市场盈利预期。就隐含股权资本成本估算的各种模型来说，GGM、GLS、CT 模型的估算结果在两种盈利预测数据来源中的表现基本一致，这三种模型估算的隐含股权资本成本至少有 4 个风险因子符合理论预期，最多有 6 个风险因子符合理论预期，模型拟合度也高于其他模型，表明这三种模型估算的隐含股权资本成本较为可靠。

6.4　股权资本成本估算的有效性评价

隐含股权资本成本在公司财务决策中基准性作用的发挥取决于股权资本成本估算结果的有效性，通过对各个模型估算结果与未来 1 ~ 3 年已实现收益的单变量回归检验、与风险因子的多变量回归检验发现，从盈利预测数据来源的可靠性来看，采用混合截面回归模型生成的盈利预测估算的隐含股权资本成本，对未来 1 ~ 3 年的已实现收益更具预测能力，与风险因子的多变量回归结果更符合理论预期，表明混合截面回归模型生成的盈利预测更好地代表了市场盈利预测；从隐含股权资本成本估算模型的可靠性来看，GGM、GLS、CT 模型的估算结果更可靠，相比其他模型，无论是以分析师盈利预测为基础，还是以混合截面回归模型生成的盈利预测为基础，这三个模型的估算结果都更符合理论预期，对未来已实现收益也更具预测能力。

6.4.1　盈利预测数据的有效性评价

盈利预测数据的质量是影响隐含股权资本成本估算结果是否有效的重要因

素，以往研究中对隐含股权资本成本进行估算时，除 Hou、Dijk & Zhang（2012），毛新述、叶康涛、张頔（2012），王亮亮（2013），张军华（2014）采用了混合截面回归模型生成的盈利预测数据外，众多学者基本都采用了分析师盈利预测，国内早期的一些研究还因为缺乏独立中介机构发布的盈利预测而采用上市公司的实际盈利。

虽然现有研究表明分析师盈利预测要优于时间序列模型，主要原因在于分析师进行盈利预测时具有同时性优势（Contemporaneous Advantage）和时机优势（Timing Advantage），再加上具有财务会计、上市公司所在行业等专业知识，还会通过与上市公司管理层沟通获得一些私有信息，使得分析师进行盈利预测时能够更好地对信息进行过滤、分析、阐述。但是现有研究同样表明分析师盈利预测普遍存在乐观倾向，并且这种乐观倾向特征不是随机的，而是有意识的策略性偏差，复杂的预测动机是造成乐观预期的主要原因，如帮助其所在机构赢得投资银行业务，促销承销股票（Hussain，1996）、增加股票交易量以赚取更多佣金（Jackon，2005）、为维护与上市公司管理层的关系以换取更多的“私人信息”（Chen，2006）、避免发生诉讼（McNichols & O' Brien，1997）等。除此之外，分析师盈利预测的准确性还受到预测公司特征，如公司规模、信息披露质量、盈余特征、所在行业等因素及自身从业经验、关注度等因素的影响，存在羊群效应。

本书通过对分析师盈利预测和混合截面回归模型生成的盈利预测的预测偏差、预测准确性的对比分析表明，无论是均值还是中位数，分析师做出的盈利预测偏差与混合截面回归模型生成的盈利预测在所考察的样本期间均呈现负值，存在乐观倾向，而且这种乐观倾向随着预测期限的延长越来越强，长期盈利预测会更乐观，分析师盈利预测也更乐观。随着预测期限的延长，两种盈利预测绝对偏差的差异越来越大，混合截面回归模型生成的盈利预测绝对偏差相对稳定，这表明混合截面回归模型能够生成比混合截面回归模型更准确的盈利预测，更好地代表了市场预期。同时，由于分析师较少关注小规模、上市时间短、陷入财务困境的公司及注重于短期盈利预测的原因，使得分析师盈利预测存在样本选择偏差，导致符合股权资本成本估算要求的样本量要明显小于基于混合截面回归模型生成的盈利预测的样本量，影响估算结果的代表性。在此基础上，本书分别基于分析师盈利预测和混合截面回归模型生成的盈利预测，采用 GGM、GLS、CT、PE、PEG、MPEG、OJ、KR 模型对 A 股非金融类上市公司的隐含股权资本成本进行了估算和有效性检验，结果表明以混合截面回归模型生成的盈利预测为基础估算的隐含股权资本成本，对未来 1 ~ 3 年的已实现收益更有预测能力，与风险因子的多变量回归检验结果更加符合理论预期，估算结果更可靠。

6.4.2　股权资本成本估算模型的有效性评价

股权资本成本的现有研究主要集中在影响因素方面，研究中学者们对股权资本成本估算模型的选用较为随意，较少关注估算模型的有效性，对估算模型的可靠性也没有达成一致。由于选用的估算模型不同，导致不同学者对同一问题的研究结论也不一致，如关于 β 系数对股权资本成本影响的研究，虽然理论上表明 β 系数在度量系统风险方面具有绝对优势，实证检验结果却各异，Reinganum（1981），Breeden、Gibbons & Litzenberger（1989）针对美国市场的研究表明，β 系数几乎与股票市场的截面平均收益变动没有关系；国内学者黄娟娟和肖珉（2006）、曾颖和陆正飞（2006）采用 GLS 模型的检验结果表明，β 系数与股权资本成本不存在显著的正相关关系；毛新述、叶康涛和张頔（2012）的实证结果表明，β 系数与采用 GGM、GLS 模型估算的股权资本成本之间不存在显著的正相关关系，但与 OJ 模型的估算结果存在显著的负相关关系，与 PEG、MPEG 模型的估算结果存在显著的正相关关系；王亮亮（2013），Hou、Dijk & Zhang（2012）等的检验结果表明 β 系数与股权资本成本存在显著的负相关关系。除 β 系数外，对公司规模、账面市值比、经营风险、公司治理、信息披露等影响因素的研究也由于选用模型不同得出了不同结论。

本书分别基于分析师盈利预测和混合截面回归模型生成的盈利预测数据，采用 GGM、GLS、CT、PE、PEG、MPEG、OJ、KR 模型对国内上市公司的隐含股权资本成本进行了估算，各个模型估算结果与未来 1 ~ 3 年已实现收益的单变量回归检验、与风险因子的多变量回归检验结果均表明，无论是基于分析师盈利预测的估算结果，还是基于混合截面回归模型生成的盈利预测的估算结果，GGM、GLS、CT 模型的估算结果都具有较高的可靠性，更加符合理论预期；PE、PEG、MPEG、OJ、KR 模型估算结果的有效性较差。Easton & Monahan（2003）在控制了影响未来折现率和现金流因素（Return News and Cash - Flow News）的前提下，通过计量误差的方法检验了各种模型估算的隐含股权资本成本与已实现收益的关系，认为对预测数据假定越少的模型，估算效果越佳。本书的检验结果与之一致，主要原因就在于 PE、PEG、MPEG、OJ、KR 这几种估算模型的假设条件过于严格，与经济现实不符。

隐含股权资本成本的估算模型都是建立在对预计盈利及盈利增长方式的假设基础上的，PE 模型进行隐含股权资本成本估算时直接假定公司预计盈利固定不变，不存在非正常盈利，估算股权资本成本时仅使用预计第一年的盈利预测数据，隐含股权资本成本为预计盈利与股票市价的比率；PEG、MPEG、OJ、KR 模型均假设估算公司在短期内盈利是增长的，如 PEG、MPEG 模模型均要求 FY1 > FY2，OJ、KR 模型虽然不要求 FY1 > FY2，但是假定 5 年内的短期盈利是增长的，长期内 PEG、MPEG 模型还假设预计盈利的非正常永续增长率为零，OJ 模型则假设预计盈利以 GNP 的长期增长率或者行业 10 ~ 15 年的长期增长率增长。这些假设条件的存在必然将一些短期内亏损或者预计盈利增长为负的样本公司排除在外，大大降低了样本量，还会导致据此盈利预测估算的隐含股权资本成本偏高，进而造成该类模型估算的股权资本成本产生偏差，影响了模型的有效性。

第7章

股权资本成本估算结果分析

对 GGM、GLS、CT、PE、PEG、MPEG、OJ、KR 这八种模型，分别采用分析师盈利预测和混合截面回归模型生成的盈利预测估算的隐含股权资本成本的有效性检验表明，以混合截面回归模型生成的盈利预测为基础估算的隐含股权资本成本更加符合理论预期；模型有效性检验结果表明 GGM、GLS、CT 模型的估算结果更有效。本章在前两章隐含股权资本成本估算及有效性检验的基础上，为进一步降低单个模型的估算误差，采用经检验估算结果最可靠的 GGM、GLS、CT 模型，基于混合截面回归模型生成的盈利预测估算的隐含股权资本成本的均值作为样本公司在估算年度的隐含股权资本成本，对 A 股非金融类上市公司隐含股权资本成本呈现的特征进行分析。

7.1 隐含股权资本成本的行业差异

行业是生产或提供同类产品与服务或具有相同工艺过程的厂商的集合，处于同一行业的公司往往面临相似的竞争环境、投资机会和成长性，投资者的风险预期较为趋同；不同行业的公司则面临不同的风险，投资者的风险预期会显著不同。因此，股权资本成本应该存在显著的行业差异，国内外一些学者的实证研究也发现股权资本成本存在显著的行业差异，如 Gebhardt、Lee & Swaminathan（2001）针对美国公司的研究表明，样本期间运动休闲（Recreational Products）、烟草（Tobacco Products）、商业银行（Banks）、电子技术（Computers）、汽车制造（Automobile & Truck）等行业的权益风险溢价比较高，房地产（Real Estate）、贵金属（Precious Metals）、金融服务（Financial Services）、医疗器械（Medical Equipment）、农业（Agriculture）等行业的权益风险溢价较低；叶康涛、陆正飞（2004）发现，纺织、建筑、交通运输、金属与非金属制品等传统产业的股权资本成本相对较低，传播文化、电子等新兴产业的股权资本成本相对较高；汪平、袁光华和李阳阳（2012），吴红军（2014），袁洋（2014）等的研究也表明股权资本成本存在显著的行业差异，张军华（2014）的研究表明股权资本成本不仅在行业门类、制造业次类存在显著差异，而且这种差异在时序上较为稳定，股权资本成本受到某些不随时间变化的行业特征的影响。通过股权资本成本估算结果的 ANOVAR 分析，本书也发现股权资本成本存在显著的行业差异，同时还存在显著的年度和地区差异，如表 7－1 所示。

表 7－1　　股权资本成本估算结果的 ANOVAR 分析

差异源	SS	DF	MS	F	P－Value
行业	8.2784	17	0.4870	49.31	0.0000
年度	8.9445	12	0.7454	75.78	0.0000
地区	3.6783	30	0.1226	12.10	0.0000

说明：行业指证监会上市公司分类指引中的行业门类；地区指全国 31 个省、自治区和直辖市。

表 7－2 进一步分年度列示了样本期间各行业股权资本成本的均值，就行业门类来说，表 7－2 表明采矿业（B）、交通运输、仓储和邮政业（G）、房地产业（K）等行业的股权资本成本较高，并且在样本期间的各个年度表现较为稳定。张军华（2013）的研究发现，赫芬达尔指数（HHI）、熵指数（EI）、市场份额的行业均值均表明采矿业行业集中度高、竞争程度低。虽然高集中度行业中的公司特质性风险较小，会降低了投资者的风险预期和风险补偿要求，会带来权益资产成本的降低，但是这几个行业受经济周期的影响明显，尤其是房地产行业受国内房地产调控措施的影响，行业风险加大，投资者要求的风险报酬必然会提高。

表 7－2 还显示，农、林、牧、渔业（A）、住宿和餐饮业（H）、信息传输、软件和信息技术服务业（I）的股权资本成本较低，这些行业的股权资本成本在大部分年度低于当年上市公司整体水平。这几个行业的产品基本是生活必需品，受经济周期、景气度等外界影响较小，公司收益波动幅度较小，投资者要求的风险溢价较低产业集中度低，导致股权资本成本普遍低于上市公司整体水平。除此之外，居民服务、修理和其他服务业（O）、文化、体育和娱乐

表 7-2　分年度各行业股权资本成本的均值（%）

行业	2008 年	2009 年	2010 年	2011 年	2012 年	2013 年	2014 年	2015 年	2016 年	2017 年	2018 年	2019 年	2020 年	平均
A	5.12	10.92	4.81	9.28	9.58	9.71	8.68	6.60	5.24	6.26	7.56	8.88	10.76	7.90
B	16.85	25.82	19.83	22.76	23.12	22.29	18.65	13.41	8.84	9.42	10.95	15.10	16.57	16.34
C	9.61	13.82	9.44	11.10	12.51	11.69	10.84	8.27	6.17	6.98	8.63	11.42	10.34	9.80
D	12.52	19.41	11.98	13.75	18.92	17.49	16.11	12.81	9.92	9.18	10.25	14.29	16.87	13.92
E	9.55	22.07	12.09	18.57	17.92	17.69	17.66	13.51	9.86	9.28	10.14	14.69	14.97	13.88
F	9.27	12.03	7.88	9.59	12.43	11.64	9.87	8.08	5.92	6.73	9.31	12.64	12.78	9.85
G	21.42	19.65	18.45	15.16	17.06	18.21	17.25	13.84	10.99	9.70	12.61	15.54	18.08	15.47
H	13.97	14.12	5.34	6.77	8.70	9.42	10.37	6.94	5.89	6.96	6.61	9.36	9.90	8.37
I	6.69	9.39	5.23	8.10	7.51	8.08	7.71	6.10	5.37	6.75	8.09	10.43	8.79	7.90
K	10.20	19.11	13.42	14.92	20.46	18.31	17.95	13.29	10.27	10.87	15.47	18.04	20.25	15.68
L	7.00	11.68	8.12	16.56	12.78	11.86	11.52	10.16	6.44	6.47	8.73	11.24	10.98	9.83
M		12.42	7.06	7.28	18.27	16.78	6.07	5.42	4.50	5.99	7.43	9.79	8.93	9.12
N	14.37	32.69	11.14	12.87	11.23	13.85	11.06	8.48	7.19	7.56	10.35	15.05	12.40	12.05
O	3.83	8.04	7.31	13.04	13.56	9.65								9.84
P										5.53	10.03	14.72	3.55	7.56
Q					5.37	3.99		6.90	3.82	7.07	8.18	15.84	13.12	10.59
R	8.10	20.79	7.28	10.61	12.38	11.24	9.25	8.42	5.48	7.08	7.89	11.28	9.58	9.05
S	7.77	12.48	7.84	14.47	20.10	14.78	11.66	6.58	5.57	4.22	6.50	11.94	10.15	10.97
Total	10.45	14.84	10.01	11.98	13.67	12.76	11.77	8.96	6.73	7.37	9.15	12.02	11.46	10.57

说明：行业分类标准采用证监会上市公司行业分类指引（2012 版），其中：A 农、林、牧、渔业；B 采矿业；C 制造业；D 电力、热力、燃气及水生产和供应业；E 建筑业；F 批发和零售业；G 交通运输、仓储和邮政业；H 住宿和餐饮业；I 信息传输、软件和信息技术服务业；K 房地产业；L 租赁和商务服务业；M 科学研究和技术服务业；N 水利、环境和公共设施管理业；O 居民服务、修理和其他服务业；Q 卫生和社会工作；R 文化、体育和娱乐业；S 综合。

业（R）等行业的股权资本成本也较低，这可能源于产品市场竞争的公司治理效应。虽然这些行业的集中度低，竞争程度高，但是产品市场的高度竞争可以发挥公司治理效应，能够促进委托代理利益的趋同，降低内部人控制风险，投资者的预期报酬率会随之降低，股权资本成本也就越低。除此之外，综合类（S）公司的股权资本成本也相对较低，这可能是由于多元化经营可以降低公司风险的缘故。

制造业包括了性质不同的众多子行业（具体行业分类参见附录1），本书的估算结果表明股权资本成本在制造业的各个子行业之间存在显著差异。具体来说，黑色金属冶炼和压延加工业（C31），酒、饮料和精制茶制造业（C15），铁路、船舶、航空航天和其他运输设备制造业（C37），有色金属冶炼和压延加工业（C32），汽车制造业（C36），造纸和纸制品业（C22），化学纤维制造业（C28），家具制造业（C21）等子行业的股权资本成本水平则明显高于制造业和上市公司整体水平。任翠玉（2011）以沪深A股2000制造业包括了性质不同的众多子行业（具体行业分类参见附录1），本书的估算结果表明股权资本成本在制造业的各个子行业之间存在显著差异。具体来说，黑色金属冶炼和压延加工业（C31），酒、饮料和精制茶制造业（C15），铁路、船舶、航空航天和其他运输设备制造业（C37），有色金属冶炼和压延加工业（C32），汽车制造业（C36），造纸和纸制品业（C22），化学纤维制造业（C28），家具制造业（C21）等子行业的股权资本成本水平则明显高于制造业和上市公司整体水平。任翠玉（2011）以沪深A股2000—2009年上市公司为样本的研究结果也发现，金属、非金属、电子、造纸等行业的股权资本成本较高。金属制品、机械和设备修理业（C43），皮革、羽毛、羽毛及其制品和制鞋业（C19），文教工美、体育和娱乐用品制造业（C14），其他制造业（C41），仪器仪表制造业（C40），木材教工和木、竹、藤、棕、草制品业（C20），农副食品加工业（C13），食品制造业（C14），医药制造业（C27）等子行业的股权资本成本水平均低于制造业和上市公司整体水平。股权资本成本水平的高低反映了这些子行业的行业风险，前一类子行业的产品都是生活必需品，受经济周期、景气度等外界影响较小，公司收益波动幅度较小，投资者要求的风险溢价较低。后一类子行业的产品基本上都是工业品，产品需求受制于经济增长方式和所处的经济周期，且都属于重污染行业，近年来我国经济增长放缓、产能过剩、投资水平下降、多年的经济高速增长还带来了严重的环境问题，转变经济增长方式迫在眉睫，导致处于该类子行业的公司产品需求下降，环保投资增加、法律风险提高，投资者要求的风险溢价显著提高，股权资本成本水平随之提高。

7.2　股权资本成本与公司规模

已有研究表明规模越大的公司越倾向于披露更多信息，较多的信息披露则能够改善公司内外部的信息不对称；同时大规模的公司更加成熟，经营趋于稳定，承担风险的能力也更强，投资者面临较小的预期风险，这些因素都显著可以降低公司的股权资本成本。

表7-3列示了不同规模的上市公司股权资本成本水平。考虑到结果的稳健性，同时选用总市值和资产总额两个指标作为公司规模的代理变量，按照上市公司总市值和资产总额的5%、10%、25%、50%、75%、90%分位数将样本公司划分为7个区间，统计了样本期间不同规模的上市公司股权资本成本估算结果的平均值、中位数。

表7-3　　上市公司规模与股权资本成本（%）

分位数	资产总额		总市值	
	均值	中位数	均值	中位数
≤5%	11.95	8.50	19.18	14.53
≤10%	10.43	7.74	16.47	12.95
≤25%	9.56	7.12	14.51	11.19
≤50%	10.18	7.20	11.49	8.64
≤75%	10.40	7.64	9.19	6.35
≤90%	11.45	7.77	6.53	4.53
>90%	11.27	7.86	4.57	2.99

说明：表中所示“≤5%”为规模位于上市公司整体规模5%（含5%）分位数以下的公司，“>90%”为规模位于上市公司整体规模90%分位数以上的公司，“≤10%”为规模位于上市公司整体规模5%~10%（含10%）的公司，其他区间相同。

表7-3列示的结果显示，以总市值表示的公司规模，随着上市公司规模的增大，估算的股权资本成本水平逐渐降低（以资产总额表示的公司规模，股权资本成本与公司规模之间的呈“倒U”形关系），与本书关于股权资本成本与风险因子的多变量回归分析中公司规模的检验结果一致，表明股权资本成

本与上市公司规模之间存在负相关关系。进一步研究还发现，样本期间以资产总额表示的公司规模与公司盈利能力（ROE）之间存在正相关关系，即公司规模越大，盈利水平越高，这也就意味着股权资本成本与公司盈利能力之间存在负相关关系。这与本书股权资本成本与风险因子多变量回归分析中盈利能力的检验结果基本一致，表明国内上市公司规模越大，以销售毛利率、净资产收益率反映的盈利水平越高，股权资本成本越低，股权资本成本与上市公司盈利能力之间存在预期中的负相关关系。这可能与上市公司的盈利质量与波动性有关，研究中发现公司规模越小，会计应计项目越高，公司规模与应计项目之间呈正相关关系；同时小规模公司的收益波动幅度更大，表明相比小规模公司，大规模公司盈利能力较高，盈利质量更高、波动性更小，投资者对未来收益的风险预期降低，要求的报酬率也随之降低。因此，股权资本成本与公司规模、公司盈利能力呈现负相关关系。

7.3 股权资本成本与股权结构

本书中股权资本成本与风险因子的多变量回归检验结果表明，股权资本成本与股权集中度之间存在正相关关系，公司股权越分散，股权资本成本就越低，理论上来讲这主要源于其他股东对大股东的制衡作用。

表7-4分别列示了第一大股东、前五大股东、机构投资者在不同持股比例下的上市公司股权资本成本估算结果的平均值、中位数。

表7-4　　上市公司股权结构与股权资本成本（%）

分位数	第一大股东持股比例		第五大股东持股比例		机构持股	
	均值	中位数	均值	中位数	均值	中位数
≤5%	0.1133	0.0781	0.1217	0.0776	0.0961	0.0706
≤10%	0.1089	0.0759	0.1202	0.0799	0.0994	0.0714
≤20%	0.1056	0.0784	0.1121	0.0763	0.0944	0.0726
≤30%	0.1014	0.0736	0.1057	0.0744	0.0987	0.0724
≤45%	0.1039	0.0740	0.1137	0.0784	0.1089	0.0797
≤50%	0.1107	0.0781	0.1127	0.0799	0.1101	0.0779
>50%	0.1049	0.0746	0.0991	0.0740	0.1091	0.0762

说明：机构投资者包括基金、券商、券商理财产品、QFII、保险公司、社保基金、企业年金、财务公司等各类机构投资者。

表7－4显示，就第一大股东持股比例来看，整个样本期间在股权非常分散的情况下（≤5%），无论是均值还是中位数表示的股权资本成本水平最高；当第一大股东的持股比例提高至20%～30%时，股权资本成本水平显著下降，达到最低点的10.14%。这可能是由于分散的股权结构带来了较高的交易成本，导致分散的股权结构不但没有起到降低股权资本成本的作用，反而提高了股权资本成本；但是当第一大股东持股比例增加到30%及以上时，股权资本成本开始逐渐提高（大于50%除外）。股权资本成本水平在前五大股东不同持股比例下的变动趋势与第一大持股比例一致。当前五大股东的持股比例超过50%时，股权资本成本水平又有所提升。这表明过于分散或集中的股权结构都会带来股权资本成本水平的提高，过于分散的股权结构会导致公司内部决策缓慢，交易成本提高，出现"内部人控制"；过于集中的股权结构则可能无法约束大股东的"掏空行为"，出现大股东侵害外部中小股东利益的情形。因此，从降低投资者风险预期与股权资本成本水平的角度来看，股权集中度应该有一个合理范围，本书的研究结果表明，第一大股东持股比例和前五大股东持股比例介于20%～30%时股权资本成本水平最低。

近年来，机构投资者队伍不断壮大，已经成为我国"证券市场上的生力军"（张敏、姜付秀，2010）。相比中小股东，机构投资者不仅具有资金优势，还具有金融、财务等方面的专业优势，具有更强的信息解读与预测能力。一些学者的实证研究表明，机构持股具有公司治理效应，但是学术界尚未就机构持股能否改善公司治理达成一致，主要存在两种观点：一是"股东消极主义"，认为机构投资者的交易行为会刺激上市公司投资行为短期化，机构投资者还有可能与管理层合谋损害中小股东的利益（Wahal & McConnel，2000），从而恶化公司治理；另一种是"股东积极主义"，认为机构持股可以发挥监督管理作用，提升上市公司治理水平（Grossman & Hart，1980）。毛洪涛、邓博夫、吉利（2013）的研究表明，机构持股比例与股权资本成本之间呈显著的"倒U"形关系，机构整体持股水平较低时会恶化上市公司治理，提高股权资本成本，只有机构投资者持股比例较高时才能改善公司治理，降低股权资本成本，但是国有产权性质会削弱这种关系；霍晓萍（2015）发现，持股比例高、持股期限长的机构投资者更有助于降低上市公司的股权资本成本，但是股权集中会削弱机构投资者持股对股权资本成本的影响。

本书的估算结果表明，在不考虑其他影响因素的前提下，整个样本期间机构投资者持股比例与股权资本成本的关系呈现波浪形变化，即随着机构投资者持股比例的提高，股权资本成本首先提高，然后开始下降，之后继续下降。这在一定程度上表明机构投资者持股的公司治理效应发挥是以一定的持股比例为基础的，过高或过低的机构持股比例都会导致股权资本成本的提高，与第一大股东持股比例、前五大股东持股比例对股权资本成本的影响一致。

7.4 股权资本成本与公司性质

现有研究表明，政治关联是有价值的，上市公司通过与政府建立各种联系可以获取政府政策变化的信息，帮助公司获取关键资源。余明桂、潘洪波（2008）发现有政治关联的公司可以获得更多银行贷款并且贷款期限更长，潘越、戴亦一、李财喜（2009）的研究表明有政治关联的民营公司处于财务困境时更容易获得政府补助，苏忠秦（2013）从资本成本的角度证实了政治关联的价值，存在政治关联的上市公司股权资本成本和债务资本成本更低，徐浩萍、吕长江（2007）研究了政府干预程度变化对公司股权资本成本的影响，结果表明这一影响与公司所有权性质密切相关，政府干预越少，非国有上市公司的股权资本成本越低；Boubakri Mishra & Saffer（2012）从 25 个国家 1999—2001 年的样本研究中发现，政治关联与股权资本成本之间存在显著的负相关关系，即相对于无政治关联的公司，具有政治关联公司的股权资本成本显著降低，Hellman、Jones & Kaufmann（2003）更是直接指出“Seize the State，Seize the Day”。

1978 年开始的市场化改革，打破了以国有企业为载体的国有经济的一统局面，国有企业通过股份制改革成为上市公司，并通过国有股权转让逐步退出了某些充分竞争性领域，非公有制经济得以迅速发展，中小板和创业板市场的建立和发展又使得部分民营公司陆续通过 IPO 成为上市公司。本书根据上市公司是否由政府控制，将样本公司分为国有上市公司、民营上市公司、外资上市公司和其他四类，以对样本期间各种性质的上市公司股权资本成本进行统计分析（见表 7－5）。

表7-5　上市公司性质与股权资本成本（%）

估算年度	国企	民营	外资	其他	Total
2008	11.22	8.45	12.65	13.09	10.48
2009	15.78	12.66	24.30	8.83	14.80
2010	10.86	7.94	13.86	18.31	10.01
2011	13.05	9.88	17.88	13.28	11.95
2012	15.74	11.69	19.04	20.31	13.87
2013	14.57	11.33	16.51	12.58	12.84
2014	14.03	10.04	15.32	11.79	11.89
2015	10.98	7.53	9.86	12.12	9.02
2016	7.99	5.94	7.60	9.84	6.79
2017	8.15	6.82	8.03	10.08	7.36
2018	10.22	8.52	8.51	12.59	9.13
2019	13.56	11.20	12.25	14.68	11.99
2020	13.73	10.43	10.41	12.06	11.46
平均	12.27	9.31	12.43	13.11	10.64

说明：公司性质分类来源于国泰安经济金融研究数据库（CSMAR）。

表7-5分年度列示了样本期间国有、民营、外资和其他四类上市公司股权资本成本的平均值。从中可以看出，样本期间虽然各个年度国有上市公司的股权资本成本都高于上市公司整体平均水平，并且基本所有年份的股权资本成本是四类上市公司中次低水平；民营上市公司的股权资本成本均低于上市公司整体水平，外资上市公司大部分年度的股权资本成本也高于上市公司整体水平，股权资本成本水平确实因上市公司性质不同而存在差异，国有上市公司的股权资本成本处于较低水平。

随着政治经济体制改革的深入进行和现代企业制度的建立使得政企开始分离，政府对公司经营的干预逐渐减少，但是无论在中央层面还是在地方层面，政府依旧通过各种形式掌握着关键资源的分配，如各种行政审批、土地使用权的转让、财政补贴、税收优惠、融资渠道都是由政府控制的，一些重要行业的价格管制和进入壁垒也仍然存在。在我国，国有上市公司基本上都是通过股份制改革而上市的，与政府天然存在着某种政治联系。政治关联作为一种有价值的资源，在目前国内市场化程度不高、金融市场不发达、法治水平比较低的情况下，国有上市公司更有可能利用政治关联获得公司发展所需的关键资源，如更低的实际税率、更多的政府采购和财政补贴等，面临融资约束和市场竞争时也能获得各种便利，可以获得更优惠的银行贷款和更大的市场份额，遇到财务困境时更有可能得到政府救援。除此之外，政治关联还可以作为一种替代性保护机制和非正式制度，在政府的“掠夺之手”伸向公司时避免使其受到来自政府部门的干预和侵害。地方政府还可以利用行政权力限制市场准入资格或直接创造需求以降低公司的经营风险，直接提供补贴或金融便利以降低公司财务风险。上述这些因素都会降低国有上市公司的经营风险和财务风险，提高未来现金流量的稳定性，从而降低投资者承担的风险，起到降低股权资本成本的作用。

由于各级政府掌握的资源存在显著差别，受政府不同层级控制的国有上市公司获得的政府资源存在差异，由此可能带来不同层级国有上市公司的股权资本成本水平存在差异。表7－6分年度列示了不同层级国有上市公司的股权资本成本，从中可以看出，除2013年外，中央企业的股权资本成本不仅低于国有上市公司平均水平，也低于省属、市属国企。

表7－6　　不同层级国有上市公司的股权资本成本（%）

估算年度	央企	省国企	市国企	Total
2008	10.59	11.81	11.26	11.22
2009	14.97	16.71	15.80	15.78
2010	9.87	12.63	10.66	10.86
2011	12.15	12.84	13.63	12.99
2012	14.90	15.37	16.62	15.74
2013	14.80	13.96	14.73	14.57
2014	13.52	14.23	14.30	14.03
2015	10.47	11.20	11.23	10.98
2016	7.21	8.34	8.35	7.98
2017	7.55	8.48	8.49	8.16
2018	9.89	10.67	10.21	10.22
2019	12.67	13.94	14.08	13.55
2020	13.69	13.74	13.83	13.76
平均	11.72	12.47	12.58	12.27

说明：国有上市公司根据控制层级，分为中央控制的国有上市公司（简称央企）、省属国有上市公司（简称省属国企）和市属国有上市公司（简称市属国企）。央企的最终控制人是中央各部委，如国资委、财政部、商务部等；省属国企的最终控制人为省、地区级政府各部门，如各省、自治区、直辖市的国资局、财政厅、交通厅等；市属国企的最终控制人为市级政府各部门。

除政治关联带来的影响外，本书认为中央企业的股权资本成本之所以低于省属国企、市属国企，还在于中央企业在国民经济中的地位和作用。不同于省属国企、市属国企，为了保障国民经济的健康运行和保持对关键行业的控制，从行业分布上来看，中央企业大多属于军工、资源类、大型装备制造业或者提供公共产品和公共服务的行业等，这些行业基本上都是有准入限制的，属于国家垄断经营，经营上更加稳定，风险较小；同时由于行业特性，这些行业的上市公司资产规模、市值都远高于其他行业，因此它们承受风险的能力也更强，投资者的风险预期也较低，从而能够起到降低股权资本成本的作用。

7.5　股权资本成本与上市公司所在地

随着研究的深入，近年来国内外一些学者将制度因素引入股权资本成本的研究，结果表明良好的制度环境对社会经济发展起着相当重要的作用，能够降低投资者的风险预期，如 Rajan & Zingales（1998）研究了金融发展与公司外部融资成本之间的关系，发现良好的金融市场、健全的法律制度能够减少公司面临的融资约束，降低外部融资成本，Siqi Li（2010）发现具有较好法律实施环境的国家，公司的股权资本成本比较低；国内学者沈艺峰、肖珉（2005）的实证研究表明，在中小投资者法律保护的不同阶段，公司股权资本成本存在明显差异，中小投资者法律保护制度越强，上市公司的股权资本成本越低。

经过30多年的市场化改革，我国逐渐建立了社会主义市场经济体制，但是各地区的市场化进程并不一致，法律制度、金融体系等制度环境因素存在显著差异。本书根据国家统计局2011年6月13日的划分办法，把我国的经济区域划分为东部、中部、西部和东北老工业基地四大地区，并将样本公司按照上市所在地划分归入到四大经济区域。在此基础上，分年度统计了样本期间各经济区域上市公司股权资本成本的平均数，如表7－7所示。

表7－7　上市公司所在地与股权资本成本（%）

估算年度	东部地区	东北地区	中部地区	西部地区	平均
2008	10.17	8.99	11.99	10.64	10.45
2009	14.44	16.96	14.51	15.82	14.84
2010	9.76	9.24	10.29	11.02	10.01

续表

估算年度	东部地区	东北地区	中部地区	西部地区	平均
2011	11.87	13.85	10.58	13.11	11.98
2012	13.16	16.24	13.12	15.55	13.67
2013	12.52	13.15	11.84	14.72	12.76
2014	11.70	11.74	11.26	12.63	11.77
2015	8.94	8.24	9.01	9.25	8.96
2016	6.82	6.59	6.22	6.84	6.73
2017	7.47	6.80	6.95	7.53	7.37
2018	9.24	8.48	9.02	9.02	9.15
2019	11.79	11.38	12.57	12.96	12.02
2020	11.28	11.41	11.69	12.21	11.46
平均	10.42	10.63	10.47	11.37	10.57

说明：四大经济区域包括东部、中部、西部地区和东北老工业基地，其中东部地区包括北京、天津、上海、河北、山东、江苏、浙江、福建、台湾、广东、香港特别行政区、澳门特别行政区、海南；中部地区包括山西、河南、湖北、安徽、湖南、江西；西部地区包括内蒙古自治区、宁夏回族自治区、新疆维吾尔自治区、陕西、甘肃、青海、重庆市、四川、西藏自治区、广西壮族自治区、贵州、云南；东北地区包括黑龙江、吉林、辽宁3省。本书中股权资本成本估算和分析对象仅包括境内A股非金融类上市公司，除AH股同时上市的公司外，不包括单独在港、澳、台地区上市的公司。

由表7-7可以看出，东部、中部、西部和东北四大经济区域上市公司的隐含股权资本成本存在明显的地区和年度差异，样本期间的大部分年份中，西部地区的上市公司隐含股权资本成本最高，其次是东北地区，2015年之前中部地区的股权资本成本最低，2015年之后东北地区的隐含股权资本成本水平低点年份最多。东部地区上市公司的权益资本成在样本期间的各个估算年度出资出现最低点和最高点年份很少，但是由于东部地区上市公司数量远高于中部、西部和东北地区之和，造成整个样本期间内东部地区上市公司股权资本成本的均值最低，西部地区最高。从四大经济区域内部来看，各个省份（包括自治区、直辖市）上市公司的股权资本成本水平也存在明显差异，东部地区的北京、上海、天津、广东、海南，中部地区的河南、湖南、山西，西部地区的甘肃、内蒙古、贵州及东北地区的黑龙江等省份的上市公司，股权资本成本在大多数估算年度不仅低于上市公司整体水平，还低于区域平均水平。

从现有宏观经济与制度环境对股权资本成本的影响研究成果来看，四大经济区域上市公司股权资本成本呈现的地区性差异，与各地区经济发展速度、规模及市场化程度有关。相对于中西部和东北老工业基地来说，无论是自然资源、资源禀赋、区位条件、经济基础等先天基础条件，还是投资力度、技术与人力资本、政策扶持等后天因素，东部地区都要优于中西部地区。改革开放以来，在东部率先发展战略的支持下，我国在工业布局上形成了“南轻北重、东轻西重”的格局，以轻型或轻重混合型产业为主的东部地区经济在出口政策的刺激下迅速发展，与中西部、东北老工业基地的差距不断扩大；另外非国有经济的发展、城市化进程及政府角色的转变也显著地促进了东部地区经济的快速发展。樊纲、王小鲁、朱恒鹏（2009）编制的《中国市场化指数——各省区市场化相对进程报告》① 显示，东部地区各省市市场化指数的评分远高于中西部地区，占据了市场化指数排名的前几位。金融危机以来，东部地区经济受产业调整、出口受阻、劳动力成本上升、土地和房屋租金价格上涨等因素影响，经济增长速度逐步放缓，部分产业向中西部地区转移；中西部及东北地区随着西部大开发、振兴东北老工业基础、中部崛起等战略实施的不断深入，基础设施建设和投资环境有了很大改观，部分省市的经济增长速度高于全国平均水平，区域经济发展不平衡的趋势逐渐缓和；虽然这三个地区的市场化指数排名依然比较靠后，但是评分显著提高。市场化改革通常伴随着行业进入退出壁垒的降低、外资进入、价格管制的放松和非国有经济的发展，这些都会加剧市场竞争，带来公司经营效率的提升和业绩的改善、进而增强管理层激励，提高公司治理水平，降低经营风险，投资者要求的预期报酬率会下降，从而起到降低股权资本成本水平的作用。

7.6　上市公司权益风险溢价的合理界域

无论是学术研究还是实践应用中的微观财务决策、宏观经济管理，资本成本都发挥着不可或缺的基础性作用，但是由于对估算模型的有效性尚未达成一致，股权资本成本估算模型的选用较为随意，各个模型的估算结果存在重大差

① 根据《中国市场化指数——各省区市场化相对进程报告》，市场化指数包括政府与市场的关系、非国有经济的发展、要素市场的发育程度、市场中介组织的发育和法律制度环境五个方面构成。该市场化进程报告一共发布了六次，分别给出了 1997—1999 年、2000—2002 年、2001—2005 年、2005—2007 年、2007—2009 年的各省区市场化指数。

异，不利于股权资本成本决策基准性作用的发挥。汪平（2012）等认为："资本成本绝对不单纯是学术研究中专供比较分析的一个数值，该数值还直接关系到股东财富的变化，关系到公司投融资决策的合理做出。无论是将资本成本看作是投资者要求的报酬率，还是董事会及管理层所确定的最低报酬率水平，资本成本无疑都将有一个合理界域存在。脱离开这一合理界域的资本成本数值是没有任何意义的。"①

国外学者对这一问题早就有所关注，如 Myers（1992）认为："如果一切正常，资本成本溢价可以被限定 2～3 个百分点的范围内。当数据受到限制或不正常时，范围会相应变宽。"② Siegel（1992）以实际收益为基础计算的美国股票市场 1982—1990 年的权益风险溢价为 2%～4%，Blanchard（1993）的研究表明，1926 年以来美国股票的权益风险溢价已经降低到 2%～3%，Claus & Thomas（2001）以隐含股权资本成本与 10 年期长期国债利率之差作为权益风险溢价，研究表明 1985—1998 年美国股票市场每年的权益风险溢价均在 3% 左右，加拿大、法国、德国、英国在同一期间的权益风险溢价大约也在 2%～3%，Gebhardt、Lee & Swaminathan（2001）的研究表明，1979—1995 年以中位数和平均值计算的美国股票市场的权益风险溢价均在 2%～3%。汪平（2012）在国内首次提出"股权资本成本估算值的合理界域"，认为处于合理界域中的股权资本成本数值是"综合了长期以来历史报酬、无风险利率以及债务资本成本等数值之后的结果"。康玉梅（2013）进一步提出了确定股权资本成本合理界域的初步设想，认为股权资本成本合理界域的下限是利率，上限是在利率的基础上增加各项溢价和增加项目。

借鉴这一研究思路，本书认为股权资本成本最低不应该低于：（1）考虑到通货膨胀的影响，股权资本成本不应低于无风险利率和通货膨胀率之和（R_1）；（2）根据"风险与报酬均衡"的原理，由于股东承担的风险要大于公司债权人，因而股东会在债权投资者要求的收益率基础上增加一定的风险溢价，因此股权资本成本最低不应低于金融机构人民币长期贷款的基准利率或者公司长期债券利率（R_2）。

表 7－8 列示了本书期间隐含股权资本成本水平与及通过上述两种方法确

① 汪平、袁光华、李阳阳．我国企业资本成本估算及其估算值的合理界域：2000—2009［J］．投资研究，2012（11）：101－114.

② 彼得·纽曼，默里·米尔盖特，约翰·伊特韦尔．新帕尔格雷夫货币金融大辞典［M］．北京：经济科学出版社，2000（第 1 卷）.

定的风险溢价，其中隐含股权资本成本（COE）为经检验估算结果最可靠的GGM、GLS、CT 模型基于混合截面回归模型生成的盈利预测估算的结果均值，风险溢价为隐含股权资本成本与确定的下限差额，RP_1 表示隐含股权资本成本与无风险利率、通货膨胀率之和（COE 减去 R_1）的差额，RP_2 表示隐含股权资本成本与五年期以上金融机构人民币贷款基准利率（COE 减去 R_2）的差额。

表 7-8　　股权资本成本与风险溢价（%）

估算年度	COE	R_f	CPI	R_1	R_2	RP_1	RP_2
2008	10.45	4.18	5.90	10.08	7.83	0.37	2.62
2009	14.84	1.51	-0.70	0.81	5.94	14.03	8.90
2010	10.01	2.43	3.30	5.73	5.94	4.28	4.07
2011	11.98	5.22	5.40	10.62	6.40	1.36	5.58
2012	13.67	4.31	2.60	6.91	7.05	6.76	6.62
2013	12.76	4.44	2.62	7.06	6.55	5.69	6.21
2014	11.77	4.97	1.99	6.96	6.55	4.81	5.22
2015	8.96	3.69	1.44	5.13	6.15	3.82	2.81
2016	6.73	2.92	2.00	4.92	4.90	1.82	1.83
2017	7.37	4.36	1.60	5.96	4.90	1.41	2.47
2018	9.15	3.75	2.10	5.85	4.90	3.30	4.25
2019	12.02	2.83	2.90	5.73	4.90	6.29	7.12
2020	11.46	2.41	2.50	4.91	4.90	6.55	6.56
平均	10.57	3.62	2.59	6.21	6.15	4.36	4.42

说明：R_f 为无风险利率，2002 年 8 月 6 日前为 3 个月定期银行存款利率，2002 年 8 月 7 日至 2006 年 10 月 7 日为 3 个月央行票据的票面利率，2006 年 10 月 8 日之后为上海银行间 3 个月同业拆放利率，数据来源于锐思金融研究数据库（RESSET）；CPI 为消费者物价指数，数据来源于万德金融资讯（Wind）；R_1 为无风险利率与通货膨胀率之和；R_2 为 5 年期以上金融机构人民币贷款基准利率，年内基准利率发生变动时采用年初利率，数据来源于中国人民银行官网。

从表 7-8 可以看出：（1）受国家货币政策、财政政策等的影响，样本期间各年度无风险利率（R_f）、通货膨胀率（CPI）变动幅度很大、使得股权资本成本下限 R_1 呈现显著的年度差异，2011 年最大为 10.62%（2008 年也很大，为 10.08%），2009 年最小为 0.81%，差异达 9.81%，再加上股权资本成本在各年度的差异，导致权益风险溢价 RP_1 在各年度之间显著不同；（2）虽然样本期间金融机构人民币长期贷款利率有所调整，但变动幅度相对较小，因此股权资本成本下限 R_2 在各年度之间的变化比较平稳，权益风险溢价 RP_2 受各年度股权资本成本估算结果的影响差异很大，但是变动幅度要小于风险溢价 RP_1；（3）虽然确定的股权资本成本下线 R_1、R_2和相应的风险溢价 RP_1、RP_2在各个年度之间差异巨大，但是就整个样本期间来看，股权资本成本下线 R_1、R_2均值分别为6.33%、6.54%，风险溢价 RP_1、RP_2分别为4.36%、4.42%，差异很小，权益风险溢价在4.4%左右，表明从长期来看权益风险溢价比较稳定，比欧美国外成熟证券市场的风险溢价略高。

理论研究和实践应用中通常还以长期国债利率作为无风险利率，在这里若以长期国债利率作为无风险利率，根据国泰安经济金融研究库（CSMAR）提供的数据计算，样本期间国内10年期国债的平均票面利率为3.51%，加上样本期间的平均通货膨胀率2.59%，权益风险溢价为4.47%，与上述权益风险溢价 RP_1、RP_2相差不大。

除此之外，实践应用中还可以通过债权利率加风险溢价法大致估计股权资本成本，其中风险溢价是凭借经验估计的。相对于本公司发行的债券，一般认为普通股的风险溢价大约在3% ~5%，经计算样本期间国内10年期公司债券（固定利率，信用级别为AAA）的平均票面利率为4.54%，加上3% ~5%的权益风险溢价，与本书对样本期间银行股权资本成本的估算结果大致相当。

由此可见，股权资本成本和风险溢价在较长期限内是相对稳定的，在数值上存在一个合理界域，这在一定程度上表明本书对股权资本成本估算模型的有效性和盈利预测数据的可靠性判断是合理的。但是，从短期来看，股权资本成本和风险溢价受宏观经济发展、股票市场周期等因素的影响，呈现显著的年度差异。因此，确定股权资本成本的合理界域时必须考虑期限的长短，短期数据能够即时反映当时的资本市场状况，但是容易受政治环境、经济周期与宏观调控政策等的影响，长期数据则可以在一定程度上消除这些因素对股权资本成本和风险溢价的影响，反映股权资本成本和风险溢价的长期趋势。国内资本市场的发展只有短短30年，作为新兴转型经济体，经济发展面临很多不确定因素，因此国内股权资本成本合理界域的确定应该有别于西方成熟市场，需要做出动态调整。

除此之外，本书对隐含股权资本成本估算结果的分析还表明，隐含股权资本成本存在着明显的行业、地区差别，不同性质的上市公司隐含股权资本成本也存在着明显差异，所以在确定股权资本成本和风险溢价的合理界域时还要考虑行业、地区等多个维度的差异，探讨分行业、分地区的隐含股权资本成本和风险溢价的合理界域。

第8章

研究结论、局限与展望

自从20世纪中叶 Modigliani & Miller 二位学者发表了以资本成本、公司估值和资本结构为主题的开创性论文以来，资本成本受到学术界的广泛关注。众多研究者基于不同的研究视角对资本成本进行了深入研究，在资本成本的影响因素、估算模型等方面取得了丰硕的研究成果，尤其是股权资本成本估算模型的研究，在经典资产定价理论的基础上不断放松、简化假设条件，先后提出了 CAPM、APM、三因素、五因素等风险补偿模型和各类隐含股权资本成本估算模型，如以股利折现模型为基础的 GGM 模型、以剩余收益为基础的 GLS、CT 模型、以盈余非正常增长为基础的 Easton（包括 PE、PEG、MPEG）模型、OJ、KR 等模型，并且将这些估算模型应用于证券市场进行了实证检验。国内对于资本成本的研究较晚，直到20世纪90年代初才进入研究视野，最初的研究都是围绕资本成本的内涵及作用展开的，最近10年的研究焦点逐渐聚集到股权资本成本的影响因素方面，影响因素从经典的β系数、公司规模、权益账面市值比、负债率等公司特征逐渐扩展到公司治理、行业因素和投资者法律保护、信息披露、市场化改革等制度因素。

8.1 研究结论

本书对以往股权资本成本的研究文献进行了较为全面的梳理，首先厘清了国内研究中容易混淆的资本成本、资金成本、融资成本的区别与联系，界定了本书对资本成本内涵的规定，即资本成本是投资者要求的与其承担的风险相适应的预期报酬率，并对国内外股权资本成本影响因素的研究成果进行了分类整理。在此基础上，按照提出时间的先后顺序，详细梳理了两类股权资本成本估算模型的发展历程、模型假设及推演过程，对模型的特点和适用条件进行了分析，选定基于预期收益的隐含股权资本成本估算模型作为本书使用的估算模型，分别采用分析师盈利预测和混合截面回归模型生成的盈利预测，对2008—2020 年沪深 A 股非金融类上市公司的隐含股权资本成本进行了估算，对估算结果的有效性进行了检验和评价；并以有效性检验结果为基础对上市公司股权资本成本的特征进行了分析。具体来说，主要形成了如下三点结论：

第一，盈利预测数据的质量是影响隐含股权资本成本估算结果是否有效的重要因素，本书的结果表明，混合截面回归模型生成的盈利预测用于隐含股权资本成本的估算要优于分析师盈利预测。现有研究通常采用分析师盈利预测作为隐含股权资本成本估算时所需的盈利预测，国内部分学者还用实际盈利替代盈利预测。自从 Hou、Dijk & Zhang（2012）在《隐含资本成本：一种新方法》（The Implied Cost of Capital：A New Approach）一文中提出混合截面回归模型以生成股权资本成本估算的盈利预测，对 1968—2008 年美国三大证券交易市场多达 170 000 家公司每年的股权资本成本进行估算与分析后，国内部分学者也借鉴该模型生成盈利预测，并用于股权资本成本的估算。但是，无论是采用分析师盈利预测，还是采用混合截面回归模型生成的盈利预测，研究中都没有考虑盈利预测数据质量对股权资本成本估算结果的影响。本书借鉴 Hou、Dijk & Zhang（2012）的研究方法，同时采用分析师盈利预测和混合截面回归模型生成的盈利预测，对国内非金融类上市公司 2008—2020 年的隐含股权资本成本进行了估算和检验。将两类盈利预测数据用于隐含股权资本成本估算之前，首先从预测偏差和预测准确性两个角度对两类盈利预测进行对比分析，结果表明分析师做出的盈利预测绝对偏差要高于混合截面回归模型生成的盈利预测绝对偏差，而且随着预测期限的延长，两种盈利预测绝对偏差的差异越来越大，混合截面回归模型生成的盈利预测绝对偏差相对稳定，这表明混合截面回归模型能够生成比分析师盈利预测更准确的盈利预测。同时分析师盈利预测还存在样本选择偏差的问题，致使符合股权资本成本估算要求的样本量要明显小于基于混合截面回归模型生成的盈利预测的样本量，影响估算结果的代表性。对两类盈利预测分别采用 GGM、GLS、CT、PE、PEG、MPEG、OJ、KR 等模型，对上市公司的隐含股权资本成本进行了估算和检验，各模型估算结果与未来 1 ~ 3 年已实现收益的单变量回归分析结果表明，以混合截面回归模型生成的盈利预测为基础估算的股权资本成本对未来已实现收益更具预测能力；风险因子的多变量回归分析结果也表明以混合截面回归模型生成的盈利预测为基础估算的股权资本成本更加符合理论预期。

第二，在多个隐含股权资本成本的估算模型中，GGM、GLS、CT 模型的估算结果要优于其他估算模型。国内对股权资本成本的研究集中在影响因素方面，研究中对于股权资本成本的估算往往直接借鉴国外模型，模型的选择较为随意，没有考虑模型的适用性和有效性，CAPM、GLS、PEG 模型的使用频率最高；也有一些学者为避免单个模型估算结果可能产生的偏差对研究结论的影响，同时采用多个模型对股权资本成本进行估算，以各个模型估算结果的均值作为研究中股权资本成本的取值。本书对 GGM、GLS、CT、PE、PEG、MPEG、OJ、KR 模型分别采用两类盈利预测数据来源估算的银行股权资本成本进行了有效性检验，各个模型估算的股权资本成本与未来 1 ~ 3 年已实现收益的单变量回归分析、与风险因子的多变量回归分析结果均表明，无论是基于分析师盈利预测估算的股权资本成本，还是基于混合截面回归模型生成的盈利预测估算的股权资本成本，GGM、GLS、CT 模型的估算结果对未来已实现收益更具预测能力，也更加符合理论预期，PE、PEG、MPEG、OJ、KR 模型的估算结果有效性差。

第三，以经过检验估算结果最为可靠的 GGM、GLS、CT 模型，基于混合截面回归模型生成的盈利预测为基础估算的隐含股权资本成本均值的分析结果表明，样本期间国内上市公司的股权资本成本存在显著的行业差异，并且这种差异在不同估算年度具有一定的稳定性；另外，股权资本成本还存在显著的年度和地区差异，受公司规模、公司性质和股权结构的影响。就权益风险溢价的合理界域来说，虽然样本期间隐含股权资本成本与风险溢价存在显著的年度差异，但是就整个样本期间来看，股权资本成本的平均值约为 10.57%，权益风险溢价大致在 4.4%，风险溢价略高于西方成熟资本市场，表明长期内权益风险溢价应该存在一个合理界域，同时这一合理界域受行业、地区、公司性质等因素的影响。

8.2　研究启示

无论是学术研究，还是微观财务和宏观经济管理中决策基准性作用的发挥，都是以股权资本成本的科学合理估算为前提的。股权资本成本的合理估算关键取决于估算模型的选择和模型参数的设置两个方面，本书的研究结论表明各个估算模型的有效性、隐含股权资本成本估算时盈利预测数据来源的有效性并不一致。其研究结论对股权资本成本的后续学术研究和实践应用有一定的启示：

第一，目前的学术研究和实践应用对于股权资本成本估算模型的有效性并未达成一致，尤其是学术研究，各位学者选用估算模型时较为随意，没有考虑估算模型的有效性对研究结论的影响。股权资本成本估算模型的选择对估算结果有重大影响，各个隐含股权资本成本估算模型都是基于股票市场价格和预计盈利或者股利来倒推估算股权资本成本的，都假设预计盈利或者股利的增长在时间上可以区分为两个明显的阶段，即预计盈利或者股利经历了非正常增长阶段之后，都将进入永续增长期，这些模型的区别主要在于对预计盈利或股利的非正常增长期及永续增长率的假设不同。本书同时采用 GGM、GLS、CT、PE、PEG、MPEG、OJ、KR 8 种估算模型，对国内非金融类上市公司 2008—2020 年度的隐含股权资本成本进行了估算，结果表明各个模型的估算结果存在重大差异，模型的有效性检验显示各个模型的有效性存在显著差别，GGM、GLS、CT 模型的估算结果相差不大，且有效性较高。这表明部分模型对于预计盈利增长期限和增长率的假设可能不适用于国内上市公司，模型的适应性较差，会对研究结论产生重大影响。本书的研究结果对以后的学术研究和实践应用中股权资本成本估算模型的选择，甚至研究和提出更加适合国内情况的股权资本成本估算模型有一定的借鉴意义。

第二，在估算模型选定的情况下，盈利预测数据的质量是影响隐含股权资本成本估算结果是否有效的重要因素。现有研究通常采用分析师盈利预测作为隐含股权资本成本估算时所需的盈利预测数据来源，国内部分学者还用实际盈利替代盈利预测，也有个别学者采用统计模型——混合截面回归模型生成盈利预测用于隐含股权资本成本的估算，但是各位学者的研究并未考虑哪一类盈利预测数据用于股权资本成本的估算更为可靠。本书分别基于分析师盈利预测数据和混合截面回归模型生成的盈利预测数据，同时采用 GGM、GLS、CT、PE、PEG、MPEG、OJ、KR 8 种估算模型，对国内非金融类上市公司 2008—2020 年度的隐含股权资本成本进行了估算，结果表明就同一个估算模型来讲，基于不同盈利预测数据的估算结果存在重大差异。由于分析师盈利预测普遍存在乐观预期，导致基于分析师盈利预测数据的估算结果要明显高于基于混合截面回归模型生成盈利预测的估算结果。无论是盈利预测偏差和预测准确性，还是估算结果的有效性检验均表明混合截面回归模型生成的盈利预测用于隐含股权资本成本的估算要优于分析师盈利预测，估算结果更为可靠，这为隐含股权资本成本估算时盈利预测数据来源的选择提供了依据。既然基于不同的盈利预测数据来源估算的隐含股权资本成本存在重大差异，有效性不同，在以后的学术研究和实践应用中，在估算隐含股权资本成本时就应该考虑盈利预测数据来源对估算结果的影响，寻求更加适合国内公司的盈利预测模型，以便于更加可靠地估算国内公司的股权资本成本。

第三，股权资本成本估算的最终目的是将估算结果应用于实践，如微观的公司财务决策、宏观经济管理中的国有资产管理和中央企业绩效考核。以中央企业 EVA 业绩考核为例，实施 EVA 考核的目的是促使中央企业提高资本使用效率，保障国有资本的保值增值。但是按照现行的考核办法，计算 EVA 时原则上不分行业统一将资本成本定为 5.5%，本书的估算结果表明，股权资本成本存在显著的行业、年度和地域差异；同时 EVA 考核中 5.5% 的资本成本是综合资本成本水平，基本与同期的债务资本成本持平，而本书的估算结果显示样本期间中央企业的股权资本成本均值为 10.57%。这表明中央企业 EVA 考核中规定的资本成本较低，难以与国有股东所承担的风险相匹配，同时也未考虑行业、地域和年度之间的差异，行业、地域和年度不同，企业面临的经营和竞争环境不同，风险也就不同，资本成本也应该有所差别，过低的资本成本不利于国有资本的保值增值和国有资本使用效率的提升，应该逐步提高中央企业 EVA 业绩考核中的资本成本水平。

8.3　研究局限与展望

本书存在一些局限性，有待于以后进一步的深入研究，主要包括：第一，样本选取中存在一定的缺陷，由于金融类上市公司业务的特殊性、ST 公司的交易规则不同，研究中剔除了 ST 和金融类上市公司；同时限于数据的可获取性，仍有一些上市公司在部分年度的数据无法获取，还有待于以后扩大样本量进行进一步深入研究；第二，限于数据的可获得性，本书对于隐含股权资本成本估算模型有效性和盈利预测数据可靠性的判断、对估算结果的分析都是以上市公司作为研究对象得出的，研究结论是否适合于非上市公司还有待于进一步证实；第三，盈利预测的统计模型很多，本书对隐含股权资本成本估算的盈利预测分析和可靠性判断，仅针对目前学术研究中隐含股权资本成本估算使用的两类盈利预测模型；随着盈利预测技术的发展，可能会有其他更适合于隐含股权资本成本估算的盈利预测统计模型产生；第四，对估算结果的有效性进行检验时，选取的风险因子有限，仅限于实证研究中经常采用的表征公司特征的风险因子，与其他研究者选取的风险因子不一定相同；第五，对上市公司股权资本成本特征的分析仅限于借鉴已有研究成果对估算结果进行的规范性分析，分析结论未经过实证检验，还有待于后续研究中进一步通过实证检验予以证实；对于股权资本成本及风险溢价合理界域的判断也仅针对样本整体，未考虑行业、地区等因素可能带来的影响。

半个世纪以来，股权资本成本的研究取得了丰硕的成果，提出了很多估算模型，影响因素的研究进一步扩展了对股权资本成本形成机理的认识。随着股权资本成本在微观财务决策、宏观经济管理领域发挥作用的逐渐显现，未来可能会要求更加科学合理地估算股权资本成本水平。因此，需要更加深入地分析现有估算模型的适用条件，动态调整选用的估算模型，甚至提出新的估算模型；尤其是国内研究，需要在更长的期间、更大的样本范围内对现有估算模型的有效性进行分析和检验，或者对现有估算模型的某些假设进行修正，以提出适合国内资本市场的股权资本成本估算模型。另外，作为新兴转型经济体，国内资本市场显著不同于西方成熟市场，有很多异于西方成熟市场的因素影响股权资本成本，所以随着国内政治经济体制和资本市场的改革，可能会将更多的影响因素纳入股权资本成本的研究，以更加深入地揭示国内公司股权资本成本形成和变动的机理。

参考文献

[1] 彼得·纽曼、默里·米尔盖特、约翰·伊特韦尔. 新帕尔格雷夫货币金融大辞典 [M]. 北京：经济科学出版社，2000（第1卷）.

[2] 樊纲、王小鲁、朱恒鹏. 中国市场化指数——各地区市场化相对进程2009年报告 [M]. 北京：经济科学出版社，2010.

[3] 梁小民、梁砾译（曼昆等著）. 经济学原理 [M]. 北京：北京大学出版社，2010.

[4] 刘婷、张小涛、邢恩泉. 金融理论与公司政策（第四版）[M]. 北京：中国人民大学出版社，2012.

[5] 斯蒂芬 A. 罗斯. 公司理财（第9版）[M]. 北京：机械工业出版社，2012.

[6] 汪平. 财务管理—理论·实务·案例 [M]. 北京：经济管理出版社，2007.

[7] 王化成. 高级财务管理（第三版）[M]. 北京：中国人民大学出版社，2011.

[8] 文宗瑜、刘薇. 国有资本经营预算管理 [M]. 北京：经济科学出版社，2007.

[9] 余绪缨. 企业理财学（第一版）[M]. 沈阳：辽宁人民出版社，1995.

[10] 中国注册会计师协会. 财务成本管理 [M]. 北京：中国财政经济出版社，2011.

[11] 蒋清中. 隐含权益资本成本估计框架研究——基于盈余预测去偏及股价泡沫过滤 [D]. 长春：吉林大学，2012.

[12] 康玉梅. 股权资本成本估算模型比较及合理界域研究 [D]. 北京：首都经济贸易大学，2008：48.

[13] 任翠玉. 中国上市公司股权资本成本影响因素研究 [D]. 大连: 东北财经大学, 2011.

[14] 苏忠秦. 政治关联与上市公司资本成本研究——来自中国的经验证据 [D]. 成都: 西南交通大学, 2013.

[15] 徐跃. 关于我国证券分析师盈利预测的实证研究 [D]. 厦门: 厦门大学, 2007.

[16] 张军华. 产品市场竞争的权益资本成本效应研究 [D]. 北京: 首都经济贸易大学, 2013.

[17] 曹红英、阳玉香. 套利定价模型在我国证券市场的适用性 [J]. 统计与决策, 2005 (5): 117 - 119.

[18] 曹书军、刘星、杨晋渝. 审计质量特征、客户规模与公司权益资本成本 [J]. 山西财经大学学报, 2012 (8): 117 - 123.

[19] 曾颖、陆正飞. 信息披露质量与资本成本 [J]. 经济研究, 2006 (2): 69 - 91.

[20] 陈琛. 市场化改革与权益资本成本 [J]. 投资研究, 2014 (3): 4 - 16.

[21] 陈国辉、孙俪儒、孙剑. 环境不确定性、高管权力与权益资本成本 [J]. 财经问题研究, 2017 (6): 79 - 85.

[22] 陈旻、曲晓辉、孙雪娇. 后趋同时代的权益资本成本异质性分析 [J]. 会计研究, 2018 (2): 11 - 18.

[23] 陈石清、帅富成. 基于上海股市的资本资产定价模型的实证检验 [J]. 经济问题, 2009 (8): 94 - 96.

[24] 陈展辉. 股票收益的截面差异与三因素资产定价模型——来自 A 股市场的经验研究 [J]. 中国管理科学, 2004 (12): 12 - 17.

[25] 程智荣. 内部控制确否显著降低资本成本探讨 [J]. 现代财经, 2012 (6): 50 - 60.

[26] 迟国华、孙光国. 必须重视国有资本成本问题 [J]. 财会通讯, 2001 (5): 15 - 16.

[27] 代昀昊. 机构投资者、所有权性质与权益资本成本 [J]. 金融研究, 2018 (9): 143 - 159.

[28] 邓明然. 企业筹资的资本成本研究 [J]. 中国农业银行武汉管理干部学院学报, 1995 (5): 54 - 57.

[29] 杜金柱、扈文秀、张建锋. 成长性差异、信息披露与权益资本成本 [J]. 运筹与管理, 2020 (3): 198-208.

[30] 杜兴强、聂志萍. 中国资本市场的中长期动量效应和反转效应——基于 Fama 和 French 三因素模型的进一步研究 [J]. 山西财经大学学报, 2007 (12): 16-23.

[31] 方红星、施继坤. 自愿性内部控制鉴证与权益资本成本 [J]. 经济管理, 2011 (12): 128-134.

[32] 冯来强、孔祥婷、曹慧娟. 董事高管责任保险与权益资本成本——来自信息质量渠道的实证研究证据 [J]. 会计研究, 2017 (11): 65-72.

[33] 甘丽凝、陈思、胡珉、王俊秋. 管理层语调与权益资本成本 [J]. 会计研究, 2019 (6): 27-34.

[34] 高芳、傅仁辉. 会计准则改革、股票流动性与权益资本成本 [J]. 中国管理科学, 2012 (4): 27-36.

[35] 何亚伟、徐虹、林钟高. 内控质量与上市公司资本成本关系的实证研究 [J]. 会计之友, 2014 (21): 40-46.

[36] 胡玉明. 论资本成本补偿与国有资产保值增值 [J]. 中国经济问题, 1996 (2): 41-44.

[37] 黄娟娟、肖珉. 信息披露、收益不透明与权益资本成本 [J]. 中国会计评论, 2006 (1): 69-84.

[38] 黄少安、张岗. 中国上市公司股权融资偏好分析 [J]. 经济研究, 2001 (11): 12-20.

[39] 霍晓萍. 机构投资者持股对权益资本成本的影响研究 [J]. 会计之友, 2014 (3): 64-68.

[40] 霍晓萍. 机构投资者类型、股权特征和资本成本 [J]. 财贸研究, 2015 (5): 139-147.

[41] 吉利、邓博夫、毛洪涛. 会计准则国际趋同、国有股权与股权资本成本 [J]. 会计与经济研究, 2012 (5): 3-13.

[42] 姜付秀、陆正飞. 多元化与资本成本的关系 [J]. 会计研究, 2006 (6): 48-56.

[43] 靳云汇、刘霖. 中国股票市场 CAPM 的实证研究 [J]. 金融研究, 2001 (7): 106-115.

[44] 雷霆、周嘉南. 股权激励、高管内部薪酬差距与权益资本成本

[J]. 管理科学, 2014 (6): 12-26.

[45] 雷霆、周嘉南. 股权激励、管理者过度自信与权益资本成本 [J]. 财经理论与实践, 2015 (1): 39-45.

[46] 李超、田高良. 上市公司内部控制质量与权益资本成本关系研究 [J]. 中国注册会计师, 2011 (9): 61-65.

[47] 李超. 权益资本成本估计方法的可靠性检验研究——基于中国资本市场数据的经验研究 [J]. 上海金融学院学报, 2011 (5): 78-88.

[48] 李明. 资本成本核算与股份制经济质量的关系 [J]. 财贸经济, 2001 (6): 68-70.

[49] 李明毅、惠晓峰. 上市公司信息披露与资本成本: 来自中国证券市场的经验证据 [J]. 管理学报, 2008 (1): 88-95.

[50] 李姝、赵颖、童婧. 社会责任报告降低了企业权益资本成本了吗? [J]. 会计研究, 2013 (9): 64-71.

[51] 李文贵. 财务分析师盈余预测特性研究——中国 A 股市场的实证检验 [J]. 财会通讯, 2007 (9): 52-55.

[52] 李骁寅、彭家生. 会计稳健性的存在性及其与权益资本成本关系的实证研究 [J]. 经济研究导刊, 2012 (14): 124-126.

[53] 李晓东. 公开信息、共同知识与上市公司股权资本成本 [J]. 中南财经政法大学学报, 2010 (3): 113-118.

[54] 李昕潼、池国华. 经济增加值考核对降低国有企业成本的影响——基于权益资本成本的视角 [J]. 学术交流, 2017 (2): 152-155.

[55] 李祎、刘启亮、李洪. IFRS、财务分析师、机构投资者和权益资本成本 [J]. 会计研究, 2016 (10): 26-34.

[56] 连军. 政治联系、市场化进程与权益资本成本——来自中国民营上市公司的经验证据 [J]. 经济与管理研究, 2012 (2): 32-39.

[57] 廖士光、杨朝军. 中国上市公司股权融资偏好与融资成本研究 [J]. 上海立信会计学院学报, 2005 (3): 34-40.

[58] 廖义刚. 环境不确定性、多元化经营与权益资本成本 [J]. 财经理论与实践, 2015 (1): 78-83.

[59] 廖义刚. 环境不确定性、内部控制质量与权益资本成本 [J]. 审计与经济研究, 2015 (3): 69-78.

[60] 林斌、孙晔、刘瑾. 内部控制、信息环境与资本成本 [J]. 证券市

场导报，2012（11）：26－31.

[61] 林翔．对中国证券咨询机构预测的分析［J］．经济研究，2000（2）：56－65.

[62] 刘熀松、杨溢．股票内在价值评估模型文献述评［J］．现代经济探讨，2003（9）：35－37.

[63] 刘军．浅议留存盈利的资本成本［J］．财会研究，1995（7）：29.

[64] 刘霖、秦宛顺．中国股票市场套利定价模型研究［J］．金融研究，2004（6）：44－55.

[65] 柳志南、王玉红．国有企业金字塔结构降低权益资本成本了吗［J］．财经问题研究，2017（9）：74－81.

[66] 卢文彬、官峰、张佩佩、邓玉洁．每题曝光度、信息披露环境与权益资本成本［J］．会计研究，2014（12）：66－72.

[67] 陆宇建、叶洪铭．投资者保护与权益资本成本的关系探讨［J］．证券市场导报，2007（10）：4－11.

[68] 陆玉梅、何涛．论资本成本与融资成本的关系——上市公司股权再融资偏好解析［J］．中国工业经济，2004（12）：120－122.

[69] 陆正飞、叶康涛．中国上市公司股权融资偏好解析［J］．经济研究，2004（4）：50－59.

[70] 罗劲博．公司治理环境、准则变迁与股权资本成本［J］．证券市场导报，2014（3）：24－32.

[71] 罗琦、彭梓倩、吴哲栋．控股股东代理问题、现金股利与权益资本成本［J］．经济与管理研究，2017（5）：125－133.

[72] 罗琦、王悦歌．真实盈余管理与权益资本成本——基于公司成长性差异的分析［J］．金融研究，2015（5）：178－191.

[73] 罗肖、王涛．关于资本成本会计的探讨［J］．上海会计，1996（8）：9－11.

[74] 吕暖纱、杨锋、陆正华、陈远志．权益资本成本与公司治理的相关研究［J］．中国工业经济，2007（1）：143－145.

[75] 毛洪涛、邓博夫、吉利．证券投资基金持股可以降低股权资本成本吗？［J］．投资研究，2013（11）：121－137.

[76] 毛新述、叶康涛、张頔．上市公司权益资本成本的测度与评价——基于我国证券市场的经验检验［J］．会计研究，2012（11）：12－22.

[77] 欧树军．资本成本分析和融资决策［J］．江汉石油职工大学学报，2001（9）：30－31.

[78] 潘越、戴亦一、李财喜．政治关联与财务困境公司的政府补助——来自中国ST公司的经验证据［J］．南开管理评论，2009（5）：6－17.

[79] 齐美青、薄建奎．从我国上市公司融资悖论看资本成本与资金成本的区别［J］．财会月刊，2010（9中）：73－74.

[80] 全进、刘文军、谢帮生．领导干部自然资源资产离任审计、政治关联与权益资本成本［J］．审计研究，2018（2）：46－54.

[81] 沈豪杰、张晓岚．内部控制信息披露质量与资本成本［J］．征信，2013（10）：17－23.

[82] 沈洪波．市场分割、跨境上市与预期资金成本［J］．金融研究，2007（2）：146－155.

[83] 沈洪涛、游家兴、刘江宏．在融资环保核查、环境信息披露与权益资本成本［J］．金融研究，2010（12）：159－172.

[84] 沈艺峰、田静．我国上市公司资本成本的定量研究［J］．经济研究，1999（11）：62－68.

[85] 沈艺峰、肖珉、黄娟娟．中小投资者法律保护与公司权益资本成本［J］．经济研究，2005（6）：115－124.

[86] 施继坤．内部控制鉴证、审计师声誉与权益资本成本［J］．云南财经大学学报，2012（4）：139－147.

[87] 宋琳、麻晓晶．资本成本产权约束与上市公司融资偏好［J］．山东大学学报，2007（6）：90－97.

[88] 宋琳、涂罡．资本成本、融资结构与我国企业融资偏好分析［J］．南京经济学院学报，2003（3）：53－59.

[89] 宋琳．资金成本和资本成本的区别［J］．会计研究，2004（12）：66.

[90] 苏永超．资本成本及其在我国企业决策财务分析中的应用［J］．西南民族学院学报（哲学社会科学版），2002（3）：197－199.

[91] 孙会国、李泽广、M. W. Luke Chan. 隐含权益资本成本估计方法的适用性问题——以中国上市公司为例［J］．中南财经政法大学学报，2012（4）：87－93.

[92] 孙文娟．内部控制报告与权益资本成本的关系研究［J］．财经理论

与实践, 2011 (4): 67 - 72.

[93] 索有. 自愿性内部控制信息披露与权益资本成本关系研究 [J]. 社会科学辑刊, 2014 (1): 115 - 1121.

[94] 佟孟华、许东彦、郑添文. 企业环境信息披露与权益资本成本——基于信息透明度和社会责任的中介效应分析 [J]. 财经问题研究, 2020 (2): 63 - 71.

[95] 汪冬华、余晓雯. 境外上市对我国上市公司权益资本成本的影响 [J]. 上海经济研究, 2011 (2): 82 - 91.

[96] 汪平、袁光华、李阳阳. 我国企业资本成本估算及其估算值的合理界域: 2000—2009 [J]. 投资研究, 2012 (11): 101 - 114.

[97] 汪平、邹颖. 资本成本之谜: 到底如何估算资本成本 [J]. 财会通讯 (综合版), 2012 (10 上): 6 - 11.

[98] 汪平. 资本成本论 [J]. 财会通讯 (综合版), 2007 (1): 17 - 22.

[99] 汪炜、蒋高峰. 信息披露、透明度与资本成本 [J]. 经济研究, 2004 (7): 107 - 114.

[100] 王冰洁、刘振涛. 管理层预测质量对权益资本成本的影响 [J]. 经济问题探索, 2017 (11): 46 - 58.

[101] 王兵. 盈余质量与资本成本——来自中国上市公司的经验证据 [J]. 管理科学, 2008 (3): 67 - 73.

[102] 王春飞、陆正飞、武利娜. 企业集团统一审计与权益资本成本 [J]. 会计研究, 2013 (6): 75 - 96.

[103] 王化成、王欣、高升好. 控股股东股权质押会增加企业权益资本成本吗——基于中国上市公司的经验证据 [J]. 经济理论与经济管理, 2019 (11): 14 - 31.

[104] 王化成、张修平、候粲然、李昕宇. 企业战略差异与权益资本成本——基于经营风险和信息不对称的中介效应研究 [J]. 中国软科学, 2017 (9): 99 - 113.

[105] 王静、郝东洋、张天西. 稳健会计信息、权益资本成本与公司投资效率 [J]. 经济与管理研究, 2013 (2): 52 - 61.

[106] 王亮亮、潘俊、林树. 资源依赖视角下研发轻度对公司权益资本成本的影响研究 [J]. 管理评论, 2018 (7): 52 - 63.

[107] 王亮亮. 真实活动盈余管理与权益资本成本 [J]. 管理科学,

2013 (10): 87 -99.

[108] 王雄元、高曦. 年报风险披露与权益资本成本 [J]. 金融研究, 2018 (1): 174 -190.

[109] 王艳艳. 管理层盈余预测与权益资本成本 [J]. 厦门大学学报 (哲学社会科学版), 2013 (5): 114 -123.

[110] 王英兰. 谈资本成本 [J]. 财会研究, 1997 (8): 38.

[111] 王泽霞、郑建克. 我国上市公司权益资本成本的估测与检验 [J]. 财会月刊, 2008 (3): 49 -51.

[112] 魏卉、李平. 社会资本与企业权益资本成本——经济体制转型下社会资本工具效用的异质性 [J]. 工业技术经济, 2020 (11): 129 -138.

[113] 魏卉、姚迎迎. 技术创新与企业权益资本成本: 提升抑或降低 [J]. 天津财经大学学报, 2019 (10): 3 -19.

[114] 吴东辉、薛祖云. 财务分析师盈利预测的投资价值: 来自沪深 A 股市场的证据 [J]. 会计研究, 2005 (8): 37 -44.

[115] 吴东辉、薛祖云. 对中国 A 股市场上财务分析师盈利预测的实证分析 [J]. 中国会计与财务研究, 2005 (1): 1 -53.

[116] 吴红军. 环境信息披露、环境绩效与权益资本成本 [J]. 厦门大学学报, 2014 (3): 129 -138.

[117] 吴文锋、吴冲锋、芮萌. 提高会计信息质量真的能降低股权资本成本吗? [J]. 经济学, 2007 (4): 1201 -1216.

[118] 肖斌卿、伊晓奕、刘海飞. 分析师跟进行为对上市公司资本成本的影响 [J]. 南京师大学报 (社会科学版), 2010 (5): 42 -51.

[119] 肖珉、沈艺峰. 跨地上市公司具有较低的权益资本成本吗? [J]. 金融研究, 2008 (10): 93 -103.

[120] 肖珉. 法的建立、法的实施与权益资本成本 [J]. 中国工业经济, 2008 (3): 40 -48.

[121] 肖珉. 跨地上市与权益资本成本 [J]. 中国经济问题, 2006 (4): 62 -70.

[122] 肖松、赵峰. 法律、投资者保护与权益资本成本 [J]. 经济与管理研究, 2010 (5): 19 -23.

[123] 肖伟. 谈谈资本成本会计 [J]. 武汉财会, 1990 (9): 18 -19.

[124] 肖永慧、鲁桂华. 资本成本、政治关联与社会福利——基于逆向

的 GLS 模型的经验研究 [J]. 经济学动态，2015 (9)：41－50.

[125] 肖作平、黄璜. 媒体监督、所有权性质和权益资本成本 [J]. 证券市场导报，2013 (12)：14－20.

[126] 肖作平、曲佳莉. 分析师意见分歧、经验与权益资本成本 [J]. 证券市场导报，2013 (9)：18－26.

[127] 肖作平、周嘉嘉. 制度环境与权益资本成本 [J]. 证券市场导报，2012 (8)：19－27.

[128] 徐浩萍、吕长江. 政府角色、所有权性质与权益资本成本 [J]. 会计研究，2007 (6)：61－67.

[129] 徐明东、田素华. 转型经济改革与企业投资的资本成本敏感性 [J]. 管理世界，2013 (2)：125－136.

[130] 徐跃. 证券分析师盈利预测与市场预期盈利实证研究 [J]. 中国市场，2014 (45)：58－61.

[131] 闫华红、张明. 准则变更、盈余质量与资本成本关系研究 [J]. 财政研究，2012 (9)：19－23.

[132] 闫甜. 上市公司于国有企业资本成本估算及对比分析——基于 CAPM 的资本成本估算 [J]. 财会通讯，2008 (4)：86－89.

[133] 闫志刚. 内部控制质量、企业风险与权益资本成本 [J]. 经济经纬，2012 (5)：107－111.

[134] 杨旭东. 社会地位、企业捐赠与权益资本成本 [J]. 财政研究，2018 (2)：120－128.

[135] 杨艳、陈收. 资本成本视角的上市公司融资行为解析 [J]. 系统工程，2008 (3)：45－52.

[136] 叶康涛、陆正飞. 中国上市公司股权融资成本影响因素分析 [J]. 管理世界，2004 (5)：127－131.

[137] 叶正虹、汪祥耀. 执行新会计准则是否降低了股权资本成本——基于我国资本市场的经验证据 [J]. 中国工业经济，2011 (3)：119－127.

[138] 游辉城、刘业、马北岭. 慈善捐赠对权益资本成本的影响：基于环境敏感型与非敏感型企业的分析 [J]. 南京工业大学学报（社会科学版），2018 (10)：102－111.

[139] 于富生、张胜、李岩. 管理者过度自信与权益资本成本——来自我国证券市场的经验证据 [J]. 审计与经济研究，2011 (1)：72－80.

［140］于李胜、王艳艳、陈泽云．信息中介是否具有经济附加价值——理论与经验证据［J］．管理世界，2008（7）：134－144.

［141］于李胜、王艳艳．信息与市场定价［J］．管理世界，2007（2）：76－85.

［142］余明桂、潘洪波．政治关联、制度环境与民营企业银行贷款［J］．管理世界，2008（8）：9－21.

［143］喻灵．股价崩盘风险与权益资本成本——来自中国上市公司的经验证据［J］．会计研究，2017（10）：78－86.

［144］袁放建、冯琪、韩丹．内部控制鉴证、终极控制人性质与权益资本成本［J］．审计与经济研究，2013（4）：34－42.

［145］袁洋．环境信息披露质量与股权融资成本［J］．中南财经政法大学学报，2014（1）：126－136.

［146］岳衡、林小驰．证券分析师 VS 统计模型：证券分析师盈余预测的相对准确性及其决定因素［J］．会计研究，2008（8）：40－49.

［147］张春生、王迪．影响资本成本因素的分析及对策［J］．黑龙江财会，2000（5）：16－17.

［148］张红、陈嘉伟、李林峻．房地产上市公司多元化战略与资本成本关系研究［J］．经济问题，2015（10）：1－6.

［149］张嘉兴、余冬根、刘艳春．公司声誉、审计师声誉与权益资本成本——基于中国民营上市公司的经验证据［J］．财经理论与实践，2016（3）：74－79.

［150］张军华．产品市场竞争、制度环境与权益资本成本［J］．山西财经大学学报，2014（4）：58－68.

［151］张军华．产品市场竞争对股权资本成本的影响研究［J］．财经理论与实践，2013（5）：68－73.

［152］张军华．行业竞争、信息质量与权益资本成本［J］．经济与管理研究，2012（8）：47－54.

［153］张军华．权益资本成本的行业特征研究［J］．财经理论与实践，2014（5）：80－86.

［154］张军华．权益资本成本估算模型的演变及其评价［J］．财会月刊，2013（1下）：122－124.

［155］张连成、韩蓓．中国潜在经济增长率分析——HP 滤波平滑参数的

选择及应用［J］. 经济与管理研究，2009（3）：22－28.

［156］张敏、姜付秀．机构投资者、企业产权与薪酬契约［J］. 世界经济，2010（8）：43－58.

［157］张然、王会娟、许超．披露内部控制自我评价与见证报告会降低资本成本吗？［J］. 审计研究，2012（1）：96－102.

［158］张圣利．机构持股、会计稳健性与权益资本成本［J］. 经济经纬，2012（5）：17－121.

［159］张文娟．谈资本成本的重新定义［J］. 财会月刊（会计），2001（16）：47.

［160］张先治、李琦．基于EVA的业绩评级对央企过度投资行为影响的实证分析［J］. 当代财经，2012（5）：119－128.

［161］张晓明、李金耘、贾俊阳．中美交叉上市与权益资本成本研究［J］. 国际金融研究，2013（6）：78－87.

［162］张修平、李昕宇、卢闯、宋秀慧．资产质量影响企业权益资本成本吗？［J］. 会计研究，2020（2）：43－59.

［163］张学勇、何姣、陶醉．会计师事务所声誉能有效降低上市公司权益资本成本吗？［J］. 审计研究，2014（5）：86－93.

［164］张长海、吴顺祥．国有产权、会计稳健性与权益资本成本［J］. 财经理论与实践，2012（2）：68－72.

［165］赵耀、乔贵涛、张健．会计准则变迁的经济后果研究［J］. 新疆师范大学学报（哲学社会科学版），2014（1）：111－119.

［166］郑亚丽、蔡祥．什么影响了证券分析师盈利预测的准确度？——来自中国上市公司的经验证据［J］. 中大管理研究，2008（4）：19－37.

［167］支晓强．信息披露与资本成本：影响路径与机理［J］. 价格理论与实践，2010（12）：60－61.

［168］周嘉南、雷霆．股权激励影响上市公司权益资本成本了吗？［J］. 管理评论，2014（3）：39－53.

［169］周小春、董平．自愿披露社会责任报告能降低公司权益资本成本吗？［J］. 财会通讯（综合版），2013（4）：78－81.

［170］邹小平、王军只．盈余管理与权益资本成本——来之中国A股市场的经验证据［J］. 中国注册会计师，2013（9）：42－50.

［171］邹颖、汪平．隐含资本成本估算技术：模型推演、评述与展望

[J]. 经济与管理研究, 2013 (2): 42 - 51.

[172] John Burr Williams. The Theory of Investment Value [M]. Harvard University Press, 1938.

[173] Charles P. Himmelberg, R. Glenn, Inessa Love. Investment, Protection, Ownership and the Cost of Capital [R]. National Bank of Belgium, Working Paper, 2000.

[174] Davide Lombardo, Marco Pagano. Law and Equity Markets: A Simple Model [R]. Stanford Law and Economics Olin Working Paper and University of Salerno Working Paper, 1999.

[175] Holger Daske, Jorn Van Halterren, Ernst Maug. Evaluating Methods to Estimate the Implied Cost of Equity Capital: A Simulation Study [R]. AAA 2010 Financial Accounting and Reporting Section (FARS) Paper.

[176] Robert F. Bruner, Kenneth M. Eades, Robert S. Harris, Robert C. Higgins. Best Practices in Estimating the Cost of Capital: Survey and Synthesis [R]. Financial Practice and Education, 1998: 13 - 28.

[177] Ross L. Watts. The Time - Series Behavior of Quarterly Earnings [R]. University of Newcastle, Working Paper, 1975.

[178] Mark J. Garmaise, Jun Liu. Corruption, Firm Governance and the Cost of Capital. Http: //escholarship. org/uc/item/29403706.

[179] Alexander Nekrasov, Maria Ogneva. Using Earnings Forecasts to Simultaneously Estimate Firm - Specific Cost of Equity and Long - Term Growth [J]. Review of Accounting Study, 2011 (16): 414 - 457.

[180] Al - Shiab Mohammad Salam. The Effectiveness of International Financial Reporting Standards Adoption on Cost of Equity Capital: A Vector Error Correction Model [J]. International Journal of Business, 2008 (3): 271 - 298.

[181] Brown. An Evaluation of Alternative Proxies for the Market's Assessment of Unexpected Earnings [J]. Journal of Accounting and Economics, 1987 (2): 159 - 193.

[182] Charles C. Holt. The Influence of Growth Duration on Share Prices [J]. Journal of Finance, 1962 (3): 465 - 475.

[183] Charles Lee, David Ng, Bhaskaran Swaminathan. Testing International Asset Pricing Models Using Implied Costs of Capital [J]. Journal of Financial and

Quantitative Analysis, 2009 (2): 307 – 335.

[184] Christin A. Botosan, Marlene A. Plumlee. Assessing Alternative Proxies for Expected Risk Premium [J]. Accounting Reviews, 2005 (1): 21 – 53.

[185] Christine A. Botosan. , Marlene A. Plumlee. A Re – Examination of Disclosure Level and the Expected Cost of Equity Capital [J]. Journal of Accounting Research, 2002 (1): 21 – 40.

[186] Christine A. Botosan. Disclosure Level and the Cost of Equity Capital [J]. Accounting Reviews, 1997 (3): 323 – 349.

[187] Christopher B. Barry, Stephen J. Brown. Differential Information and the Small Firm Effect [J]. Journal of Financial Economics, 1984 (2): 283 – 294.

[188] Dan Gode, Partha Mohanram. Inferring the Cost of Capital Using the Ohlson – Juettner Model [J]. Review of Accounting Studies, 2003 (8): 399 – 431.

[189] Daske Holger Hail Luzi, Leuz Christian, Verdi Rodrigo. Mandatory IFRS Reporting around the World: Early Evidence on the Economic Consequences [J]. Journal of Accounting Research, 2008 (5): 1085 – 1142.

[190] David Easley, Maureen O, hara. Information and the Cost of Capital [J]. Journal of Finance, 2004 (4): 1553 – 1583.

[191] David Mayers. Non – Marketable Assets and the Capital Market Equilibrium under Uncertainty [J]. Econometrica, 1973 (5): 867 – 887.

[192] Douglas W. Diamond, Robert E. Verrecchia. Disclosure, Liquidity, and the Cost of Capital [J]. Journal of Finance, 1991 (4): 1325 – 1359.

[193] Dov Fried, Dan Givoly. Financial Analysts, Forecasts of Earnings: A Better Surrogate for Market Expectations [J]. Journal of Accounting and Economics, 1982 (2): 85 – 107.

[194] E Cheynel. A Theory of Voluntary Disclosure and Cost of Capital [J]. Reviews of Accounting Studies, 2013 (4): 987 – 1020.

[195] E. W. Clemens. Some Aspects of the Rate – of – Return Problem [J]. Land Economics, 1954 (1): 32 – 43.

[196] E. W. Morehouse. Comments on Previous Discussion on Rate – of – Return Problem and Cost of Capital in Public Utilities [J]. Land Economics, 1955 (1): 75 – 77.

[197] Edwin J. Elton, Martin J. Gruber. Earnings Estimates and the Accuracy of Expectational Data [J]. Management Science, 1972 (8): 409 -424.

[198] Edwin J. Etlon. Expected Return, Realized Return, and Asset Pricing Tests [J]. Journal of Finance, 1999 (4): 1199 -1220.

[199] Eugene F. Brigham, James L. Pappas. Duration of Growth, Changes in Growth Rates and Corporate Share Prices [J]. Financial Analysts Journal, 1966 (3): 157 -162.

[200] Eugene F. Fama, Kenneth R. French. A Five - Factor Asset Pricing Model [J]. Journal of Finance, 2015 (4): 1 -22.

[201] Eugene F. Fama, Kenneth R. French. Industry Costs of Equity [J]. Journal of Financial Economics, 1997 (43): 153 -193.

[202] Eugene F. Fama., Kenneth R. French. Common Risk Factors in the Returns on Stocks and Bonds [J]. Journal of Financial Economics, 1993 (33): 3 -56.

[203] Eugene F. Fama., Kenneth R. French. The Cross - Section of Expected Stock Returns [J]. Journal of Finance, 1992 (47): 427 -465.

[204] Fisher Black. Capital Market Equilibrium with Restricted Borrowing [J]. Journal of Business, 1972 (3): 444 -455.

[205] Franco Modigliani, Merton H. Miller. The Cost of Capital, Corporation Finance, and the Theory of Investment [J]. American Economic Reviews, 1958 (6): 261 -297.

[206] Fred P. Morrissey. A Reconsideration of Cost of Capital and A Reasonable Rate of Return [J]. Land Economics, 1955 (3): 229 -244.

[207] George Foster. Quarterly Accounting Data: Time - Series Properties and Predictive - Ability Results [J]. Accounting Reviews, 1977 (1): 1 -21.

[208] Gregory Connor, Robert A. Korajczyk. Risk and Return in an Equilibrium APM: Application of A New Test Methodology [J]. Journal of Financial Economics, 1988 (2): 255 -289.

[209] Gregory Connor, Robert A. Korajczyk. Risk and Return in an Equilibrium APM: Application of A New Test Methodology [J]. Journal of Financial Economics, 1993 (2): 255 -289.

[210] Hanwen Chen, Jeff Zeyun Chen, Gerald J. Lobo, Yanyan Wang.

Effects of Audit Quality on Earnings Management and Cost of Equity Capital: Evidence from China [J]. Contemporary Accounting Research, 2011 (3): 892 - 925.

[211] James A. Ohlson, Beate E. Juettner - Nauroth. Expected EPS and EPS Growth as Determinants of Value [J]. Review of Accounting Studies, 2005 (10): 349 - 365.

[212] James Claus, Jacob Thomas. Equity Premia as Low as Three Percent? Evidence from Analysts, Earning Forecasts for Domestic and International Stock Markets [J]. Journal of Finance, 2001 (5): 1629 - 1666.

[213] Jennifer Francis, Ryan Lafond, Per M. Olsson, Kathtrine Schipper. Cost of Equity and Earnings Attributes [J]. Accounting Reviews, 2004 (4): 967 - 1010.

[214] Jeremy J. Siegel. The Equity Premium: Stock and Bond Returns Since 1802 [J]. Financial Analysts Journal, 1992 (1): 28 - 38.

[215] Joel S. Hellman, Geraint Jones, Daniel Kaufmann. Seize the State, Seize the Day: State Capture and Influence in Transition Economies [J]. Journal of Comparative Economics, 2003 (31): 751 - 773.

[216] John Lintner. The Aggregation of Investor's Diverse Judgments and Preferences in Purely Competitive Security Markets [J], Journal of Financial and Quantitative Analysis, 1965 (10): 347 - 400.

[217] John Lintner. The Valuation of Risk Assets and the Selection of Risky Investments in Stock Portfolios and Capital Budgets [J], Reviews of Economics and Statistics, 1965 (47): 13 - 37.

[218] Joseph R. Gordon, Myron J. Gordon. The Finite Horizon Expected Return Model [J]. Financial Analysts Journal, 1997 (5 - 6): 52 - 61.

[219] Joseph R. Rose. "Cost of Capital" in Public Utility Rate Regulation [J]. Virginia Law Review, 1957 (7): 1079 - 1102.

[220] Kent Daniel, Sheridan Titman. Evidence on the Characteristics of Cross Sectional Variation in Stock Returns [J]. Journal of Finance, 1997 (1): 1 - 33.

[221] Kewei Hou, David T. Robinson. Industry Concentration and Average Stock Return [J]. Journal of Finance, 2006, 61 (4): 1927 - 1956.

[222] Kewei Hou, Mathijs A. van Dijk, Yinglei Zhang. The Implied Cost of

Capital: An New Approach [J]. Journal of Accounting and Economics, 2012 (53): 504 –526.

[223] Lawrence D. Brown, Michael S. Rozeff. The Superiority of Analysts as Measures of Expectations: Evidence from Earnings [J]. Journal of Finance, 1978 (1): 1 –16.

[224] Lawrence D. Brown, Robert L. Hagerman, Paul A. Griffin. Security Analyst Superiority Relative to Univariate Time – Series Models in Forecasting Quarterly Earnings [J]. Journal of Accounting and Economics, 1982 (1): 61 –87.

[225] Lawrence Kryzanowski, Abdul H. Rahman. Degree – of – Freedom Problem and Implied Cost of Equity Capital [J]. Finance Research Letters, 2009 (6): 171 –178.

[226] LeRoy D. Brooks, Dale A. Buckmaster. Further Evidence of the Time Series Properties of Accounting Income [J]. Journal of Finance, 1976 (5): 1359 –1373.

[227] Linda H. Chen. Income Something, Information Uncertainty, Stock Returns and Cost of Equity [J]. Review of Pacific Basin Financial Markets and Policies, 2013 (3): 2 –34.

[228] Lionel W. Thatcher. Cost – of – Capital Techniques Employed in Determining the Rate of Return for Public Utilities [J]. Land Economics, 1954 (2): 85 –111.

[229] Luc Paugam, Olivier Ramond. Effects of Impariment – Testing Disclosures on the Cost of Equity Capital [J]. Journal of Business Finance & Accounting, 2015 (5 –6): 583 –618.

[230] Luzi Hail, Christian Leuz. International Difference in the Cost of Equity Capital: Do Legal Institutions and Securities Regulation Matter [J]. Journal of Accounting Research, 2006 (3): 485 –531.

[231] Mark H. Lang, Russell J. Lundholm. Corporate Disclosure Policy and Analyst Behavior [J]. Accounting Reviews, 1996 (4): 467 –492.

[232] Mark T. Bradshaw, Michael S. Drake, James N. Myers, Linda A. Myers. A Re – Exanination of Analysts, Superiority over Time – Series Forecasts of Annual Earnings [J]. Review of Accounting Studies, 2012 (4): 944 –968.

[233] Mary E. Barth, Yaniv Konchitchki, Wayne R. Landsman. Cost of

Capital and Earnings Transparency [J]. Journal of Accounting Economics, 2013 (2 - 3): 206 - 224.

[234] Mei Feng, Chan li, Sarah Mcvay. Internal Control and Management Guidance [J]. Journal of Accounting and Economics, 2009 (2 - 3): 190 - 209.

[235] Michael J. Brennan, Avanidhar Subrahmanyam. Market Microstructure and Asset Pricing: on the Compensation for Liquidity in Stock Returns [J]. Journal of Financial Economics, 1996 (3): 441 - 464.

[236] Michael J. Brennan, Narasimhan Jegadeesh, Bhaskaran Swanminathan. Investment Analysis and the Adjustment of Stock Prices to Common Information [J]. Reviews of Financial Studies, 1993 (4): 799 - 824.

[237] Michael J. Brennan. Taxes, Market Valuation and Corporation Financial Policy [J]. National Tax Journal, 1970 (4): 417 - 427.

[238] Michael Welker. Disclosure Policy, Information Asymmetry and Liquidity in Equity Markets [J]. Contemporary Accounting Research, 1995 (2): 801 - 827.

[239] Musa Mangena, Jing Li, Venancio Tauringana. Disentangling the Effects of Corporate Disclosure on the Cost of Equity Capital: A Study of the Role of Intellectual Capital Disclosure [J]. Journal of Accounting, 2016 (1): 3 - 27.

[240] Nai - Fu Chen, Richard Roll, Stephen A. Ross. Economic Forces and the Stock Market [J]. Journal of Business, 1986 (3): 383 - 403.

[241] Nai - Fu Chen. Some Empirical Tests of the Theory of Arbitrage Pricing [J]. Journal of Finance, 1983 (5): 1393 - 1414.

[242] Narasimhan Jegadeesh, Sheridan Titman. Returns to Buying Winners and Selling Losers: Implications for Stock Market Efficiency [J]. Journal of Finance, 1993 (1): 65 - 91.

[243] Nariess Boubakri, Omrane Guedhami, Dev Mishra, Walid Saffar. Political Connections and the Cost of Equity Capital [J]. Journal of Corporate Finance, 2012 (3): 541 - 559.

[244] Norio Kitagawa, Masatoshi Goto. Implied Cost of Capital over the Last 20 Years [J]. Japanese Accounting Reviews, 2011 (1): 71 - 104.

[245] Oliver Kim, Robert E. Verrecchia. Market Liquidity and Volume around Earnings Announcements [J]. Journal of Accounting and Economics, 1994 (1 -

2)：41 -67.

[246] Olivier J. Blanchard, Robert Shiller, Jeremy J. Siegel. Movements in the Equity Premium [J]. Financial Analysts Journal, 1993 (2)：75 -138.

[247] Patricia C. O，rien. Analysts Forecasts as Earnings Expectations [J]. Journal of Accounting and Economics, 1988 (1)：53 -83.

[248] Patricia M. Dechow, Amy P. Hutton, Richard G. Sloan. An Empirical Assessment of the Residual Income Valuation Model [J]. Journal of Accounting and Economics, 1999 (1 -3)：1 -34.

[249] Paul A. Griffin. The Time - Series Behavior of Quarterly Earnings：Preliminary Evidence [J]. Journal of Accounting Research, 1977 (1)：71 -83.

[250] Paul M Healy, Krishna G Palepu. Information Asymmetry, Corporate Disclosure, and the Capital Markets：A Review of the Empirical Disclosure Literature [J]. Journal of Accounting and Economics, 2001 (1)：405 -440.

[251] Paul M. Healy, Amy P. Hutton, Krishna G. Palepu. Stock Performance and Intermediation Changes Surrounding Sustained Increases in Disclosure [J]. Contemporary Accounting Research, 1999 (3)：485 -520.

[252] Peter D. Easton, Gregory A. Sommers. Effects of Analysts, Optimism on Estimates of the Expected Rate of Return Implied by Earning Forecasts [J]. Journal of Accounting Research, 2007 (5)：983 -1015.

[253] Peter D. Easton, Steven J. Monahan. An Evaluation of Accounting - Based Measures of Expected Returns [J]. Accounting Reviews, 2005 (2)：501 -538.

[254] Peter D. Easton. PE Ratios, PEG Ratios, and Estimating the Implied Expected Rate of Return on Equity Capital [J]. Accounting Reviews, 2004 (1)：73 -95.

[255] Phillip R. Daves, Michael C. Ehrhardt. Convertible Securities, Employee Stock Options and the Cost of Equity [J]. Financial Review, 2007 (5)：267 -288.

[256] R. Malcolm Richards、James J. Benjamin、Robert H. Strawser. An Examination of the Accuracy of Earnings Forecasts [J]. Financial Management, 1977 (3)：78 -86.

[257] R. C. Stapleton, M. G. Subrahmanyam. Market Imperfections, Capital Market Equilibrium and Corporation Finance [J]. Journal of Finance, 1977 (2)：

307 - 319.

[258] Rafael La Porta. Expectations and the Cross - Section of Stock Returns [J]. Journal of Finance, 1996 (5): 1715 - 1742.

[259] Ravi Bhushan. Firm Characteristics and Analyst Following [J]. Journal of Accounting and Economics, 1989 (11): 255 - 274.

[260] Ray Ball, Ross Watts. Some Time Series Properties of Accounting Income [J]. Journal of Finance, 1972 (3): 663 - 681.

[261] Rene M. Stulz. The Cost of Capital in Internationally Integrated Markets: The Case of Nestle [J]. European Financial Management, 1995 (1): 11 - 22.

[262] Richard Frankel, Charles M. C. Lee. Accounting Valuation, Market Expectation, and Cross - Sectional Stock Returns [J]. Journal of Accounting and Economics, 1998 (3): 283 - 319.

[263] Richard Frankel, Charles M. C. Lee. The Effect of SOX Internal Control Difficiencies on Firm Risk and Cost of Equity [J]. Journal of Accounting Research, 2009 (1): 1 - 43.

[264] Richard Lambert, Christian Leuz, Robert E. Verrecchia. Accounting Information, Disclosure, and the Cost of Capital [J]. Journal of Accounting Research, 2007 (2): 385 - 420.

[265] Richard Roll, Stephen A. Ross. An Empirical Investigation of the Arbitrage Pricing Theory [J]. Journal of Finance, 1980 (5): 1073 - 1103.

[266] Robert C. Merton. An Intertemporal Capital Asset Pricing Model [J]. Econometric, 1973 (5): 867 - 887.

[267] Robert J. Bloomfield, T. Jeffrey Wilks. Disclosure Effects in the Laboratory: Liquidity, Depth, and the Cost of Capital [J]. Accounting Reviews, 2000 (1): 13 - 41.

[268] Russell M. Barefield, Eugene E. Comiskey. The Accuracy of Analysts' Forecasts of Earnings Per Share [J]. Journal of Business Research, 1975 (3): 241 - 252.

[269] S Wahal, JJ Mcconnell. Do Institutional Investors Exacerbate Managerial Myopia [J]. Journal of Corporate Finance, 2000, 6 (3): 307 - 329.

[270] S. P. Kothari, Jay Shanken, Richard G. Sloan. Another Look at the Cross - Section of Expected Stock Returns [J]. Journal of Finance, 1995 (1):

185 -224.

[271] S. P. Kothari. Capital Markets Research in Accounting [J]. Journal of Accounting and Economics, 2001 (1 -3): 105 -231.

[272] Scott C. Linn, Puneet Handa. Arbitrage Pricing with Estimation Risk [J]. Journal of Financial and Quantitative Analysis, 1993 (1): 81 -100.

[273] Siqi Li. Does Mandatory Adoption of International Financial Reporting Standards in the European Union Reduce the Cost of Equity Capital [J]. Accounting Reviews, 2010 (2): 607 -636.

[274] SJ Grossman, OD Hart. Takeover Bids, the Free - Rider Problem and the Theory of the Corporation [J]. Bell Journal of Economics, 1980, 11 (1): 42 -46.

[275] Stephannie Larocque. Analysts' Earnings Forecast Errors and Cost of Equity Capital Estimates [J]. Reviews of Accounting Studies, 2013 (1): 135 - 166.

[276] Stephen A. Ross. The Arbitrage Theory of Capital Asset Pricing [J]. Journal of Economic Theory, 1976 (13): 341 -360.

[277] Stephen P. Baginski, Kenneth C. Rakow Jr.. Management Earnings Forecast Disclosure Policy and the Cost of Equity Capital [J]. Review of Accounting Study, 2012 (2): 279 -321.

[278] Utpal Bhattacharya, Hazem Daouk, Michael Welker. The World Price of Earning Opacity [J]. Accounting Reviews, 2003 (3): 641 -678.

[279] Vihang R. Errunza, Darius P. Miller. Market Segmentation and the Cost of Capital in International Equity Markets [J]. Journal of Financial and Quantitative Analysis, 2000 (4): 577 -600.

[280] William A. Collins, William S. Hopwood. A Multivariate Analysis of Annual Earnings Forecasts Generated from Quarterly Forecasts of Financial Analysts and Univariate Time - Series Models [J]. Journal of Accounting Research, 1980 (2): 390 -406.

[281] William F. Sharpe. Capital Asset Prices: A Theory of Market Equilibrium under Condition of Risk [J], Journal of Finance, 1964 (19): 425 -442.

[282] William H. Beaver. Perspectives on Recent Capital Market Research [J]. Accounting Reviews, 2002 (2): 453 -474.

[283] William R. Gebhardt, Charles M. C. Lee, Bhaskaran Swaminathan. Toward an Implied Cost of Capital [J]. Journal of Accounting Research, 2001 (6): 135 - 176.

[284] William S. Hopwood, James C. McKeown. Evidence on Surrogates for Earnings Expectations within A Capital Market Context [J]. Journal of Accounting Auditing and Finance, 1982 (5): 339 - 368.

[285] Yakov Amihud, Haim Mendelson. Asset Pricing and the Bid - Ask Spread [J]. Journal of Financial Economics, 1986 (2): 223 - 249.

[286] Yangyang Chen, Gameron Truong, Madhu Veerarachavan. CEO Risk - Taking Incentives and the Cost of Equity Capital [J]. Journal of Business Finance & Accounting, 2015 (7 - 8): 915 - 946.

[287] Ying Gao, James N. Myers, Linda A. Myers, Thomas C. Omer. Company Reputation and the Cost of Equity Capital [J]. Reviews of Accounting Studies, 2015 (1): 42 - 81.

[288] Zhihong Chen, Yuan Huang, K. C. John Wei. Exevutive Pay Disparity and the Cost of Equity Capital [J]. Journal of Financial and Quantitative Analysis, 2013 (3): 849 - 885.

附 录

附录1 证监会上市公司分类及代码（2012版）

门类代码	门类名称	行业大类
A	农、林、牧、渔业	01 农业；02 林业；03 畜牧业；04 渔业；05 农、林、牧、渔服务业
B	采矿业	06 煤炭开采和洗选业；07 石油和天然气开采业；08 黑色金属矿采选业；09 有色金属矿采选业；10 非金属矿采选业；11 开采辅助活动；12 其他采矿业
C	制造业	13 农副食品加工业；14 食品制造业；15 酒、饮料和精制茶制造业；16 烟草制品业；17 纺织业；18 纺织服装、服饰业；19 皮革、毛皮、羽毛及其制品和制鞋业；20 木材加工和木、竹、藤、棕、草制品业；21 家具制造业；22 造纸和纸制品业；23 印刷和记录媒介复制业；24 文教、工美、体育和娱乐用品制造业；25 石油加工、炼焦和核燃料加工业；26 化学原料和化学制品制造业；27 医药制造业；28 化学纤维制造业；29 橡胶和塑料制品业；30 非金属矿物制品业；31 黑色金属冶炼和压延加工业；32 有色金属冶炼和压延加工业；33 金属制品业；34 通用设备制造业；35 专用设备制造业；36 汽车制造业；37 铁路、船舶、航空航天和其他运输设备制造业；38 电气机械和器材制造业；39 计算机、通信和其他电子设备制造业；40 仪器仪表制造业；41 其他制造业；42 废弃资源综合利用业；43 金属制品、机械和设备修理业

续表

门类代码	门类名称	行业大类
D	电力、热力、燃气及水生产和供应业	44 电力、热力生产和供应业；45 燃气生产和供应业；46 水的生产和供应业
E	建筑业	47 房屋建筑业；48 土木工程建筑业；49 建筑安装业；50 建筑装饰和其他建筑业
F	批发和零售业	51 批发业；52 零售业
G	交通运输、仓储和邮政业	53 铁路运输业；54 道路运输业；55 水上运输业；56 航空运输业；57 管道运输业；58 装卸搬运和运输代理业；59 仓储业；60 邮政业
H	住宿和餐饮业	61 住宿业；62 餐饮业
I	信息传输、软件和信息技术服务业	63 电信、广播电视和卫星传输服务；64 互联网和相关服务；65 软件和信息技术服务业
J	金融业	66 货币金融服务；67 资本市场服务；68 保险业；69 其他金融业
K	房地产业	70 房地产业
L	租赁和商务服务业	71 租赁业；72 商务服务业
M	科学研究和技术服务业	73 研究和试验发展；74 专业技术服务业；75 科技推广和应用服务业
N	水利、环境和公共设施管理业	76 水利管理业；77 生态保护和环境治理业；78 公共设施管理业
O	居民服务、修理和其他服务业	79 居民服务业；80 机动车、电子产品和日用产品修理业；81 其他服务业
P	教育	82 教育
Q	卫生和社会工作	83 卫生；84 社会工作
R	文化、体育和娱乐业	85 新闻和出版业；86 广播、电视、电影和影视录音制作业；87 文化艺术业；88 体育；89 娱乐
S	综合	90 综合

资料来源：http：//www. csrc. gov. cn/pub/newsite/scb/ssgshyfljg/201304/t20130402_ 223007. html（中国证券监督管理委员会）：上市公司行业分类指引。

附录2 十年移动平均行业净资产收益率（ROE%）

证监会行业	大类代码	2007 年	2008 年	2009 年	2010 年	2011 年	2012 年	2013 年	2014 年	2015 年	2016 年	2017 年	2018 年	2019 年
农、林、牧、渔业	A	9. 94	9. 55	9. 73	10. 07	10. 51	10. 67	10. 72	10. 92	10. 90	10. 53	10. 12	9. 80	9. 72
采矿业	B	10. 78	11. 84	12. 53	12. 81	13. 30	13. 74	13. 86	13. 56	12. 79	12. 65	12. 14	11. 12	10. 56
制造业	C	9. 48	9. 32	9. 34	9. 56	9. 75	9. 79	9. 86	9. 95	10. 04	9. 97	9. 73	9. 70	9. 56
电力、热力、燃气及水生产和供应业	D	10. 32	10. 07	10. 12	10. 21	10. 43	10. 53	10. 72	10. 97	11. 10	10. 88	10. 59	10. 54	10. 31
建筑业	E	9. 15	8. 36	7. 82	7. 79	7. 94	8. 22	8. 60	8. 79	9. 11	9. 23	9. 15	9. 09	9. 13
批发和零售业	F	9. 08	9. 04	9. 02	8. 98	9. 35	9. 49	9. 66	9. 91	10. 22	10. 29	10. 15	10. 05	10. 07
交通运输、仓储和邮政业	G	10. 17	9. 90	9. 59	9. 50	9. 84	10. 01	10. 28	10. 56	11. 08	11. 24	10. 99	10. 90	10. 82
住宿和餐饮业	H	8. 10	8. 36	9. 05	9. 63	9. 13	9. 43	9. 58	9. 64	9. 85	9. 82	9. 35	9. 12	9. 34
信息传输、软件和信息技术服务业	I	11. 04	10. 63	10. 49	10. 44	10. 00	10. 07	10. 01	9. 96	10. 12	10. 23	10. 05	9. 60	9. 23
金融业	J	14. 52	13. 91	13. 97	14. 21	14. 53	14. 72	13. 99	14. 00	13. 76	13. 36	10. 54	10. 40	10. 00
房地产业	K	10. 64	10. 60	11. 29	11. 58	11. 43	11. 48	11. 47	11. 39	11. 39	11. 14	10. 92	11. 01	10. 50
租赁和商务服务业	L	8. 87	8. 70	9. 02	9. 25	9. 86	10. 11	10. 12	10. 30	10. 27	10. 16	10. 15	10. 04	10. 04

续表

证监会行业	大类代码	2007 年	2008 年	2009 年	2010 年	2011 年	2012 年	2013 年	2014 年	2015 年	2016 年	2017 年	2018 年	2019 年
科学研究和技术服务业	M	16.31	19.46	14.26	14.21	12.73	12.06	11.35	10.69	10.26	10.19	10.37	10.17	9.86
水利、环境和公共设施管理业	N	7.44	7.01	7.13	7.32	7.80	8.15	8.40	8.96	9.63	9.97	10.20	10.16	10.34
居民服务、修理和其他服务业	O	9.62	10.10	10.48	11.29	11.54	12.00	12.78	13.63	13.99	14.14	14.01	14.14	14.34
教育	P	6.58	6.96	6.02	5.04	3.94	3.63	7.62	7.07	4.87	4.00	7.41	8.24	8.52
卫生和社会工作	Q	10.02	11.99	13.59	15.32	8.30	8.56	14.68	14.34	13.95	14.78	14.40	14.63	14.60
文化、体育和娱乐业	R	7.36	6.91	6.60	6.79	7.58	7.45	7.74	8.24	8.81	9.47	9.64	9.38	9.33
综合	S	9.96	9.86	9.74	10.08	10.28	10.24	10.60	10.77	10.82	10.55	9.99	9.76	9.49

说明：表中数据根据万德金融资讯（Wind）中上市公司各年 ROE 计算整理而得，数据筛选要求见正文。

附录3 GGM、GLS、CT模型测度权益资本成本的Excel宏程序

```
Dim i As Integer
For i =2 to N
Range("L" & i). Goalseek Goal: = Range("J" & i), Changingcell: = Range("K" & i).
Next i
End Sub
```

后　记

本书是在本人博士学位论文的基础上进一步拓展、更新、修改完善而形成的一部著作，出版受到西安财经大学学术著作出版基金的资助，在此万分感谢学校给予的资金支持。借此机会，同时感谢本人在博士学习期间，学校给予外出学习的机会，感谢本人所在商学院在工作上的大力支持，感谢所有提供参考和借鉴的学者们分享的学术成果。

本书能够得以顺利完成和出版，首先要感谢恩师杨小舟先生，从博士学位论文选题、框架拟定到论文的写作与修改、送审、答辩，恩师倾注了大量的心血，细致到遣词造句，多次组织师门讨论，帮助我不断完善论文，在此表示深深的感谢。博士学习期间，恩师在生活中极具亲和力，平易近人，让身处异乡的我备感温暖、亲切；教学和科研工作中，恩师一丝不苟，深爱教育事业，课堂上激情四射，极具感染力，注重引导学生学以致用。毕业后，恩师一如既往地在学习、工作上指导、帮助我。恩师渊博的学识和严谨的治学态度教会我很多，宽广的胸怀、正直的为人和乐观向上的生活态度更是令我钦佩不已，这一切都将成为我终生努力学习的楷模。

其次要感谢母校中国财政科学研究院给予我珍贵的学习机会；感谢研究生部的孟翠莲老师、马俊老师、汤建宁老师、郑菲菲老师、董木欣老师等，学习期间得到你们很多的帮助；感谢文宗瑜老师、孙刚老师、张德让老师、祝小芳老师、赵文哲老师、郑守志老师、刘京海老师等，你们精彩的授课和组织的讨论使我回味不尽。

再次要感谢师门的兄弟姐妹，黄燕飞老师、刘放、许建斌、李水力、李斌、王玢、韩艳芬等，谢谢你们在繁忙的工作之余多次参加师门讨论会，帮助我梳理思路、查漏补缺。感谢同窗好友郭晓丽、四秀珍、习亚哲、庞金峰、龙怡婷、王孟龙、李超、朱晓龙等，谢谢你们给予的无私帮助，并结下了珍贵的友谊。

最后要感谢我至亲至爱的家人们，是你们无条件的支持成就了我。感谢爸爸妈妈教会我在逆境中坚守，愧疚这么多年不能陪在你们身边，还让你们时刻牵肠挂肚；感谢公公婆婆给予我最好的爱人，在我离开的日子代我悉心照顾儿女，解决了我的后顾之忧；感谢爱人刘旭东，谢谢你的包容、爱护与担当，这些年更多地承担了照顾家庭、养育儿女的重担；感谢女儿刘小溪、儿子刘一洋，让我参与你们的成长，给我幸福和快乐，更让我懂得生命的意义和为人父母的不易。

一路走来，挫折和失败如影相随，曾经无数次地想过放弃，幸好遇见最美的你们，给予我接受挑战、战胜困难的勇气和力量，正是你们的鼓励、支持才使我坚持到今天。每每想到你们，心中无比温暖，感激之情油然而生。

感恩今生遇见你们，一路同行！

裴　霞
2021 年 4 月